高/等/学/校/教/材

科技论文写作入门
第五版

张孙玮　赵卫国　张　迅　编著

化学工业出版社
·北京·

科技论文写作是理、工、农、医等各专业学生必须经历的学习环节之一，是学生素质教育和能力培养的重要组成部分。《科技论文写作入门》系统介绍了科技论文的概念、特点和写作要领，详细介绍了论文标题、作者署名、通讯地址、摘要、关键词、正文、结论、致谢、附录、参考文献及图标制作等的写作方法，对初学者及科研人员均具有很大的参考作用。

《科技论文写作入门》可作为高等院校各类专业本科生、研究生的教材，也可作为科研人员的参考读物。

图书在版编目(CIP)数据

科技论文写作入门/张孙玮，赵卫国，张迅编著．—5版．
北京：化学工业出版社，2017.1（2019.1重印）
高等学校教材
ISBN 978-7-122-28684-0

Ⅰ.①科… Ⅱ.①张…②赵…③张… Ⅲ.①科学技术-论文-写作-高等学校-教材 Ⅳ.①H152.3

中国版本图书馆CIP数据核字（2016）第298468号

责任编辑：宋林青　　　　　　　　　　　　装帧设计：关　飞
责任校对：王　静

出版发行：化学工业出版社（北京市东城区青年湖南街13号　邮政编码100011）
印　　装：三河市延风印装有限公司
710mm×1000mm　1/16　印张12½　字数247千字　2019年1月北京第5版第4次印刷

购书咨询：010-64518888　　　　　　　　　售后服务：010-64518899
网　　址：http://www.cip.com.cn
凡购买本书，如有缺损质量问题，本社销售中心负责调换。

定　　价：25.00元　　　　　　　　　　　　　　　　　版权所有　违者必究

前言

本书的再次修订,是在许多年轻读者的呼吁和鼓励下完成的。

从我为自己的研究生讲授本课程开始并形成书稿,至今已近 20 个年头了,在此期间,在不断听取读者意见和建议的基础上,本书马上要出第五版了。这 20 年间,我国发展迅速,科技、教育、经济发生了巨大变化。本书的每一次修订,都是这些变化的真实记录,是光阴的故事科学版的讲述。同时,通过本书也让我有机会结识了许多年轻朋友,并陪伴着一批又一批年轻人健康成长、成才。

在这里,还得再一次劝告年轻人,科学上的探索、求知,是无捷径可走的。但只要自己认真学习、刻苦钻研,是可以摸索出走向成功的可贵经验的,这就是"实践出真知"、"熟能生巧"的道理。这种边钻研、边探索,边实践、边总结的成长方式是值得鼓励的。此外,要有初生牛犊不怕虎的勇气,在敢于探索、求证的前提下,创造出新理念、新技术、新模式来。如今,我们有幸生活成长在朝气蓬勃、日新月异的新时代,国家不仅鼓励大众积极创新、创业,并为大家创造了良好的创新、创业大环境,给予了多方面的政策支持,提供了鼓励独立自主创新所需要的社会化服务体系保障。可谓"万事具备",独缺释放主动创新一代的主角了。

在学习本课程起步时,我们向年轻读者提出如下三点建议:

首先,是否下定决心学好本课程?从少年时代至今的十余年寒窗苦读,学习的知识丰富、繁多,有的知识你不去开发应用的话,可能一辈子也用不上。然而,有的本领如没掌握好,会令你后悔一辈子,这一本领通常叫作基本功。本课程属于现代社会从事专业技术性工作的基本技能之一。科技论文记载学习、思考、实践、创新过程中的发现、发明,其写作是科技工作者不可或缺的基本能力,因此,这种能力是应该下决心掌握的。

其次,在学习、成长过程中,要学会选择。在学习、思考和实践中,哪些是重点、要点和新的生长点?哪些是关键所在?必须明辨之。选择的前提是自我条件和现实需要。倘若选择的目标有误,不仅会事倍功半,甚至会误入歧途,劳而无功。人们常说:"选好题目,是成功的一半",这是经验之谈。在行动前要深思熟虑,选好行动的目标才有事半功倍的可能。

最后，要学会选择性地舍弃！舍弃是进步的表现。青春年华易逝，精力容易分散，不懂得舍弃，就很难有所作为。要有改变旧习惯的决心，要有破除习惯性思维的能力。在学习他人优点、长处并为自己所用之时，其实就是在抛弃自己昔日的不足之处。要严格要求自己，告诫自己时时刻刻告别平庸，告别平庸是走向高端的开始。要有"明知山有虎，偏向虎山行"的勇气，不向困难低头的决心。

我们衷心感谢广大读者对本书的肯定、爱护和支持、帮助！在本书的阅读和使用中，如发现有任何问题，或有任何建议，请及时与我们联系。在第五版出版的同时，我们编制了一套相应的配套课件，可供教学参考，需要者可与我们联系、索取。我们的联系邮箱：zhangsw142536@163.com，13018979581@163.com。

张孙玮

于杭州西溪南窗下

2016 年 8 月

目录

绪论 ··· 001

1 科技论文写作浅说 ·· 007
1.1 从科技论文写作说起 ·· 007
1.2 新技术革命引发的思考 ··· 009
1.3 完善自我、与时俱进、迎接挑战 ······························· 012
1.4 科技论文是素质提高和进步的标志 ···························· 014
1.5 反思学术研究的时代意义 ··· 017
习题与思考题 ··· 022

2 科技论文概述 ·· 023
2.1 科技论文的概念和特点 ··· 023
2.1.1 创造性 ··· 023
2.1.2 科学性 ··· 026
2.1.3 学术性 ··· 027
2.1.4 实践性 ··· 028
2.2 科技论文的分类 ··· 029
2.2.1 研究报告 ··· 029
2.2.2 学位论文 ··· 031
习题与思考题 ··· 035

3 科技论文的写作 ·· 036
3.1 科技论文的写作过程 ·· 036
3.1.1 材料准备和构思 ··· 036
3.1.2 起草 ·· 038
3.1.3 修改 ·· 039
3.2 科技论文的写作要求 ·· 042
3.2.1 理论型论文 ··· 042
3.2.2 实验型论文 ··· 043

        3.2.3 描述型论文 ························· 045
    习题与思考题 ································· 050

4 科技论文的表述形式 ··························· 051

  4.1 概述 ··································· 051
  4.2 科技论文的规范形式 ························ 054
      4.2.1 规范形式的意义和作用 ················· 054
      4.2.2 规范形式的构成部分 ··················· 056
  4.3 科技论文的简略形式 ························ 059
      4.3.1 摘要 ······························· 059
      4.3.2 研究简报 ··························· 061
      4.3.3 快报 ······························· 061
      4.3.4 题录 ······························· 068
  4.4 科技论文的特殊形式 ························ 069
      4.4.1 综述 ······························· 069
      4.4.2 墙报 ······························· 070
  习题与思考题 ································· 073

5 科技论文的构成 ······························· 074

  5.1 概述 ··································· 074
  5.2 标题 ··································· 075
      5.2.1 标题的拟定要点 ····················· 075
      5.2.2 标题与论文主题的关系 ················· 076
      5.2.3 注意事项 ··························· 077
      5.2.4 立题背景说明 ······················· 078
  5.3 署名 ··································· 079
      5.3.1 署名的意义 ························· 079
      5.3.2 署名的原则 ························· 080
      5.3.3 署名的形式 ························· 081
  5.4 作者的工作单位 ··························· 082
      5.4.1 标述原则 ··························· 082
      5.4.2 标述方法 ··························· 084
  5.5 摘要 ··································· 085
      5.5.1 摘要的概念 ························· 085
      5.5.2 摘要的写作要求 ····················· 087
      5.5.3 关于英文摘要 ······················· 087
  5.6 关键词 ································· 089
      5.6.1 关键词的含义 ······················· 089

  5.6.2 关键词的确定及标引方法 ·············· 090
 5.7 正文 ·············· 091
  5.7.1 引言 ·············· 091
  5.7.2 证明或实验过程 ·············· 093
  5.7.3 实验结果和讨论 ·············· 104
  5.7.4 实验描述的微视频示范 ·············· 105
 5.8 结论 ·············· 108
 5.9 附录 ·············· 109
 5.10 致谢 ·············· 110
  5.10.1 致谢的要点 ·············· 110
  5.10.2 致谢对象 ·············· 110
 5.11 参考文献 ·············· 111
  5.11.1 概述 ·············· 111
  5.11.2 参考文献标注方法 ·············· 114
  5.11.3 参考文献的著录项目和著录格式 ·············· 117
  5.11.4 关于缩写 ·············· 119
 5.12 论文示例及解析 ·············· 121
  5.12.1 示例论文背景介绍 ·············· 121
  5.12.2 示例论文解说 ·············· 128
 习题与思考题 ·············· 130

6 科技论文中的技术问题 ·············· 131
 6.1 专业技术语言 ·············· 131
 6.2 数字的使用 ·············· 142
  6.2.1 汉字数字的用法 ·············· 143
  6.2.2 阿拉伯数字的用法 ·············· 143
 6.3 图和表的制作 ·············· 145
  6.3.1 图的制作 ·············· 145
  6.3.2 表的制作 ·············· 146
 习题与思考题 ·············· 148

7 毕业论文（设计）浅说 ·············· 149
 7.1 撰写毕业论文（设计）的目的和意义 ·············· 149
 7.2 毕业论文（设计）的写作要求 ·············· 152
 7.3 毕业论文（设计）的选题指导 ·············· 154
 7.4 毕业论文（设计）的准备 ·············· 156
 7.5 毕业论文（设计）的答辩准备 ·············· 156
 习题与思考题 ·············· 158

8 工程硕士专业学位论文概论 ... 159
8.1 工程硕士专业学位研究生浅说 ... 159
8.1.1 工程硕士教育的发展背景 ... 159
8.1.2 工程硕士教育催化"中国制造"的质变 ... 160
8.2 工程硕士学位论文的准备过程 ... 162
8.2.1 工程硕士研究生学位论文的准备工作 ... 162
8.2.2 工程硕士学位论文的开题报告和中期检查 ... 165
8.3 工程硕士学位论文的写作要求 ... 167
8.3.1 概述 ... 167
8.3.2 论文选题的基本要求 ... 168
8.3.3 论文形式的基本要求 ... 168
8.3.4 论文内容要求 ... 169
8.3.5 论文形式的规范要求 ... 169
8.4 论文的答辩和发表 ... 170
8.4.1 论文答辩 ... 170
8.4.2 论文的评价标准 ... 171
8.4.3 学位论文的发表 ... 172
8.4.4 学位授予 ... 172
习题与思考题 ... 173

9 附录 ... 174
9.1 科技论文中常用符号与词头 ... 174
9.1.1 希腊字母（正体与斜体） ... 174
9.1.2 数字词头 ... 175
9.1.3 基本单位词头 ... 175
9.2 法定计量单位 ... 176
9.2.1 概述 ... 176
9.2.2 SI 基本单位 ... 176
9.2.3 SI 基本单位的定义 ... 176
9.2.4 SI 导出单位 ... 177
9.2.5 可与 SI 并用的我国法定计量单位 ... 178
9.2.6 文稿中应停止使用的单位 ... 179
9.2.7 单位使用的注意事项 ... 180
9.3 GB/T 7713.3—2014 科技报告编写规则（摘录） ... 181
9.4 GB/T 7713.1—2006 学位论文编写规则（摘录） ... 182
9.5 中华人民共和国国家标准 GB/T 14706—1993 ... 183
习题与思考题 ... 190

后记 ... 191

绪 论

在我国，高等院校开设"科技论文写作"课程还仅仅是近二三十年的事，本书是为该课程的开设而编写的配套教学用书。为了把本书写出特色来，我们的编写队伍由不同年龄、不同专业、在不同高校任教的教师组合而成，我们的目标是编写一本体现出 21 世纪时代特色的新教材，以适合年轻一代阅读和参考的需要。按照现时代青年学生的特点、个性和他们的兴趣及思维方式，尽可能为他们提供一些参考的案例、线索和具有前瞻性的观点或见解，以求能给予启迪。这些想法，也是这些年来使用本书作为教学用书并执教"科技论文写作"课程的同仁们与我们交流中常常议论的共同话题，因此，我们仍朝此目标而努力。

从走进新时代说起

教材是学生接受知识的"脐带"，随着时代的变化，文化、科技、知识在日新月异地变化着，而科技论文的最大特点，就是其内容及研究方法的前瞻性和创新性，以使其研究内容和成果，能尽量地被推广应用以满足社会的需要。年轻一代，是有着自己鲜明时代特征的新生代，但是，作为学校，有责任帮助他们培养良好的学习习惯，扣好人生的第一颗扣子。

养成关注社会的良好习惯 社会是抚育我们成长的土壤，关注社会是促进我们健康成长的保障。随着时间的推移，世界经济格局发生的变化日趋明显，新兴经济体已经成为世界经济增长的主要动力。全球经济在高速增长中调整，我国经济在快速发展，前景良好；全球基础设施建设需求旺盛，城市化进程快速推进，金融体系趋于健全和稳定，将维持较高增长，成为支撑全球经济增长的重要力量。进入 21 世纪，世界各国加大了对科技发展的扶持力度，科技进步日新月异，当代科学发展呈现出"群体突破"的态势，其中起核心作用的诸如信息科技、新能源与环保科技、生命科学和生物工程技术、增材制造（3D打印）技术和新材料等具有革命性意义的变革。增材制造作为一项新技术，尤其是不同于传统生产模式的制造业新技术，理所当然地引起了社会各界的高度重视，并将其与第三次工业革命联系起来，更将成为社会广泛关注的热点。上述的方方面面发展至今虽然只有二十年左右的时间，已经从根本上开始颠覆制造业以及其生产模式的变革。进而影响着航空航天、国防军工、生物医学、工程教育及新产品研发等领域的进程。当然，上述各领域所发生的变革，无疑将反馈至教育事业界的深刻反思，必将从根本上推动着高等教育事业的变革。这种变革或可能从个体向着群体性的轨道进行，或者是从下而上地推进。

树立跟踪科技前沿的意识 在发达国家出现经济疲软之际，亚洲正成为全球经济复苏的领头羊，而经济复苏的核心和灵魂就是创造力和创新。创新，是世界各国发展经济时所面临的共同命题。无论对作为创新主体的企业本身，还是对于鼓励创新的政府而言，创新都是推动经济发展和保持繁荣的基础。我国从政府到民间一方面加快了科技创新的速度，使科技成果的生命周期越来越短，以信息产业为例，由于信息技术产品的周期缩短到 1 年左右，基础研究成果的生命周期大大缩短。另一方面，也注意到人才竞争更加激烈，21 世纪产业的竞争，归根到底是人才竞争。不断持续上升的知识人才价值，成为各国竞争资本的参考因素。人才资本的竞争主流不再仅仅具有经济特性，而且还具有财富争夺和科技竞争与垄断的特性。在此，有必要关注最近由全球领先的专业信息服务提供商汤森路透集团旗下的知识产权与科技事业部推出的 2014 年全球创新百强机构榜单❶，这份榜单从一个侧面可看出全球各个地区、各个国家创新能力的变化。从各个行业创新投入的增与减，也可以发现今后经济形势变化的端倪。对于不同的人，创新意味着不同的事物，但从经济增长方面来看，创新则特指将好的创意转化成有形资产——从根本上来说，就是将创意转化为创造就业机会和财富。例如，美国科罗拉多大学天体物理学研究所联合实验室研发出锶晶格原子钟，50 亿年之内误差不超过一秒，这是目前世界上最精确的原子钟；苏格兰 MeyGen 公司计划投资 8200 万美元建造的水下涡轮发电机，已经在 2014 年底在苏格兰海域安装水下发电，估计到 20 年代能够为苏格兰三分之一居民提供电力；美国科学家和工程师设计了新型核聚变装置和核聚变反应，有望成为绿色能源制造方式，整个过程不会排放温室气体和放射性废料；美国物理学家造出了 100 特斯拉的无破坏强磁场，其强度相当于地球磁场的 200 万倍；等等。这些科技前沿的种种信息，是我们必须关注并加以跟踪之处，只有这样，才能把自己磨炼成具有时代感的科技工作者。

迈出"在学习中创新、在创新中学习"的新步伐 为适应科技、经济和社会快速变化的新时代，大学生开始自觉地探索寻找一种创新型的学习方法和实践模式。创新型学习的特点是在学习中创新、在创新中学习。在学习知识的过程中，结合自我实际而不迷信传统、不拘泥书本和考试、不墨守成规，以已有的知识为基础，勇于独立思考、大胆探索，开创具有新思路、新方法、新设计和新工艺的学习活动；在敏锐地关注不断涌现的新产品、新成果时，力求从其中受到启发、产生联想，并经过消化、思考，摸索出新的研究思路和使用先进的技术和新方法，并将新技术、

---

❶ 汤森路透与中科院文献情报中心联合发布《2014 研究前沿》报告．

新方法引入自己的专业领域。在善于借鉴、模仿、移植、"克隆"等方法的基础上，推陈出新地把自己的研究做得更科学，更有说服力和更完美。这样的学习模式可使个人和整个社会提前做好准备从而使之与新的情境，特别是人类自身创造的情境相协调，是解决全球、地区、国家、地方和个人的未来问题不可缺少的先决条件。

按照上述思路来审视科技进步改变社会生活时，生动的案例是不胜枚举的：互联网开始普及后，传统的电报、电信业被淘汰了；CD和DVD普及后，传统的盒式录像带就不被普通家庭接受了；数码相机普及后，传统的相机及胶卷和冲印工艺就变成了历史。展望未来，这样的改变仍将继续，而且科技更新的步伐只会越来越快，例如，围绕着计算机、手机和电视机的信息技术一定是开发、创新的焦点，我们可以期待可穿戴式计算机，可弯曲的巨大显示屏幕电视机，集计算机、显示器、音乐播放功能于一体的智能手机等一定会出现在年轻一代的身边；除此以外，以互联网为核心，借助于机器人或3D打印机等手段将生产企业与客户之间联成一体的生产方式来实现个性化需求，可使得客户不必去购物场所或通过商品目录来选择，就可以使适合自己的新产品及时出现在身边。这些都是在学习中创新、在创新中学习的具体成果。

当然，上述的借鉴、模仿、移植、"克隆"等方法绝不是抄袭、模仿甚至剽窃的同义词，而是相同的科学原理在不同场合使用的案例，是成功实现创新实践的记录。正是如此，世界知识产权组织公布的2013年全球申请的257万件专利中，我国的申请量占32.1%，居世界之冠。在目前全世界的945万件有效专利中，中国已将排名追到第三，仅次于美国和日本。

诚然，高等院校的人才培养模式和教育管理体制的改革往往是滞后于科技创新的实际需求的，这就对授课者和作为学习活动受体的学生提出了不断改善教学和学习方法的新的需要。创新引领国家和民族发展的未来，要努力让青年人挑大梁、让他们出头彩，使创新真正成为一种价值导向、一种时代气息，并形成浓郁的创新文化氛围。

新形势下的教学

在新形势下，我国已把高等教育的发展列为国家最重要的兴邦举措，把高等教育的改革与发展看成是国家可持续发展的最重要因素之一。国家的大政方针已定，具体执行还要靠在教学第一线的教师们的实际行动。

革新教学方法 应该看到，在人类进步的历史长河中，每当科学技术出现革命性的变革、自然科学理论出现重大发展时，以专门培养人才为己任的高等教育也必然会出现教育方法、教育制度的重大改革。19世纪中期，当欧洲工业革命深化、近代自然科学有了重大发展、具有奠基意义的万有引力等几大规律俱被发现时，大学教育的思想观念大讨论也随之而来，其中很有代表性的是英国著名教育家约翰·

亨利（1801～1890年）的新教育理论。他主张在大学教学中通过自由活泼的学习交往，让学生获得新思想、新知识和适合现实任务的技能；反对死板的、强制性的教育。他论述了知识交流和扩增知识、启发思想之间的辩证关系，认为大学教育不仅仅是让学生将知识被动地接纳到脑子里，关键是加以消化，转化为能启发思想的创造能力，认为这样才是真的扩增知识。亨利反对不懂得观察、不会概括归纳，只会就事论事依样画葫芦的现象，他认为这样尽管见闻很广，但并非"具有渊博的学识或精通哲理"。上述这些思想见解，对于今天的教育仍是有意义的。

就我国的教育史而言，其源头可追溯到孔子时期，至今已2500余年。以文学、史实、哲学为主轴构成教育内涵和方法，俗称"中学"。到清代后期，当西方列强的坚船利炮打破了我国闭关自守的格局之后，以注重自然科学基础知识和应用技术的"西学"开始引起国人的重视，"中、西学之争"也随之而来。"中学"、"西学"除了教学科目、教学内容大相径庭之外，其教学方法的不同也是一个重要方面。传统"中学"的主要教学方法是朗读和背诵；而"西学"的教学方法则以讲解和演习为主。相对而言，代表当时科学技术成就而言的"西学"的先进性是不言而喻的。因此，大约从1895年北洋西学堂即北洋大学（现天津大学）创办始，在我国教育史上出现了开创参照欧、美模式高等学校的第一个高潮。只是在当时的西式大学中，并未注重发挥中、西学二者之长，注重其相互结合而求得相得益彰。

现在，随着科学技术的快速发展和高校课程内容的不断更新，我们的教学方法也必须与时俱进、推陈出新。

传授学习经验 教师在教学环节中的另一个任务，便是在讲授课程内容的同时，向学生传授学习经验，帮助学生掌握良好的学习方法，这就称作"授人以渔"，让学生在走出校门之后，能自己去接受新知识，并在此基础上学会创新、创造的手段和方法。

避免在学习上一知半解、不求甚解，要追根究底地弄懂事物的规律性，追求"知其然，亦知其所以然"，是学好各门功课的重要诀窍；学以致用、推陈出新，以借鉴、类比等为手段，把学到的知识拓展应用，是学习创新的窍门。总之，教师应启发式地讲授课程内容，才能达到触类旁通的功效。

注重素质培养 教书育人，绝不应该仅仅是教育工作者的口号，而应该是自己的行为准则和行动纲领。应该明确，任何要在学业上、事业上有所作为者，必须要有良好的素质为支撑，否则即便是知识、技能都学好了，也不会真诚地奉献于社会。不弄虚作假、不投机取巧是做学问和追求事业者的基本素质，凡事以实事求是的科学态度来对待，看似辛苦一些，但最后得到的却是"真经"，能为以后的有所作为打下坚实的基础。也正因为如此，凡是有大志者都是不怕艰辛、不轻易借助外力以求成功的，都要脚踏实地地作不懈努力，排除侥幸心理，讲究实事求是。这是科技工作者必备的基本素质。

学习与创新实践

在开始学习本课程之际，我们力求把本书作为学习者步入智慧殿堂的敲门砖，作为创新发明实践中的工具箱；同时，我们希望从本课程开始，使读者努力创造一套适合自己特点的学习方法，并把自己从学习中得到的启示进而转化成探索、创新的成果，写成论文，奉献社会。

有效的学习方法大致有以下特征。

独立钻研 独立钻研又称自我学习，概括地说，就是"自我导向、自我激励、自我监控"的学习。具体地说，它具有以下几个方面的特征：学习者参与确定对自己有意义的学习目标，自己制定学习进度，参与设计评价指标；学习者积极思考策略和学习策略，在解决问题中学习；学习者在学习过程中有情感的投入，学习过程有内在动力的支持，能从学习中获得积极的情感体验；学习者在学习过程中对认知活动能够进行自我监控，并作出相应的调适。

独立钻研或自主学习是指在泛教学条件下学生的高品质的学习。所有的能有效地促进学生发展的学习，都一定是自主学习。大量的观察和研究证明，只有在以下情况下，学生的学习才会是真正有效的学习：感觉到别人在关心他们；对他们正在学习的内容很好奇；积极地参与到学习过程中；在任务完成后得到适当的反馈；看到了成功的机会；对正在学习的东西感兴趣并觉得富有挑战性；感觉到他们正在做有意义的事情等。要促进学生的自主发展，就必须最大可能地创造能让学生自主学习的情境与氛围。

合作学习 合作学习是指学生间为了完成共同的任务，自觉自愿地组合在一起，相互研究，共同合作，甚至有明确责任分工的互助性学习。合作学习有以下几个方面的要素：积极承担在完成共同任务中个人的责任；积极的相互支持、配合，特别是面对面的促进互动；期望所有学生能进行有效的沟通，对于各人完成的任务进行小组加工；对共同活动的成效进行评估，寻求提高其有效性的途径。在实验、实践阶段，课题组会定期召开讨论会，由某人汇报研究进展，然后大家进行讨论，质疑实验结果能否说明问题？需要作何补充？这样的学术气氛，可促进批判性思维的建立，养成认真、严谨的习惯。

合作动机和个人责任是合作学习产生良好教学效果的关键。合作学习将个人之间的竞争转化为小组之间的竞争，有助于培养学生的合作精神、团队意识和集体观念，又有助于培养学生的竞争意识与竞争能力；合作学习还有助于因材施教，可以弥补一个教师难以面向有差异的众多学生教学的不足，从而真正实现使每个学生都得到发展的目标。合作学习由于有学习者的积极参与、高密度的交互作用和积极的自我钻研，使教学过程远远不只是一个认知的过程，同时还是一个交往与审美的过程。合作学习可以帮助学生通过共同工作来实践其社会技能。在合作式的小组学习活动中可以培养学生的主导意识、管理技能和主辅配合之间的价值观。

探究学习 所谓探究学习即从学科领域或现实社会生活中选择和确定研究主题，在教学中创设一种类似于学术（或科学）研究的情境，通过学生自主、独立地发现问题、实验、操作、调查、信息搜集与处理、表达与交流等探索活动，获得知识、技能，特别是获得探索精神和创新能力的发展的学习方式和学习过程。

与探究学习相对的是接受学习。接受学习将学习内容直接呈现给学习者，而探究学习则以问题的形式来呈现学习内容。和接受学习相比，探究学习具有更强的问题性、实践性、参与性和开放性。经历探究过程以获得理智和情感体验、建构知识、掌握解决问题的方法，是探究学习要达到的三个目标。"记录在纸上的思想就如同某人留在沙上的脚印，我们也许能看到他走过的路径，但若想知道他在路上看见了什么东西，就必须用我们自己的眼睛。"德国哲学家叔本华的这番话很好地道出了探究学习的重要价值。探究学习也有助于发展学生优秀的智慧品质，如：热爱和珍惜学习的机会，尊重事实，客观、审慎地对待批判性思维，理解、谦虚地接受自己的不足，关注好的事物等。

创新实践 在高等教育课程体系的设置中，应该将学生创新能力的培养作为重点进行设计，力求实现以学习钻研能力培养为核心，以创新能力培养为重点，并遵循激发创新兴趣、发挥创新潜力、提倡创新创业的指导思想，支持品学兼优且具有比较突出的科研能力的学生开展自主选题科学研究工作，同时强调选题的前瞻性、应用性和学术创新性，重视对学生创新思维和创新实践能力的培养，并带动各年级大学生创新活动的启动和良性发展。

其实，创新实践原本就是学习内涵的一部分，是自主学习得到进一步升华的必然。创新实践的方式，同样包括理论创新和实践创新两个层面，理论创新指的是理论认识上的新飞跃，是依据新的实践和事实探索归纳而成的新观点、新理论、新规律，而理论创新来源于实践，实践是理论创新的动力和检验标准，创新实践才是理论创新不可动摇的基石。创新实践的重要性由此可见一斑。综上所述，培养学生良好的学习态度，应做到勤于学习、善于思考、勇于探索、敏于创新、严于实践，在解决实际问题的过程中增长才干。

创新实践意识及行为是不受专业或行业的限制的。日本御茶水女子大学名誉教授外山滋比古特别提醒人们，创新实践过程中还必须考虑到时空因素，日语中有个成语"破壳之机"，其意是母鸡从外边啄开孵化成熟的蛋，恰好与蛋里鸡雏破壳而出的关键时机相吻合。这是因为鸡蛋已经孵化成熟而母鸡却没有能及时啄破蛋壳，里面的鸡雏就会窒息而死。反过来，如果蛋壳过早破蛋的话，里面的鸡雏尚未成熟，结果当然也将是悲剧❶。在我国，这样的时机则称为"机不可失，时不再来"，可见时空因素之重要。

---

❶外山滋比古. 知性力—改变人生的创意思考术［M］. 北京：中信出版社，2015.

1 科技论文写作浅说

1.1 从科技论文写作说起

何为科技论文？为何要把"科技论文写作"作为一门独立的课程来开设？追溯一下人类文明史，能更生动地回答这些问题。

中华民族的历史源远流长，我们的祖先创造了辉煌灿烂的文明，直到公元15世纪，我们都处在人类文明的领先地位，为世界文明的发展做出了杰出贡献。英国著名学者李约瑟等人列举了古代中国发明创造的100个"世界第一"，现代文明赖以建立的基本发明，约有一半源自中国。直到18世纪，伏尔泰还盛赞中国是"举世最优美、最古老、最广大、人口最多和治理最好的国家。"

1800年，中国刚刚走过"康乾盛世"，当时我国的经济总量仍居世界第一，人口约占世界的1/3，制造业产出亦约占世界总量的1/3。那时中国仅景德镇的工业产值，就相当于工业革命前英国的全部外贸出口额。中国封建社会带着最后的辉煌跨入19世纪。

西方发生工业革命后，经济和技术快速发展，而清朝的统治者闭关自守、故步自封且夜郎自大，使中国迅速地落后于世界，以至于在西方列强的坚船利炮前不堪一击，开始沦入深重的苦难之中。此后百余年间我国许多思想家、政治家、革命家前赴后继地努力奋斗，终于重新点燃了中华民族复兴的曙光。但痛定思痛，我国由领先到落后的转变应该说并非偶然，千百年来我国对一些发明、创造、先进技术的记载不够重视，以致许多光辉成就竟成昙花一现。未能把那些伟大的成果转变成人类文明的永恒财富，该是何等的可惜！

尽管我国古代早已有了许多律典、哲理、史事的完整记载和著作，并且气势恢弘、波澜壮阔，构成了我国五千年的灿烂历史。然而，我们的先辈们认为技术是无法记述的，其要领只可意会，不可言传。这一误解，造成了许多伟大成果的湮没。在《庄子·天道》中记载着这样一个故事。一天，齐桓公端坐堂上看书，一个叫"轮扁"的工匠在堂下制作车轮。轮扁问齐桓公道："你在读什么书呢？"

齐桓公答:"古代圣人的著作。"
轮扁又问:"圣人还在世么?"
齐桓公答:"圣人已不在人世了。"
轮扁感慨地说:"那您读的只不过是圣人的一派胡言罢了。"
齐桓公大怒:"我在读书,你只不过是一个制作车轮的工匠,怎么敢如此议论呢?如果你能说出些理由还可以,说不出理由就真该死。"
轮扁说:"就以我制作车轮来说吧,太松了滑而不坚固,过紧了便涩而难以组装。不松不紧、得心应手的奥妙,是难以言传的。我真难以把其中的诀窍告诉我的儿子,他也不能从我这里得到什么,现在我已年近七十还得自己做车轮。如此想来,古人又何以可能把他的心意传授给后人呢,所以我才说您在阅读的只不过是圣人的废话了。"

《庄子》记述的是当时各学派的学术思想和评述,文章恣肆不拘,对后世颇有影响。庄子所讲的这个故事,无疑是认同制作车轮之类的手艺,用现代语言来说,即"制造技术"是只能意会、难以言传的。随着时光的流逝,现在我们可以肯定地说,这些归属于科学技术范畴的"技艺",绝不是不能以文字记述而传于后世的。而且,任何发明、创造和新的发现,任何认识世界、改造世界的成果或者经验,只有以文字形式作出准确记载,才不会使之流失湮没,才可避免后人重新付出高昂的代价再去探索、研究。把即使是点点滴滴的经验、创造和研究成果作出记载,才能把它串连成人类文明的灿烂明珠,推进社会的进步。这种记载科学技术研究成果的文字,即称为科技论文。

科技论文的记述必须符合一定的规范:内容上要有创造性;符合真实性、科学性的要求;在写作形式上符合规定的格式。我国国家标准局公布的《科学技术报告、学位论文和学术论文的编写格式》中指出:"(自然科学)学术论文是每一学术课题在实验性、理论性或观察性上具有新的研究成果或创新见解和知识的科学记录;或是某种已知原理应用于实际取得新进展的科学总结,用以在学术会议上宣读、交流或讨论;或学术刊物上发表;或作其他用途的书面文件。"它还对论文的书写格式作了十分明确的规定。我国对于科技论文编写格式的国家标准是1987年公布的,而早在1968年联合国教科文组织便颁布了《关于公开发表的科技论文和科技文献的撰写指导》,对科技论文的撰写格式作出了具体的规定。

学习并掌握科技论文的写作要求,已经成为当代社会科技工作者提高自身素质的重要标志。

在竞争社会中,机会总是垂青于那些注重自我完善自身素质者。一个人的科学文化素质,将决定他在工作岗位上施展才华的自由度和职业岗位的层次。应该说,科技人员无疑具有了相当的知识积累,但并不就此有了较强的实践能力。知识和经验并不能简单地与能力画等号。当然,知识和能力间存在着辩证的关系。在一定意义上说,能力比知识更重要。

1.2 新技术革命引发的思考

关于新技术革命的概念、定义、特征及演变过程，不是在此讨论的内容。但是，新技术革命与科技工作者有着不可分割的关系是不容置疑的。因此，必须寻找好自己在新技术革命中的切入点和参与或承担的任务。21世纪以来，新技术革命正在创造一种新的经济体系，可称为协同共享经济。这种经济体系会促使社会更加繁荣，阿里巴巴公司就是一个很好的例子，因为它创造了一个协同共享型经济体，数百万人可以以零边际成本来创造和分享经济、娱乐、新闻、音乐和知识的需求。我们会逐渐看到一个协同共享经济模型的发展，到2050年，一个成熟的混合经济系统将最终形成，这个系统既包括资本主义市场经济，也包括协同共享经济。此外，美国著名经济学家、数位美国总统的顾问杰里米·里夫金在他的《第三次工业革命》一书中，阐述了分散式的合作时代特征，认为"工业革命转变到合作革命是经济史上的一个伟大转折点❶"的观点。此外，中国提出的"一带一路"计划，也引起国际社会的巨大震动。新丝绸之路经济带从中国延伸到中亚至欧洲，将整个欧亚地区融入一个空间之内。这条高科技经济带将这个地区推动的通信技术和免费无线网络相结合，而后建立起数字能源互联网和高速运输网，将创造零边际的经贸活动覆盖整个欧亚地区。而且，中国已经承诺的污染减排，大力发展包括太阳能、风能、地热能、水能等在内的可再生能源。这样更高效地管理经济活动的新的通信方式，更高效地启动经济活动的新型能源，以及更高效地推动经济活动的新的运输方式，将与周边国家共同创造通信技术融合、新能源技术和新运输系统，会完全改变这一地区的经济平台。在"一带一路"计划和第三次工业革命的浪潮中，全世界都看向中国。杰里米·里夫金一直认为，在第三次工业革命中，中国将扮演领袖角色，因为它正在建设这场已经到来的革命所需的多数基础设施。中国还拥有一个绝佳机遇，就是每个人都可能成为对社会福祉做出贡献的潜在创业者。一项最近的全球调查显示，在各个国家和地区对协同共享经济的反应中，情况最好的是在亚太地区，中国因其94%的受调查者表示他们希望拥有分享型经济而居于首位。这或许是个令人惊讶的结果，其实这种思想深植于中国人的文化基因中。几千年来，中国人民就善于分享他们的经济和福祉。这是一种为彼此负责的儒家传统，使个人与社会达成和谐统一。

当然，对于中国而言，这既是机遇，更是挑战。杰里米·里夫金在他的《第三次工业革命》论述中，主要提出了四大方面的问题，第一是有关智能革命的前景；

---

❶ 杰里米·里夫金. 第三次工业革命[M]. 北京：中信出版社. 2015：274.

其次是关于绿色能源革命；再次是论述了教育革命的必然性；最后，他认为人活在世上不仅仅是为了工作，提出了发展"游乐业"的大体概念。

何谓智能革命？数千年来，人类追求的是认识世界和改造世界，人工智能技术的兴起意味着人类拥有改造"智能"和创造"人才"的可能。如果说机械是人类手臂的延伸，那么人工智能就是人类大脑的扩展。人工智能是智能革命的基础。因此，"智能革命"强调的是人工智能技术所创造的社会影响。

那么，智能革命的影响及意义又何在呢？应该说，"智能革命能导致社会智能化，即智能社会的出现。与所谓'信息社会'不同，决定社会发展的关键性因素不是一般的信息和知识，而是新知识和高智力。高技术特别是智能技术使高智力成为高生产力，并改变产业结构，也改变生产形式，以致改变一直以直接劳动为基础的社会。"也就是说，"高智社会既需要人的自然智力，也需要人工智力。智力开发和人工进化相结合，不断提高社会的高智力结构，并且随着高技术圈的发展，也形成了高智力圈，出现高智力核心——高智力创新。高智力驱动智能社会的经济发展，使之成为智能型经济，并且形成智密产业圈，出现智密产业核心——智能机器产业，使高智力结构物质化，又推动智能社会向高级阶段发展。"因此，"高智能社会不仅是智能人的社会，也是智能机的社会，是人机共生的社会。人机复合智能是高智能的一种形式，是高智社会的重要组成部分。由于高科技的发展，不仅使人机交互作用日益加强，而且人已不再是机器的一部分，机器却可以成为人的一部分。人机共存共荣、人机共同思考的新世界，也创造了高智人。"应该说，智能革命所导致的结局常常是无情的：2013年12月3日英国的《卫报》发表社论题为"英国与中国：车轮反转"说："1876年，中国首条铁路由英国企业建成，当首相卡梅伦在北京宣布英国欢迎中国对我们的高铁项目进行投资"时，他们发现中国已经完成高铁机车和轨道系统的本土设计和创新，"中国工程师将很快前往英国，帮助英国人修建一条高铁。"这使他们感到淡淡的苦涩。无独有偶，铁路的情况同样适用于核科学，英国作为核领域先驱的记忆仍历历在目，但如今需要求助包括中国在内的其他国家，帮他们修建新型核电站。这说明谁掌握了智能与科技，谁就掌握了时代的脉搏。

"在智能时代，一切经济竞争、政治斗争，乃至军事战争，实质上都是一场智力战。社会经济的发展，主要不决定于财力，而决定于智力，高智力是综合国力的核心，作为高智力物化的高技术必然加速世界经济的发展，改变世界经济的格局，形成大大小小的经济圈。正在形成的西太平洋经济圈，标志着太平洋文明时代的来临，中华经济圈和中国的复兴，将引人注目。"并且，智能革命的意义远不止这些，人类的身体与机器结合，尤其是人脑与电脑或其他配件结合，将使"什么是人"这样的问题变得难以回答，并可能引起哲学与伦理学的巨大变革。一旦用人工手段显著提升个人智力成为可能，那么将引起社会结构以及人与人关系的剧变。进一步说，"智能革命"尚是一个属于未来的词汇，智能革命在今天仍然属于"科学幻想"，还需要将其含义具体化。即使对于科技人员而言，如何判断智能革命的前景，仍然如雾里看花，很难明言。我国是制造业的大国，而作为制造业未来方向的3D打印机已经被炒作得火热，并且已经在航空航天、生物医学、国防军工、工程教育、新产品开发等领域广泛应用，可是，未来主导市场的3D打印机将是怎么样的还并不清楚？当然，这种增材制造作为一项前瞻性、战略性技术，是有着无限生命力的生长点，必须积极关注和参与。

关于未来能源的期待，大致有两种思考：一是开发新的石化能源，如页岩气，美国和加拿大走的正是这条路；一是开发可再生新能源，欧洲，特别是德国，现今德国使用的可再生新能源大约是总能耗的25%。太阳能、风能、水能或地热能都可以为我们所用。"全球每45分钟所产生的日照能如果全部获得利用，则可以为全世界提供1年所需的能源。"

里夫金认为：第三次工业革命不仅体现在经济模式和能源模式的转变上，而且在第三次工业革命的背景下，教育与学习的革命随之而来。智能机器大规模取代人工劳作的趋势已经在我们的生活中大量出现，迫使我们必须终生学习，不然就无法正常地适应社会生活，会感到寸步难行。同时，网络下载或在线学习将进一步替代传统的教学方式。因此，全民学习和终身教育已经成为现时代的最大特色。

因此，新技术革命引发我们思考在科技创新不断向前推进的今天，不进取则意味着掉队、意味着落后。在本书的第四版中，我们曾经引述美国总统奥巴马2011年国情咨文中三次提及中国的论述，而在奥巴马2015年国情咨文中又是三次提及中国："今天，我们的企业出口量超过以往，出口商倾向给工人更高的工资。但就如我们所说，中国想制定世界经济增长最快地区的规则。那会让我们的工人和企业处于劣势。我们怎能让这种情况发生？我们应当制定规则。我们应当确保公平竞争。因此我希望两党能给我推进自贸的授权，保护美国工人，达成覆盖亚欧的新的强大贸易协定，确保自由和公平。"可见，奥巴马眼中的中国，已经不是无足轻重而不足以挂齿的了，这是我国科技、经济和社会快速转变的必然结果，在新技术革命的竞争之中，无论是中国，还是美国，都不能掉以轻心。

在此，必须进一步指出的是，在2016年新年伊始之际，在瑞士达沃斯举行的论坛上，人们把以智能化与信息化为核心而形成的一个高度灵活、人性化、数字化的产品生产与服务模式具体化，进而形成人工智能、3D打印、5G通信、无人驾驶汽车、物联网、能源储存和量子计算等等，作为新一次工业革命的标志性技术，并称为第四次工业革命。当然，第四次工业革命也就成为今年达沃斯嘉宾口中的高频词汇。在过去200多年世界工业化、现代化的历史进程里，中国多次错失了参与工业革命竞争的契机，深刻体会到技术落后、创新不足、工业体系残缺之痛。经过几代人的奋斗，得益于劳动力优势和大量投资，中国已成为世界最大的制造业国家。2010年，中国制造业产出占全球制造业的近20%。不过，人们也清醒地认识到，与发达工业国相比，中国工业综合实力还存在差距，由大转强的问题还没有解决。面对第四次工业革命的大潮，中国的决策者、企业家和广大人民群众，迫切希望迎头赶上，成为这一关键领域的引领者。中国提出"互联网+"、"中国制造 2025"等发展战略，在上海、天津等地设立自贸区，都旨在破除思想障碍和制度藩篱，使投资贸易更为便利高效，商务环境更加宽松，推动产业链、创新链、人才链有机衔接，将全社会创新活力和创造潜能转化为发展的驱动力。

锐意创新的中国，不会再错过这个革新求变的大时代。正如世界经济论坛创始人兼执行主席克劳斯·施瓦布所说，第四次工业革命正在到来，中国凭借其一系列开放创新，必将成为新一波经济活动和技术创新浪潮的"弄潮儿"。

1.3 完善自我、与时俱进、迎接挑战

"物竞天择，适者生存"，一切事物的发展都必须顺应时代的变化。作为个人，更应该适应环境和时代的要求而存在。进入 21 世纪以来的科技创新、社会变革和经济竞争更加激烈，且贴近每一个人的现实生活，作为在校的大学生也好、已经踏入社会的一代也好，都必须面对如此严峻的现实，来思考如何完成自我完善的成长历程，来思考如何才能与时俱进、迎接挑战。

从理论上说，创新也好，成才也好，都并不神秘。真所谓"人人皆可创新、人人皆可成才"。创新来自于思考和刻苦钻研，大胆、积极提出问题，发表见解。在每一个领域、每一种工作中，创新都可以大有可为。创新不在于工作的性质、职务的高低、岗位的差别，而在于对工作的热爱，在于能否立足岗位抓住创新、创意的火花，在于能否把自己从事的工作钻研透彻，肯不肯花大力气去思考与探索。发明与创新需要平时认真地观察和积累，需要对事物的准确把握。凡是能够通过自己的思考或革新来提出新的观点、新的见解、新的理论，则当然是创新的成果，而在工作中实现质量更优、效率更高、性价比的提高，同样是伟大的创新。

对于国家、政府乃至学校及单位而言，也应该努力消除创新障碍，保护创新源泉、创造创新环境。这是因为对我国而言，创新的空间仍然是巨大的。例如，数据显示，2013 年我国机电和高新技术产品出口比重达 57.3% 和 29.9%，但许多商品核心技术仍掌握在外方手里，其中 61.2% 的机电产品是外资企业生产的，51.1% 是加工贸易方式出口的；73% 的高新技术产品是外资企业生产的，65.3% 是加工贸易方式出口的。在全球产业链上，我国的制造业依然处于低端水平。这是因为我国知识产权大而不强、多而不优的矛盾突出，迫切需要提高自主知识产权和核心技术，以及世界著名品牌的占有率。

当然，在高等学校中，创新与创新实践离不开学校的教学与实践。对大学生来说，在进行大学学习的同时，必须重视自我心理素质的学习和教育，这既是大学生

健康成长的内在需要，也是祖国与时代的需要。

对学校而言，在不断转变观念的基础上，还要在教学实践中，不断完善教学方法，勤于思考，以求得到应有的效果。

第一，授课者必须以身作则，言传身教。通常，大学生的模仿能力强，教师必须拥有良好的心理品质，才能因势利导，通过自身的人格魅力，来实现对学生人格的直接影响。"在教育工作中，一切都应建立在教师人格的基础上，因为只有从教师人格的活的源泉中才能涌现出教育的力量。没有教师对学生的直接的人格方面的影响，就不可能有深入性格的真正教育工作。只有人格能够影响人格的发展和形成。"榜样的力量是无穷的，教师本身就是一本活教材，只有健全教师的人格，才能造就大批健全人格的学生。

第二，要丰富教师的知识储备，不断充电，完善自我。有人说要给学生一碗水，教师自己必须拥有一桶水。因此教师要不断更新知识，完善自己的知识结构，尤其要重视对教学方法、心理学知识等的学习和掌握，不断充实、完善和提高自己，才能担负起创新课程的教学重任。

第三，要实行开放式教育，在教学活动中拓展视野，提高大学生的综合心理素质。学生的素质是多层次、多方面的，只有通过师生共同参与，学生经过亲身感受和直接体验的实践过程，施加积极影响，让学生学会观察、分析和评价自己，从而促进自我认识、自我成长。有些大学生的学习目标不够明确，要通过像本课程的学习提高学生的能力，激发学习兴趣，并能克服学风浮躁的坏习惯。

第四，要重视社会实践，积极接触社会、注重调查研究，优化教学方法，在调查研究的基础上让学生发现问题，提出问题，并学会思考并采取相应的策略，有针对性地帮助学生分析和解决实际问题。同时，在行为上帮助学生实现从"纪律"走上"自律"，为达到这一效果，在教学中要不断改进教学方法，多开展一些有益的教学活动。如：课堂讨论、主题报告、小组辩论、专题讲座等活动，在现实环境中培养和造就学生的实际能力培养。

第五，要帮助学生真正了解学习与知识转变为效益之间，学习与社会竞争、迎接挑战之间有着什么联系。学习是创新的营养素，而创新是社会进步的原动力。其次，学习是自身能力提高的唯一途径。这样，有了创新思维，有了实践这一创新思维的能力，也便具备了完善自我的两个最大的因素，在进入新世纪激烈竞争的过程中，才将会逐步取得主动权，才能创造出无限灿烂辉煌的业绩来。

综上所述，唯有完善自我，才能有效地迎接挑战。因为创新不是口号，新技术革命也不是空话。应该说，之所以称之为革命，则有着其严厉和残酷的一面：每当一项高新技术推广应用之际，就意味着旧有产业被淘汰而出局，从业者将遭破产或失业。例如，柯达公司这个拥有131年历史的老牌摄影器材企业，曾经创造了全球传统胶卷市场的神话，是摄影业界的龙头老大，曾占据全球2/3的胶卷市场，特约经营店遍布全球各地。并且，数码相机也是柯达率先发明的，只是它并没有估计到新技术革命的无比威力，把数码相机的知识产权轻易转让了出去，最终自己被数码时代所遗弃，2012年1月19日，柯达正式向法院递交破产保护申请，柯达8.6万员工失去工作岗位。同样，诺基亚（Nokia Corporation）是一家主要从事移动通信产品生产的跨国公司，逐步发展成为了一家手机制造商，并首度研发出手机触摸屏技术。由于对触摸屏为核心技术的发展前景研判不力，使得曾经连续14年占据全球市场份额第一的诺基亚公司，在面对新操作系统的智能手机的崛起之际，被誉为全球企业界明星的行业龙头瞬间风光不再，被苹果及三星双双超越。因此，面对新技术革命到来之际，创新意识和危机意识的建立是必需的，没有接受新事物、建立新理念的积极态度，不能建立创新意识和危机意识者，将会变得越来越被动，甚至有被淘汰的危险。先进技术的推广、生产力的提高和失业之间的关系是十分紧密的，以制造业中最为明显。"1995~2002年间，当新技术在世界20个最大经济体被推广时，其制造业的生产力上升了4.3%，全球工业产值增加了30%，但工作岗位却减少了3100万个"，"钢铁工业也是反映这个趋势的典型例子，在1982~2002年间，美国钢铁产量从7500万吨增加到1.2亿吨，工人数量则从28.9万人下降到7.4万人"，"智能技术才刚刚开始影响世界经济，今后几十年，各行各业数以千万计的工人可能会被智能机器所代替"[1]。面对如此严酷现实，请问，你和你周围的人做好准备了吗？当然，我们不必害怕新技术革命的到来，因为新技术革命将会为我们创造千千万万个新的就业岗位，只是这些新的就业岗位，都将要求以新的模式和技能才能适应新的工作，所以，如果你不想努力去学习和掌握新技术，就无法适应新的工作，就只能被社会所抛弃。因此，必须建立全民学习、终身教育的体制来迎接新的挑战。所以，必须重视合作形式的学习、工作、生活的新方式。随着新技术革命的深入推进，在未来社会里，"市场环境下的人际关系主要是一种互助互惠的关系，是实现自身物质利益最大化的手段。"[2]"正如19~20世纪工业革命把人们从农奴制度、奴隶身份和契约劳动中解脱出来，第三次工业革命和合作时代也会使人类摆脱机械劳动的桎梏，从事深层游戏——这就是所谓的社交活动。"让我们努力适应第三次工业革命所带来的这些学习、工作、生活的新方式，努力过好高生活品质下的每一天。

1.4 科技论文是素质提高和进步的标志

科技论文是个人或者一个学校、一个单位乃至一个国家创新成果的标志。创新对一个国家、一个企业或者个人而言，是走向成功的灵魂，实施科技创新是需要培

---

[1] 杰里米·里夫金.第三次工业革命[M].北京.中信出版社.2015：276.
[2] 同上书.282.

育生态环境的，在此所谓的生态环境主要是指资金扶植的市场环境、产权保障环境和文化、法律环境的建设等。当然，生态环境毕竟只是实现创新过程的外在因素，更重要的是内在因素即个人或者团队乃至国家的创新意识的建立、创新思维的把握、创新实践的深化等，只有在外在环境的培育下，通过自身的努力，才能创造出巨大的社会效益来。

提高创新思维能力必须在实践中不迷信前人，不盲从已有的经验，需要独立地思考问题、发现问题，在独辟蹊径中寻找到解决问题的新方法。只有这样，才可能奠定撰写出优秀科技论文的良好基础。

我国实施改革开放以来，以优质科技论文发表为标志的科技进步是十分显著的，我国与发达国家之间的差距也在逐步减小。例如，英国的科研体系曾经创造出极其巨大的科研产出：英国人口仅占世界人口的1%，其科研经费投入达到世界科研经费总投入的5%，所发表的学术论文数量占全世界论文数量的9%，来自英国的科技论文获得了12%的引用率，并且在被多次引用的论文排名中，英国排列在最前面。2010年底，中国科学技术信息研究所公布的"2009年度中国科技论文统计结果"表明：自2000年至2010年间全世界发表科技论文累计超过20万篇以上的国家共有14个，10年间我国科技人员共发表论文约72万篇，按数量计排在世界第4位；论文共被引用423万次，排在世界第8位；平均每篇论文被引用5.87次，比上年度统计时的5.2次有所提高，按平均每篇论文被引用次数排序，我国排在第12位。但与世界平均值10.57次还有差距。我国虽然在论文数量上与日本、德国越来越接近，但在被引用次数上与发达国家的差距仍然较大，特别是在篇均论文被引用次数上的差距更大些。

据美国国家科学基金会发布的2014版《科学与工程指标》指出，中国的科研能力正在提升，中国已成为当今世界第三大论文出产国，紧随欧盟和美国之后。在2001年至2011年之间，中国研究人员署名发表的论文量以每年超过15%的速度递增，占全球论文量的比例由3%上升到11%。与此同时，来自欧盟和美国等28个国家的论文产量却在下降。这一报告正是中国正在推动全球研究和发展（R&D）份额的增长中的许多标志之一。2011年，中国和其他亚洲国家在一起的研发投入占世界总研发投入的比例超过1/3，超越了美国的占比。2012年，中国科研投入在GDP占比超过了欧盟。

另外，中国科学技术信息研究所公布的2013年度中国科技论文统计结果显示，我国作者为第一作者发表的国际论文共20.41万篇，其中，69064篇论文被引用次数高于学科均线，即论文发表后的影响超过其所在学科的一般水平。这些表现不俗的论文占论文总数的33.8%，其中82.7%出自高校；81.8%出自国家级基金或资助，其中高校占84%，这些论文主要分布在化学、物理、生物、材料科学、临床医学和数学领域。在世界各学科领域影响因子最高的153种国际期刊中，我国发表了5119篇高水平论文，占世界总数的8.9%，位居世界第二位。

近几年来，我国科技论文质量和影响力逐年提升，统计结果显示，2004年至2014年，我国科技人员共发表国际论文136.98万篇，位居世界第二位；论文共被引用1037.01万次，排在世界第四位。各学科论文在2004年至2014年被引用次数处在世界前1%的高被引论文为12279篇，占世界份额的10.4%，位居世界第四位。

会议论文是在会议等正式场合宣读首次发表的论文。会议论文属于公开发表的论文，一般正式的学术交流会议都会出版会议论文集，这样发表的论文一般可作为科技创新成果的依据，也在许多高等院校和科研院所的职称评定或业务考核内容中。会议论文对于期刊论文来说是一个重要的补充，在一定程度上反映了科学前沿和最新研究动态。《科学技术会议录索引》（简称ISTP）是由美国科学技术情报所（ISI）编辑出版的收集多学科会议论文的出版物和数据库。该数据库是一个检索多学科会议文献的工具，学科范围包括：生命科学、临床医学、工程技术、应用科学、物理、化学、农业、生物、环境及能源、管理信息、教育发展、社科人文和应用科学等55个学科领域，130个门类的会议文献。会议的性质包括一般性学术会议、座谈会、研讨会、讨论会、论文发表会及论坛等。其中工程技术与应用科学类文献约占35%，其他专业学科约占65%。ISTP是全球三大检索（SCI、ISTP、EI）之一，被誉为全球核心，位于中国的核心期刊之上。尤其在我国，发表ISTP检索论文，往往在各类职称评定以及硕博毕业的评价中拥有举足轻重的分量。根据近年来的统计，我国作者署名发表并被ISTP收录的论文数，已经排列在世界的前三位内。

由此可见，科技论文的发表，不仅体现出科技人员本身的素质情况，也是一个学校、一个单位乃至一个国家创新成果的进展状况，也是其素质提高和进步的标志。

面对社会快速发展的需要，各国的高等院校都开设了培养学生发明创造能力和实践操作能力的相应课程，而对提高学生科技论文写作能力的培养相对滞后。20世纪七八十年代，在欧美等发达国家的高等学校，开始开设"Writing Research Papers"（研究论文写作）之类的课程，并出版相应教材，深受师生欢迎，效果良好。自20世纪末开始，我国许多高等院校的理、工、农、医、军工、国防等各类专业都先后开设科技论文写作课程，从而改变了有关科技论文的写作知识与要领均需要自己去摸索的局面。

"科技论文写作"是一门十分重要而实用的课程，细细体味，十分有趣。在体验和实践科技论文写作的过程中，会使自己的思绪变得更加清晰、考虑更加严密、思路更加活跃，使自己变得更加聪明。科学技术的研究与探索，是人类认识世界、改造世界的具体实践，千百年来人们在认识世界、改造世界的过程中，保留下来的周详而严密的科学记录和论述是人类共同的宝贵财富。

1.5 反思学术研究的时代意义

自古以来,我国重要的发明创造不胜枚举,中科院自然科学史研究所成立了"中国古代重要科技发明创造"课题组,经集体调研、各学科推选、专家评审、征求国内外科技史专家意见等环节,筛选出原创性及科技进步与文明进程的影响力突出的小孔成像、二十四节气、水稻栽培等85项,将其分为科学发现与创新、技术发明、工程成就等三类,向社会公布❶。

在我国漫长的历史长河中,曾经产生了很多宝贵的成果,由于没有能完整、准确地记载下来,由于没有像如今的专利制度一样来保护知识产权,使得许多宝贵成果被湮没,是何等的可惜!另一方面,由于古代并不知道怎样来完成科学验证,又出现了种种谬误的、不准确的记载,必须以批判的眼光来审视之。其实,科学的进步就是在发现前人成果的不足甚至错误的基础上进行修正而获得进步的。在此,选择一些典型例证如下。

北宋时期有一位重要历史人物——沈括。现在人们通常认为,沈括是一位大科学家。他用毕生心血写就的《梦溪笔谈》自然也就是一部科学著作。然而,事实上这部著作中涉及科学技术的内容不足40%,其余的内容却是涉及社会生活中各种"术"的。如卷九、卷十讲"人事",卷十一、卷十二讲"官政",实际上是在谈权术;卷五、卷六、卷十七讲"乐律"、"书画",实际上是在谈艺术;卷七、卷八讲"象数",实际上是在谈数术。书中甚至还有这样的内容:

神仙之说,传闻固多,余之目睹二事。供奉官陈允任,衢州监酒务日,允已老,发秃齿脱。有客候之,称孙希龄,衣服甚褴褛,赠允药一刀圭,令揩齿。允不甚信。暇日,因取揩上齿,数揩而良,及归家,家人见之,皆笑曰:"何为以墨染须?"允惊,以鉴照之,上髭黑如漆矣。急去巾,视童首之发,已长数寸;脱齿亦隐然有生者。余见允时年七十余,上髭及发尽黑,而下髭如雪。

当然,这样的记述并非是科学家应该使用的记述方法,何况作者一开始便称作"神仙之说"。乍看起来令人吃惊,其实并不奇怪,沈括被定位于"大科学家",是从现代学科分类标准出发的,是根据他当时在科学技术领域的成就做出的评价,而当时并不存在职业的科技人员。沈括是当时的政府官员,他酷爱算术、技术,钻研医、艺各种方术,充分体现了当时儒家官僚的全面知识素养,他的"笔谈"当然便不可能是世人想象的科学技术的准确记述了。

只是,我国古代的许多重要发明创造的记述方法,受到当时时代的局限性而无

---

❶ 齐芳.85项中国古代重要科技发明创造[N].光明日报,2015年01月28日.

法如现代科技论文相似的方式来进行。在此，以我国古代著名著作《黄帝内经》为例来加以分析。

《黄帝内经》是我国现存最早的一部医书。据多数专家考证，它约成书于春秋战国时期。《黄帝内经》是上古乃至太古时代民族智慧在医学和养生学方面的总结和体现。它不但清晰地描述了人体的解剖结构及全身经络的运行情况，而且对人体生理学、医学病理学、医学地理学、医学物理学等的论述比西方近现代才兴起的学科对人的发现论述更为精深、全面。

《黄帝内经》还是一部极其罕见的养生学巨著，与《伏羲八卦》、《神农本草经》并列为"上古三坟"。中国医学史上的重大学术成就的取得以及众多杰出医学专家的出现，与《黄帝内经》无不有着紧密的联系，被历代医学家称为"医家之宗"。

纵观全书，它涉及地理、养生学、天文学、心理学、季候、风水、历法、哲学等各个门类，是中国古代文化宝库中的一部奇书。在此，选摘论述寒热之气在脏腑间相移转化的"咳论"篇，来剖析一下这一名著的写作特点。

黄帝问曰：肺之令人咳，何也？岐伯对曰：五脏六腑皆令人咳，非独肺也。帝曰：愿闻其状。岐伯曰：皮毛者，肺之合也；皮毛先受邪气，邪气以从其合也。其寒饮食入胃，从肺脉上至于肺则肺寒，肺寒则外内合邪，因而咳之，则为肺咳。五脏各以其时受病，非其时，各传以与之。人与天地相参，故五脏各以治时，感于寒则受病，微则为咳，甚则为泄为痛。乘秋则肺先受邪，乘春则肝先受之，乘夏则心先受之，乘至阴则脾先受之，乘冬则肾先受之。帝曰：何以异之？岐伯曰：肺咳之状，咳而喘，息有音，甚则唾血。心咳之状，咳则心痛，喉中介介如梗状，甚则咽肿喉痹。肝咳之状，咳则两胁下痛，甚则不可以转，转则两胁下满。脾咳之状，咳则右胁下痛、阴阳引肩背，甚则不可以动，动则咳剧。肾咳之状，咳则腰背相引而痛，甚则咳诞。帝曰：六腑之咳奈何？安所受病？岐伯曰：五脏之久咳，乃移于六腑。脾咳不已，则胃受之，胃咳之状，咳而呕，呕甚则长虫出。肝咳不已，则胆受之，胆咳之状，咳呕胆汁。肺咳不已，则大肠受之，大肠咳状，咳而遗失。心咳不已，则小肠受之，小肠咳状，咳而失气，气与咳俱失。肾咳不已，则膀胱受之，膀胱咳状，咳而遗溺。久咳不已，则三焦受之，三焦咳状，咳而腹满，不欲食饮。此皆聚于胃，关于肺，使人多涕唾，而面浮肿气逆也。

由于《黄帝内经》使用的词义较深，因而把其改写成白话文。

黄帝问道：肺脏有病，都能使人咳嗽，这是什么道理？

岐伯回答说：五脏六腑有病，都能使人咳嗽，不单是肺病如此。黄帝说：请告诉我各种咳嗽的症状。岐伯说：皮毛与肺是相配合的，皮毛先感受了外邪，邪气就会影响到肺脏。再由于吃了寒冷的饮食，寒气在胃循着肺脉上行于肺，引起肺寒，这样就使内外寒邪相合，停留于肺脏，从而成为肺咳。这是肺咳的情况。至于五脏六腑之咳，是五脏各在其所主的时令受病，并非在肺的主时受病，而是各脏之病传给肺的。

人和自然界是相应的，故五脏在其所主的时令受了寒邪，便能得病，若轻微的，则发生咳嗽，严重的，寒气入里就成为腹泻、腹痛。所以当秋天的时候，肺先受邪；当春天的时候，肝先受邪；当夏天的时候，心先受邪；当长夏太阴主时，脾先受邪；当冬天的时候，肾先受邪。

黄帝道：这些咳嗽怎样鉴别呢？岐伯说：肺咳的症状，咳而气喘，呼吸有声，甚至唾血。心咳的症状，咳则心痛，喉中好像有东西梗塞一样，甚至咽喉肿痛闭塞。肝咳的症状，咳则两侧胁下疼痛，甚至痛得不能转侧，转侧则两胁下胀满。脾咳的症状，咳则右胁下疼痛，并隐隐然疼痛牵引肩背，甚至不可以动，一动就会使咳嗽加剧。肾咳的症状，咳则腰背互相牵引作痛，甚至咳吐痰涎。

黄帝道：五脏咳嗽的症状如何？是怎样受病的？岐伯说：五脏咳嗽日久不愈，就要传移于六腑。例如脾咳不愈，则胃就受病；胃咳的症状，咳而呕吐，甚至呕出蛔虫。肝咳不愈，则胆就受病，胆咳的症状是咳而呕吐胆汁。肺咳不愈，则大肠受病，大肠咳的症状，咳而大便失禁。心咳不愈，则小肠受病，小肠咳的症状是咳而放屁，而且往往是咳嗽与失气同时出现。肾咳不愈，则膀胱受病；膀胱咳的症状，咳而遗尿。以上各种咳嗽，如经久不愈，则使三焦受病，三焦咳的症状，咳而腹满，不想饮食。凡此咳嗽，不论由于那一脏腑的病变，其邪必聚于胃，并循着肺的经脉而影响及肺，才能使人多痰涕，面部浮肿，咳嗽气逆。

由上所述，可见《黄帝内经》的记述系统、完整，无怪乎千百年来始终把它看成是中医理论体系的源泉，是用阴阳五行学说解释人体内环境统一性的典范。但西方医学界则认为《黄帝内经》仅仅停留在病症的表述性的定性描述，又不作临床病例的分析，这种记述方法不利于医疗经验的积累和推动医学科学的进步。

至此，可以领悟到开设科技论文写作课程，是由于以下几个原因。

第一，要准确地把科技成果记录下来，应该规范地按照科技论文的要求进行。

从科技成果的记述至写成论文，是科学研究工作的后续部分，也是科学研究全过程中最重要、最精彩的总结、提高的过程，因此，它仍属于认识论的一部分。

科技论文的记述与人文科学或哲学社会科学论文不同。由于它论述的是自然科学领域内的发明、创造或自然现象的观察发现，人类健康生活的真实记录，要求务必真实，符合科学原理，并可由后人重复再现。科技论文的实用价值显著，也是由它规范的记述形式保障的。

第二，科技论文的写作，在形式上有一整套的技术性要求，从这一角度来说，科技论文写作与科学研究过程一样，有隶属于方法论的特点。科技论文的记述过程又会指导论文作者把科学研究全过程的观察、思考、设计、论证得更周密、完整、合理，使得这一记述更能体现自身的价值。

科技论文写作形式已被规范化为国家，甚至国际、全球的标准，它已成为科技人员素质的组成部分，学校有必要把它确定为一门技能知识和素质培养相兼的基础课程，列入学生的培养计划之中。

第三，也应该指出，优秀的科技论文必然是以出众的科学研究成果为依据的，离开了科学研究，便谈不上论文写作，可谓巧妇难为无米之炊。

必须强调，科技论文写作技能的培养是全面提高科技人员素质的组成部分，是科技人员品质、修养的反映。伟大的科技成果的创造者，往往是大气不凡者；胸襟狭窄、目光短浅者难以有传世的惊人之作，在此，也举两例为证。

另一个作为科学家必须具有博大胸怀的真实故事发生在160多年以前，曾激励了很多正直学子为之效仿。

在古代，人们凭着自己的眼力和细心的观察，在茫茫星海中先后发现了水星、金星、木星、土星、火星。1781年，英国天文学家威廉·赫歇尔借助自己建造的高倍天文望远镜，观测到了一颗新行星，这就是现在的天王星。天王星的发现又为随后发现的"海王星"奠定了坚实的基础。有趣的是，"海王星"并不是通过观测发现的，而是由两位天文学家用"数学方法"算出来的。

威廉·赫歇尔发现天王星后，这颗行星带给天文学家的困惑大大多于喜悦，因为这颗行星的运行轨道不断偏离常规，不可思议。

法国青年天文学家勒威耶在1845年得知这个消息后，认为这一定是与一颗邻近的、尚未被发现的星球相互影响的结果，便建立了9个条件方程进行测算，终于在1846年8月31日用最小二乘法算出了这个未知行星的质量、轨道参数、出现的位置和时间，在兴奋之余立即写信给德国柏林天文台副台长伽勒博士请求帮助，加以观察。1846年9月23日，正是勒威耶预言将会发现新星的日子，伽勒博士把精密的星图打开，并开始搜索，只经过半小时的观察，果然在勒威耶预示的那一方向的天空里，发现了一颗光亮很弱的星，后来证实是一颗未曾发现的行星。勒威耶预言的这颗新星，被命名为海王星。

然而，最早计算出"海王星"的并不是勒威耶，而是英国的青年天文学家亚当斯。早在1845年9月至10月，亚当斯就综合运用逆向逼近法与数学-物理学方法，通过计算预测到了这颗未知行星，还分别向剑桥大学天文台和格林尼治天文台呼吁，请他们搜寻他预测的行星。可由于他当时在天文学界还默默无闻，因此他的发现未引起足够的重视。"海王星"被发现后，英、法两国为了谁先发现"海王星"而争得不可开交。然而，勒威耶和亚当斯却把名、利抛于一边，超脱了这场争吵，成了一对好朋友，这正是科学家具有博大胸怀的美传。

1871年门捷列夫在俄国化学会杂志上发表的《元素的自然体系和运用它指明某些元素的性质》一文中说："在这一族第五列元素中，紧接在锌后面应该有原子量接近68的一个元素。因为这个元素在第三族，紧接在铝的下面，所以我称它为类铝。这个金属的性质在各方面应当是从铝的性质向铟的性质过渡，这个金属将比铝具有较大的挥发性，因此它将可能在光谱研究中被发现"。1875年8月27日，法国化学家布瓦邦德朗在同行们面前表演了用分光镜寻找到新元素的实验，证明了新元素的存在。他用法国古代罗马帝国时期的地区名称高卢命名这个新元素为镓，元素符号为 Ga。当法国科学院公布镓的发现论说后,很快接到来自俄国门捷列夫的来信。信中肯定地说,布瓦邦德朗发现的镓的性质不是完全正确的,特别是这个金属的比重不应当是 4.7,而应当是 5.9~6.0。这使布瓦邦德朗感到惊异,到底是谁首先发现镓,难道不是他自己。他仔细地清除了镓盐中的一切杂质,重新计算了镓的比重,结果获得的数值正是 5.96。布瓦邦德朗终于在后来发表的一篇论文中写道:"我认为没有必要再来说明门捷列夫先生的这一理论的伟大意义了。"为此,恩格斯在《自然辩证法》中写道:"门捷列夫在依据原子量排列的同族元素中发现有各种空白。这些空白表明这里有元素尚待发现。他预先描述了这些元素之一的一般化学性质,并称之为类铝,并且大致预言了它的比重和原子量,几年后布瓦邦德朗真的发现了这个元素,而门捷列夫的预言被证实了,门捷列夫不自觉地应用黑格尔的量转化为质的规律,完成了科学上一个勋业,这个勋业可以和勒威耶计算尚未知道的行星海王星的勋业居于同等地位。"

前已提及的"康乾盛世"的主人公爱新觉罗·玄烨(1654~1722 年),他的丰功伟绩在于其一生经历了许多自寻的艰难,把自己从一个继承者变成创业者。在其统治期内采取了一系列有利于恢复和发展社会生产的措施,如禁止满族贵族任意圈占土地;奖励垦荒、兴修水利、屯田边疆;1682 年在台湾建立行政机构,加强了东南海防;1689 年签订了《中俄尼布楚条约》,第一次从法律上规定了中俄东段边界等。

这位清朝帝王竟然比明朝历代皇帝更热爱和精通汉族传统文化,大凡经、史、子、集、诗、书、音律,他都下过一番工夫,并且对朱熹哲学钻研最深,他亲自批点《资治通鉴纲目大全》,与一批著名的理学家进行水平很高的学术探讨,并命他们编纂了《朱子大全》、《理性精义》等著作。他下令访求遗散在民间的善本珍籍加以整理,并且大规模组织人力编辑出版了卷帙浩繁的《古今图书集成》、《康熙字典》、《佩文韵府》、《大清会典》,文化气魄铺天盖地。直到今天,我们研究中国古代文化还离不开这些极其重要的工具书。他派人对全国土地进行实际测量,编成了全国地图《皇舆全览图》。在他倡导的文化气氛下,涌现了一大批在整个中国文化史上都可以称得上第一流大师的人文科学家。在这一点上,几乎很少有朝代能与康熙朝相比肩。

可能更让现代读者惊异的是他的"西学",因为即使到了现代,在我们印象中,国学和西学虽然可以沟通,但在同一个人身上深潜两边的毕竟不多,尤其对一些官员来说更是如此。然而在 300 年前,康熙皇帝竟然在北京故宫和承德避暑山庄认真研究了欧几里得几何学,经常演算习题,又学习了法国数学家巴蒂的《实用和理论几何学》,并比较它与欧几里得几何学的差别。他的老师是当时来中国的一批西方传教士,但后来他的演算比传教士还快。他亲自审校译成汉文和满文的西方数学著作,而且一有机会就向大臣们讲授西方数学。以数学为基础,康熙又进而学习了西方的天文、历法、物理、医学、化学,与中国原有的这方面知识比较,取长补短。

在自然科学问题上，中国官僚和外国传教士经常发生矛盾，康熙不袒护中国官僚，也不主观臆断，而是靠自己发愤学习，并命令礼部挑选一批学生去钦天监学习自然科学，学好了就选拔为"博士官"。西方的自然科学著作《验气图说》、《仪像志》、《赤道南北星图》、《穷理学》、《坤舆图说》等被一一翻译过来，有的已经译成汉文的西方自然科学著作如《几何原理》前六卷他又命人译成满文。综上所述，康熙还真可以算作为一位自然科学家，他不仅热心学习，也曾写了题为《三角形推算法论》的数学论文。他在水文、气象、古生物、医药学等方面都有自己独到的见解，做过周密的研究。他的成果汇集在《康熙几暇格物编》一书中，在科技史上很有价值[1]。

爱新觉罗·玄烨作为封建时代的帝王的勤奋好学与当时出现的"康乾盛世"给世界留下的印记是不可泯灭的。印度学者巴拉特·金君瓦拉[2]在其政论中指出："世界的根本问题在于发展中国家和发达国家间的全球收入分配。目前，25％的人生活在发达国家，但获得75％的全球收入；而75％的人生活在包括中、印在内的发展中国家，却仅获得约25％的全球收入。"他又指出："世界并非总是这样。300年前，中、印两国分别占全球收入的25％和23％。到印度独立时，殖民化已导致中、印两国的该比例分别降至2％和1％。过去60年，印度几乎未能从与发达国家的'双赢'合作中取得任何进展。若按这种速度，印度将再需数千年才能获得25％的全球收入占比。"巴拉特·金君瓦拉在其政论中指出的"300年前"，正是爱新觉罗·玄烨当世的"康乾盛世"早期。西方传统史学界亦认同这种说法，并称这段时期为"High Qing"，即清朝高峰时期。在此期间中国社会稳定，经济快速发展，人口增长迅速，疆域辽阔。当然，封建王朝的制度僵化，闭关锁国，使得这一局面无法长久，而欧洲开始进入工业革命，生产力得到快速发展，必然就潜伏下落后挨打的局面。

习题与思考题

1. 为什么说从"只能意会、不可言传"到规范科技论文写作是时代进步的表现？
2. 试述知识资源与物质资源的异同点。
3. 为什么说与时俱进、完善自我是走向社会的准备？
4. 怎样来审视和完善古代科技和社会文明中的光辉成就与不足？
5. 在迎接新世纪到来之际，现代人完善自我的共同性的对策是什么？
6. 试述创新体系与表述能力的相互关系。
7. 在大学本科和研究生阶段，应怎样锻炼和培养自己的表述能力？
8. 为什么说培养自己的博大胸怀和高尚情操是科技人员开拓事业的根本？

---

[1] 李迪译注. 康熙几暇格物编译注. 上海：上海古籍出版社，1993年.
[2] 巴拉特·金君瓦拉著. 丁雨晴译. 拥抱美国还是中国［N］. 印度《自由新闻报》. 2015.1.24. 译文见《环球时报》. 2015.1.26.

2 科技论文概述

2.1 科技论文的概念和特点

科技论文是记载原始科研结果而写成的科学记录。被称作为"论文"的科学记录，在写作内容上必须符合一定的规范，在写作形式上必须符合一定的格式，且在其内容上要有创新性，并符合科学性、真实性的要求。

科技论文是学术论文中的一类，是自然科学学术论文的总称。

学术论文以研究主题和对象的学科门类划分，可分为社会科学学术论文和自然科学学术论文两大类。我国国家标准局公布的《科学技术报告、学位论文和学术论文的编写格式》中指出："（自然科学）学术论文是某一学术课题在实验性、理论性或观测性上具有新的研究成果或创新见解和知识的科学记录；或是某种已知原理应用于实际取得新进展的科学总结，用以提供学术会议上宣读、交流或讨论；或学术刊物上发表；或作其他用途的书面文件。"

科技论文与其他文体的文章不同，主要的区别是：科技论文的研究主题相对来说更为鲜明、更为专业，无论是社会科学的问题，或是自然科学的问题，都可以成为专题论文的研究主题；无论是与实践密切相关的应用科学，或是抽象思维特性突出的基础研究，均可容纳和兼论不悖。论文的研究更深入，它不停留在运用现成的观点和原则对客观事物作一般的论述和评价的层面上，而要求科学地描述和揭示客观事物的本质和规律，得出具有创造性的结论。它的论断更客观，不从主观臆测出发去评价和判断客观现象、规律和事物，而以探求不以人的意志为转移的客观真理为旨意。

科技论文与社会科学学术论文相比较，有以下几个鲜明的特点。

2.1.1 创造性

创造性是科技论文区别于一般科技文体作品的重要特征。一般科技文体，如科技报告、科技综述、科技教科书、科普作品等,是传授或传播科技知识的,只要结构合理,阐述清楚,使人易于接受就行,有没有创造性的内容并不重要;科技论文是为交流学术研究新成就,发表新理论、新设想、探索新方法、新定理而写的,没有新的创见就不称其为科学文化。

创造性是衡量科技论文价值的根本标准。创造性大,论文的价值高;创造性小,论文的价值低;论文没有创造性,对科学技术的发展自然没有什么作用。一篇论文价值的大小,不是看它如何罗列现象,重复别人已经取得的成果,而是看它是否创造出前人没有指导过的新技术、新工艺、新理论,并具有普遍性和公开性。一篇论文,如能自成一家之言,创造性大,其价值就高;或能立前人所未言,有所发现,有所发明,有所前进,同样具有一定的创造性,其价值也大。总而言之,只要有所创造,就体现了科学研究的价值。

论文的创造性,是相对于人类总的知识而言的,是从整个世界范围来衡量的。如果某项科研成果,虽然在国内填补了一项空白,但国外早已研究成熟,也已有论文发表,那么就不值得写重复性的论文了,因为在世界整体范围而言,并没有创造性。

因此,衡量科技论文价值的根本标准就在于它的创造性。如果没有新创造、新见解、新发现、新发明,就没有必要写论文。因为科学研究的目的就在于创造。作为科研成果的论文,它的任务即是进行学术交流,实现其科学价值。可见,广大科技人员,如果只能继承,没有创造,人类的文明和历史就不会得到发展。

科技论文的创造性,来源于科技人员的创新意识。创新意识俗称灵感。灵感是智慧的火花,是创新意识的前奏,而更重要的在于行动,在于实践直至变成实实在在的成果。在此,列举两个拓展创新研究的实例。其一是运用"移花接木"的技术,使用基因工程制造新生物的例子。基因工程,也称为遗传工程,是生物技术的主体技术。基因工程是指按照人类的意愿,运用 DNA 体外重组技术,即对生物的遗传物质进行"移花接木"——通过分离、剪接、重组等技术,来设计新的生物。基因工程能够打破生物种属的界限,在基因水平上改变生物遗传性,并通过工程化为人类提供服务及有用产品。

1982 年,美国科学家采用基因工程技术,把大鼠细胞分离出来的大鼠生长激素基因通过处理,用显微注射法注射入小鼠受精卵内,妊娠结果分娩出 21 只小鼠,其中 7 只带有大鼠生长激素基因,这当中 6 只小鼠的生长速度非常快,超出同窝其他小鼠 1.8 倍,成为"巨型小鼠"。"巨型小鼠"轰动了全世界,"巨型小鼠"虽然没有任何经济价值,但是这证明了外源基因可以直接导入高等动物、植物的细胞或受精卵中去,并能在这些细胞中得到表达。导入外源基因的动、植物就称为转基因动、植物。

日本科学家利用遗传工程培育出了具有人类血型的转基因猪。他们将创造人类 O 型血酶的基因注入到猪受精卵中后再移植,培育出了一头具有猪的 G 型血和人的 O 型血的仔猪。再经过不断移植人的基因，将来，它的心脏、肾脏、肝脏等内脏器官就可以用于人的器官移植，人体不会产生排斥反应，从而为人类造福。

转基因动、植物研究中最令人瞩目的是利用它们来生产药物。例如，美国已用转基因烟草生产用于治疗艾滋病的天花粉蛋白；美国的一个公司通过转基因技术培育出能产生抗体的可食植物，在进行比较精细的、无法缝合的眼科手术时，它可用作手术所需要的胶汁。

另一个例子是血型改造的研究，所谓血型，传统认为是人类血液的个体特征，最常见的有 O、A、B、AB 四型。人的血型终身不变。将人类的血型进行改造，使之相互通用一直是科学家的梦想。中国军事医学科学院输血研究所的专家们利用基因工程，成功实现了 B 型血向 O 型血的转变，从而使我国血型改造获得重大突破。中国科学院院士吴祖泽介绍：对红细胞进行血型改造，是当前输血研究当中"移花接木"的热点，不管是何种来源的红细胞。如果要输血给病人都需要经过配血，如果配血不一致就会产生输血反应，如果我们能够改造红细胞使它成为一个通用型的细胞，这样它可以在任何时候输给任何一个患者。

由于大多数人的血型为这四种，输血时如果血型不符，每种血型之间相互排斥不能融合，那么就使输血者在短时间内出现血液堵塞不能流通而导致死亡，所以进行血型鉴定就成为安全输血的前提。据世界卫生组织统计，每年全世界发生上万起输血事故，其中大部分是因为检验血型失误引起的。而在特殊环境下，如发生战争、突发事件、自然灾害时，大量患者突然出现，抢救任务骤然加剧，加上医护人员少，条件差，无法按常规一一进行血型检查，就会使大量伤员得不到及时有效的输血而死亡。如何尽快实施安全输血，减少血型检查的环节便成为抢救患者的关键。

人们都知道，O 型血是通用血型，可以输给任何血型的患者，是特殊环境下安全输血的理想血源。通过研究表明，将其他几种血型转变成 O 型血并非遥不可及。人的血型是由红细胞表面的糖链结构决定的。其中 O 型血的结构成分最简单，B 型血比 O 型血多一个半乳糖，其他血型多了一个到几个半乳糖。怎么把多余的半乳糖裁下来，就成为了血型改造的关键。

从 1998 年开始，章杨陪教授和其他科研人员，从我国海南的咖啡豆中提取了"阿尔发半乳糖苷酶"。这种酶可以把 B 型血中最外端的半乳糖裁除掉，使 B 抗原活性丧失，呈现 O 型血的典型特征，从而成功地使 B 型血转变成 O 型血。然而要想得到大量的阿尔发半乳糖苷酶，从咖啡豆中直接提取是远远不够的。于是科研人员利用基因工程，克隆了酶的基因，转移到酵母上使其发酵，生产出无数个酶，再提炼出来，于是酶的来源就解决了。目前我国献血得到的年采血量为 1.0×10^7 L，这一数字远远不能满足医疗的需求。尤其是 O 型血缺口更大。如今 B 型血向 O 型血转变研究的成功，可以使原本战略需要的 30% 左右的 O 型血通过改造 B 型血来获得，使 O 型血的储量提高一倍，这就大大改善了我国 O 型血资源贫乏的现状，也会使 A 型、AB 型血向 O 型血改造的研究步伐加快。一旦人类的血型改造全部成功的话，不但可以简化输血程序，节省检验血型的费用，避免血源浪费，还将使人类利用动物血液移植器官成为可能。

以上两例充分说明了创造性的科学研究工作的巨大社会效益和经济效益。

2.1.2 科学性

所谓科学性就是要求论文的论述确切、言而有据。科学性是科技论文的生命。如果论文失去了科学性，不管文笔多么流畅，辞藻多么华丽，都毫无意义，只能是浪费人力和时间。

科技论文的科学性主要表现在三个方面。

① 在论述的内容上，所反映的科研成果是客观存在的自然现象及其规律的反映，是被实践检验的真理，并能为他人提供重复实验，具有较好的实用价值。即论文内容真实、成熟、先进、可行。

② 在论文的书写形式上，结构严谨清晰，逻辑思维严密，语言简明确切，不含糊其辞，对每一个符号、图文、表格及数据，都力求做到准确无误，即论文表述准确、明白、全面。

③ 在研究和写作方法上，具有严肃的科学态度和科学精神，从选题到汇集材料、论证问题，以至研究结束写成论文，都必须始终如一地实事求是对待一切问题，反对科学上的不诚实态度。既不肆意夸大，伪造数据，谎报成果，甚至剽窃抄袭；也不因个人偏爱而随意褒贬，武断轻信，以至弄虚作假，篡改事实。

科技论文必须具备科学性，这是由科学研究的任务所决定的。科学研究的任务是揭示事物发展的客观规律，探求客观真理，成为人们改造世界的指南。无论自然科学还是社会科学，都必须根据科学研究这一总的任务，对本门学科中的研究对象进行深入的探讨，揭示其规律。这就要求科技论文写作者必须有良好的科学素养，能用唯物主义的理论、观点与方法来研究问题；同时需要有精深的专业理论知识；还需要有对科学工作的热爱和责任感，而且经过不断的努力，以求对客观世界的认识从感性层面提高到理性层面。

在此，列举一个示例说明：科学研究表明，指纹是人类手指末端指腹上由凹凸皮肤所形成的纹路，指纹的形成虽然受遗传影响，但也有环境因素，当胎儿在母体内发育三至四个月时，指纹就已经形成，直到青春期时才会定型。定型后的指纹是人体独一无二的特征，并且它们的复杂度足以提供用于鉴别的足够特征，这一特征被称为人类的"生理图章"。除了指纹外，具有人类"生理图章"特征的还有"趾纹"和"唇纹"等，已经证实，世上的50亿人口中，至今没有发现相同的这类印纹。1952年，苏格兰的一家面包房发生窃案，警方通过窃贼留在面粉上的足印和"趾纹"确定了窃贼的身份，足见科学研究成果的意义和作用。

2.1.3 学术性

所谓学术性，更多地强调作者的观点、见解、主张、学识。学术性是科技论文区别于其他论文的另一个重要标志。科技论文侧重于对事物进行抽象地概括或论证，描述事物发展的内在本质和规律。因而表现出知识的专业性、内容的系统性。它要求读者应具有某一方面的专业知识。它与科技新闻报道的文章、科普文章以及科技应用文有较大的区别。

应该指出，有些人认为学术性与科学性是一回事，其实并非如此。有一些研究，是以分析和推理来完成的，无法以实验来加以证实。但是，其学术性非常典型，而不能强求以科学性来加以衡量。例如，2011年是"兔年"，但是，在越南的十二生肖中，唯独没有"兔"，恰有"猫"，其他十一个生肖都与中国相同。究其原因，据说有三种解释：第一种据说是为了彰显区别于中国而改变的，这可能是社会学者的见解；第二种据说是玉帝组织动物比赛过河，兔子不会游泳而猫却渡河成功，因此成了十二生肖中的一员，这可能是民间文学家的解释；此外，法国高等实用学院研究越南历史的学者认为，十二生肖的来历与文化传统及人类起源学有关，鉴于许多越南人的祖辈是中国移民，越南语也受到汉语影响，所以，研究者认为中国兔变成越南猫其实是因为发音相似：汉语中的"卯兔"与越南语中的"猫"相似，这样"兔"就变成了"猫"。在上述论述中，无疑后者研究成果的学术性最强。

一篇科技论文论述的内容，基本上都限制在研究课题的范围之内，限制性很大。比如说写一篇关于新化合物合成方法的论文，所用的材料只能限于该化合物的合成原料、合成方法、产物表征的证明材料，其他的都要排斥。不但与该化合物无关的材料不能用，而且与之相关的不可靠的材料也不能用。这是因为科技论文就是专业性的论文，丢掉了专业性，就失去了自身的特点。因此，无论是数学、物理、化学、力学、地理、天文、医学、生物、建筑……它们都有自己的专业范围，不应该是一个模子，不应该用其他专业论文的模式来套用。

在语言上，科技论文也具有明显的专业性特点。例如写化学论文要用"分析"、"合成"、"分子结构"、"气相色谱"、"定性"、"定量"、"测定"等专业术语，以及分子式、结构式、化学反应方程式等来书写；数学论文则要用许多数学公式、函数方程及数学符号来书写。不同专业的科技论文都有各自的名词术语及叙述方式，外行人都比较难以读懂，正所谓"隔行如隔山"。只要求同专业人士能准确理解即可，不要求像科普文章那么写得"通俗易懂"，这便充分体现了科技论文专业性及学术性特点。

当然，体现科技论文的专业性，并非是要把学术讨论的范畴局限于自身的专业领域之内。实际上，许多问题的最终解决，是运用多个专业的知识的结果。在此，列举一个有趣的例子。

位于华盛顿广场的杰弗逊纪念堂的墙体出现了严重的问题，危及这座建筑整体的安全。美国政府投入巨款试图解决，但难见成效。政府请了一批专家研究对策后，终于找到了问题所在：清洗墙壁的清洁剂对墙体有破坏作用，频繁的清洗导致了危及建筑的潜在危险。那么，为什么纪念堂要经常清洗墙体呢？原因是建筑物的顶部经常积满了鸟粪，不能不清洗。专家们不解的是该广场四周的建筑物众多，为何偏偏只有杰弗逊纪念堂的墙体出现这一问题呢？经过仔细观察，原来这一建筑物顶部总是布满了蜘蛛，所以吸引了大批的燕子前来觅食筑巢，大量的鸟粪由此留下。那么，洁净的纪念堂为何有那么多蜘蛛的呢？进一步观察得出结论，是建筑物顶部衍生了一种小虫子，非常之多，才引来大量的蜘蛛。为什么这种小虫子会在这儿大量繁殖的呢？专家们发现该建筑物顶部的窗子总是敞开着，空气流通、阳光充沛，是衍生这种小虫子的理想条件。原因找到，专家们建议把所有窗子关闭。从此，纪念堂的墙体不用再清洗，建筑物的潜在危险也就消除了。

这是一个生动的建筑物纠危的问题，终于从生物链上找到了答案，如果简单地从建筑学角度来思考问题，则将是隔靴搔痒，抓不住要害而解决不了问题了。

2.1.4 实践性

科技论文既要对客观事物的外部直观形态进行陈述，又要对事物进行抽象而概括的叙述或论证，也要对事物发展的内在本质和发展变化规律进行论述。所以，论文中的客观事物不像记叙文中那样完整、具体、形象，而是按照思维的认识规律被解剖、抽象地反映。它致力于表现事物的发生、发展和变化的规律，表述自己对这些规律的认识。这不是一般的认识和议论，而是系统化的理性认识，是思维活动反复和深化的结果，也即是理论性的认识。因此，科技论文被称为学术论文。一般的议论文，虽然也要摆事实、讲道理，但它既不具有学术性，又缺乏科学验证，其理论价值和实用价值都不如科技论文。

除此之外，科技论文的实践性也表现在它的可操作性和重复实践验证上。按照论文报告的原材料选用及配方比例、实验方法和条件控制等要素，便可以重复得到论文所述的结果。正是科技论文的这一特点，才衬托出了科技论文的重大价值和论文的珍贵。

科技论文的实践性，还表现在论文叙述内容的广泛应用前景上。由于论文报告的新发现、新成果、新方法、新技术是客观真理的记录，因此这些新发现、新成果、新方法、新技术可以拓展至各种相关领域中得到应用，充分反映论文的珍贵价值。

实践性是现代科技论文的特点之一，前面提到的我国古代的许多重要科技著作，正是因为不具备最直接的验证性这一要求，从而降低了可操作性，后人无法按照其记述的方法加以复制、验证、应用及推广，也降低了其自身的价值和重要性。

以上四个方面，可以说是科技论文的四大特点，只有了解了科技论文的这些特点，才能使科技工作者在撰写论文时做到心中有数、有的放矢，不会写出与论文撰写要求相违背的文章来。

科技论文除上述四大特点之外，也有人提出科技论文还存在一些其他特点，如科技论文的可读性、逻辑性、简洁性等。所谓可读性，即文字通顺，结构清晰，所用词汇具有专业性，而且是最易懂、最有表达力的字眼。使读者用较少的脑力和时间理解所表达的观点和结论，并留下深刻的印象。论文的逻辑性是指论题、论点、论据、论证之间的联系一环扣一环，循序撰写，并做到资料完整，设计合理，避免牵强附会，虎头蛇尾，空洞无物。科技论文要求简洁，这不同于一般通俗读物需要注意修辞和华丽的辞藻，而要求行文严谨，重点突出，文字语言规范、简明，能用一个字表达清楚的就不用两个字，总之，尽量用简洁的文字说明要阐述的问题，使读者用较短的时间获得更多的信息。显而易见，后三者属于科技论文写作技巧方面应注意的事项，将在以后讲述论文写作技巧时再作叙述。

2.2 科技论文的分类

科技论文是科学技术研究成果的书面表达形式，是科学技术的真实描述和客观存在的自然现象及其规律的反映，具有科学性、学术性和创新性。为了解各种科技论文的写作特点和写作方法，现对科技论文的种类作些介绍。

根据论文写作目的的不同，可以将科技论文分为研究报告和学位论文两大类。

2.2.1 研究报告

研究报告是科技论文中最常见的一类，是指各学科领域中专业人员或非专业人员科研成果的文字记载。这类论文刊载在专门的学术刊物上，有针对性地阐明问题：总结前人科学研究成果，提出个人的创新见解，以促进科学事业的发展，是写作此类学术论文的根本目的。这类论文一般要求写得简练、概括，突出对有创见性的观点的论述，对研究过程可简略或不做描述。由于学术刊物的级别不同，对文章的要求也不尽统一。这类论文拥有较多的作者群和读者群，写作时要考虑读者对象的不同。每个科研人员都十分重视撰写这种论文，因为它既可活跃学术研究气氛、交流科研信息，也可及时反映个人或集体的科研能力和科研成果。一个国家科研论文数量的多少，质量的高低，可以从一个方面反映出这个国家科学技术发展的水平或学术研究的状况。对于个人来说，科研论文发表得越多，越能说明其科研能力强、科研成绩显著。

根据联合国教科文组织发布的《2010年教科文组织科学报告》，在全球加大对科技研发投入的背景下，以中国为代表的新兴国家的科技力量不断增强。在2002年，全球近83%的研发活动在发达国家进行，到2007年已下降至76%。而以中、印、韩为代表的亚洲国家由2002年的27%上升至2007年的37%。报告指出，发达国家在全球科研刊物上发表的文章由84%下降至2008年的75%，同期中国的这一比例由5.2%上升至10.6%。

按照研究报告的写作目的及其内容特征来看，又可把这类论文细分为以下几种。

(1) 学术性论文

指专业技术领域里的专门人员（包括从事各类学科的专门研究人员、教学人员和生产第一线的科技人员）提供给学术性期刊发表或向学术会议提交的论文，它以报道学术研究成果为主要内容。学术性论文反映了该学科领域最新的、最前沿的科学技术水平和发展动向，对科学技术事业的发展起着重要的推动作用。这类论文应具有新的观点、新的分析方法和新的数据和结论，并具有科学性。从一个单位、部门、民族、国家发表的学术论文的数量与质量，可以看出其科学技术已经达到的水平。

学术性论文对科学和社会进步产生划时代的重大意义的案例并不少见，在此，仍以前已提及的俄国化学家门捷列夫为例，他对世界的最大贡献是发现了化学元素周期律。他对当时已经发现的全部63种化学元素进行排列并思考和研究后，于1869年2月发表了《元素的属性与原子量的关系》的论文，按照原子量的大小排列起来的这些元素，在性质上呈现明显的周期性规律，在此基础上他预言了4种尚未被发现元素的存在；1871年门捷列夫又发表了《化学元素周期性的依赖关系》的论文，对化学元素周期律作了进一步阐述，预言了这些尚未发现的新元素的性质，当他的预言被一一证实后，激起了人们发现新元素和研究无机化学理论的热潮。元素周期律的发现在化学发展史上是一个重要的里程碑，它把几百年来关于各种元素的大量知识系统化起来，形成一个有内在联系的统一体系，进而使之上升为理论。由此可知，基础理论研究的意义是多么重大。年轻时曾经做过敖德萨中学化学教师、后又任彼得堡大学讲师的门捷列夫，因发现周期律而获得英国皇家学会戴维奖章（1882年）和英国科普利奖章（1905年）。1955年，科学家们为了纪念元素周期律的发现者门捷列夫，将101号化学元素命名为钔。门捷列夫运用元素性质周期性的观点写成《化学原理》一书，曾被译成英、法等多种文字而载入史册。

这足以说明学术性论文的价值和意义了。

(2) 技术性论文

技术性论文是相对于学术性论文而言的以描述操作性实践技术为主的科技论文的总称，如工程技术人员为报道工程技术研究成果而提交的论文，这种研究成果主要是应用国内外已有的理论来进行设计、实施的操作技术和要领，实施工艺、设备、材料等具体技术问题而取得的完整记录。技术性论文对技术进步和提高生产力起着直接的推动作用。这类论文应具有技术的创新性、先进性、实用性和科学性，是广大科技工作者最喜欢借鉴的一类科技读物。例如以目前十分热门的3D打印即快速成型技术为例，其以数字模型为理论基础，运用粉末状金属或塑料等可黏合材料为原材料，通过逐层打印的方式来构造物体的专用技术，使用这种新技术能够方便地实现传统工艺很难实现的如内雕工艺品、免组装结构件以及生物及临床医学上使用的人工耳软骨支架等传统制造业无法实现的加工技术。而在实际使用这种技术时需要以丰富的实践经验加以指导。那么，各种有关3D打印方面的技术性论文则是有着重要的参考价值的材料。由此可知，技术性论文与学术性论文一样，同样是现代科技宝库中的重要组成部分，二者不能简单地比较得出何者更突出或更优秀，如果一定要加以比较的话，则需要按照其选题、创新性、实用性和推广前景等要素来加以分析才能得出合理的结论。

(3) 综述性论文

这类论文应综合介绍、分析、评述该学科（专业）领域里国内外的研究新成果、发展新趋势，并表明作者自己的观点，做出学科发展预测，提出比较中肯的建设性意见和建议。它与一般科技论文的主要区别在于综述型文章不要求在研究内容上的创新性，但一篇好的综述性文章也常常包括有某些先前未曾发表过的新资料或新思想，它要求撰稿人的写法通常分两类：一类以汇集文献资料为主，辅以注释，非常客观，少加评述；另一类则提出合乎逻辑的具有启发性的评价与建议。综述型的论文撰写要求比较高，具有权威性，一般具有一定学术水平的学科带头人才能写出高水平的综述型学术论文，此类论文往往对所讨论的专题或对学科的进一步发展起到引导作用。

2.2.2 学位论文

顾名思义，学位论文是为了取得学位而撰写的论文。"学位论文是表明作者从事科学研究取得创造性结果或有了新的见解，并以此为内容撰写而成，作为提出申请授予相应的学位时评审用的学术论文。"这是国家标准局在《科学技术报告、学位论文和学术论文的编写格式》（1987年）所做出的申述。学位论文是论文答辩委员会用来决定是否通过并建议是否授予学位的重要依据。

目前，我国学位分为学士、硕士、博士三级，根据2004年8月公布的《中华人民共和国学位条例》，国家对学士、硕士、博士的学位论文都有明确的要求。例如，大学本科学生和毕业前完成的学士论文，要求在教师的指导下，掌握和运用已学到的专业基础理论和基本技能，并在此基础上，具备解决本专业中某一学术问题的初步能力，为毕业后进行专题研究打好基础，因此，学士学位论文的要求不高，通过毕业论文（或毕业设计），表明作者"确已较好地掌握了本门学科的基础理论、专门知识和基本技能，并且有从事科学研究工作或担负专门技术工作的初步能力"

即可。

学位论文是大学生、研究生毕业时，或申请学位的同等学力人员必须撰写的作业，所以也叫毕业论文，包括学士论文、硕士论文、博士论文等。大学生的学年论文也属这一类，这类论文内容广阔，具有训练性质。文章一般都比较短小，内容精悍，观点尖锐、鲜明，富有朝气，但论证上还不够成熟，研究总体的深度有一定的限制。

学位论文是考核毕业生能否授予学位的重要方面。学位申请者必须通过规定的课程考试和论文审查、答辩，合格后才能授予学位。在论文中，对不同学位申请者有不同的要求。比如，学士论文要求对研究的课题有一定的心得，能从论文的写作中反映出作者有从事科学研究的初步能力；硕士学位论文要求对所研究的课题有新的见解，能从论文上反映出作者有独立从事科学研究的能力；博士学位论文要求对科学或专门技术做出创造性的成果，能从论文的写作中反映出作者有渊博的理论知识和相当熟练的科学研究能力。现将不同的学位论文分别阐述、介绍。

（1）学士论文

根据国家学位条例第四条规定，大学本科毕业生只要较好地掌握本学科的基本理论、基本知识和基本技能，具有一定的从事科学研究的能力，就可以通过毕业论文答辩，取得学士学位。这就是说，学士论文侧重于考查学生运用所学知识解决某些问题的基本能力。学士论文是在限定时间内（一般为半年左右），在教师指导下进行的首次科学研究的实践总结。因而，它的选题范围一般较小，篇幅一般在 1 万字左右，内容不太复杂，要求有一定的创见性，能够较好地分析和解决学科领域中不太复杂的问题。写好一篇学士论文，必须有一个较为深入细致的研究过程。一般说来，作者应基本上了解本学科学术研究的信息，至少应阅读与选题有关的一定数量的参考文献，不能是别人研究成果的简单归纳，至少应该在论点和论据上有一些自己的见解。学士论文虽然是进行科学的首次尝试，既不是高不可攀，也不是轻而易举的。在很大程度上，它是作者才华的第一次表现，所以更须认真对待。

（2）硕士论文

它是攻读硕士学位研究生的毕业论文，其学术水平比学士论文要高。它必须能够反映出作者所掌握知识的深度，有作者自己的较新见解。国家学位条例第五条规定，高等院校和科学研究机构的研究生，或具有研究生毕业同等学力的人员，只有在本学科上掌握坚实的基础理论和比较系统的专门知识，具有从事科研工作和专门技术工作的独立能力者才可通过论文答辩，取得硕士学位。这就是说，硕士论文强调作者在学术问题上应有自己的较新见解和独创性。与学士论文相比较，应该说对硕士论文的要求有很大的提高。它要求作者在论文中提出自己的新见解，在论文中反映作者具有独立从事科学研究的能力，因此，国家学位条例中有明确的规定：

"硕士学位论文对所研究的课题应当有新的见解,表明作者具有从事科学研究工作或独立担负专门技术工作的能力。"

(3) 博士论文

它是在攻读博士学位阶段为申请博士学位准备的论文,是非常重要的科研成果的文字描述。它要求作者必须在某一学科领域中有坚实而深广的知识基础,必须有独创性的成果;它应有较高的学术水平和学术价值,能够对别人进行同类性质问题的研究和其他问题的探讨有明显的启发性、引导性,在某一学科领域中起先导、开拓的作用。在学位论文中能反映出有所发现、有所发明,并在研究中做出创造性的成果。

博士论文应该是一篇内容完整、论述严密的高水平科研报告。它的突出之处是研究成果的创新性。它在理论上或实践上能够超越前人提出见解,或者纠正别人的不妥之处,对人们认识世界、改造世界具有指导意义,就当认定为博士论文。

根据中华人民共和国学位条例暂行实施办法的规定,学士学位由国务院授权的高等学校授予;硕士学位、博士学位由国务院授权的高等学校和科学研究机构授予。

关于学位论文的基本要求,除上述要求外,各个学校和科研院所还都制定出自己的可依循的办法或条例,供执行参考。例如,有的学校规定,硕士学位论文工作一般应占研究生全部学习时间的二分之一,论文所研究的课题应当有新的见解,其研究成果(学术论点和实验方法等)有一定的学术理论意义和应用价值,能反映作者在本学科上掌握坚实的基础理论和系统的专业知识,具有从事科学研究工作或独立承担专门技术工作的能力等。

一般来说,学位的授予单位对学士学位、硕士学位、博士学位的授予,持十分慎重的态度。例如,有的学校明确规定,凡属下列情况之一者,硕士学位论文不予通过:

① 论文只是简单地综合他人成果,或纯属资料的综合,没有自己的独立见解者;

② 不是由个人独立完成,或论文中有抄袭剽窃他人成果者;

③ 重复前人的实验,得出的结论是显而易见的,或虽解决了工程中的部分实际问题,但在理论上没有创见,不具备理论水平或没有实践价值者;

④ 计算不严密,或理论计算方法有错误,数据不能符合论证的基本观点者等。

博士和硕士学位论文是我国研究生教育的重要成果,也是研究生教育质量的直接标志。博士和硕士学位论文直接反映研究生的知识基础、科研能力、学术水平、科研态度,而且在一定程度上也可以反映该学科的发展水平。迄今为止,我国累计完成的博士和硕士学位论文已逾百万篇,1998 年世界银行提出了国家知识基础设施(National Knowledge Infrastructure)的概念,我国也开始了中国知识基础设施

工程 (China National Knowledge Infrastructure) 的建设，并以 CNKI 为简称。该工程由清华大学、清华同方发起，始建于 1999 年 6 月，是以实现全社会知识资源传播共享与增值利用为目标的信息化建设项目。如今，国内已有多所高校图书馆建立了 CNKI 博硕士论文库，以求论文资源的充分利用和方便检索。例如，由华南师范大学图书馆制作维护的中国优秀博硕士学位论文全文数据库、四川农业大学图书馆制作维护的中国优秀硕士学位论文全文数据库、武汉体育学院图书馆制作维护的中国优秀硕士论文数据库等等。

此外，为了加强高层次创造性人才的培养工作，鼓励创新精神，提高我国研究生教育特别是博士生教育的质量，在教育部和国务院学位委员会领导下，由教育部学位管理与研究生教育司组织实施和开展"全国优秀博士学位论文评选"（简称"全国百篇"）的工作。同时，为了增加对博士学位论文工作的支持，教育部还设立了"高等学校全国优秀博士学位论文作者专项资金"，对在中国内地高等学校工作的全国优秀博士学位论文作者给予 5 年的研究资金资助，自 1999～2009 年，已对 704 个项目进行了评审，立项 675 项，资助了 672 位优博获得者。目前已对 216 个项目进行了结题，其他项目正在日常管理之中。

自 1999 年首次开始全国优秀博士学位论文评选以来，至 2009 年共进行了 11 次，各省级学位委员会累计推荐了 5444 篇论文参加全国优秀博士学位论文评选，共评选出全国优秀博士学位论文 984 篇，提名论文 949 篇。同时，教育部学位管理与研究生教育司委托教育部学位与研究生教育发展中心组织"优博论文资助项目"的专家评议和管理工作。目前我国历年评选出的全国优秀博士学位论文结果如下表。

历年全国优秀博士学位论文评选结果

年份	获奖论文	提名论文
2013 年	获奖论文(100 篇)	提名论文(273 篇)
2012 年	获奖论文(90 篇)	提名论文(278 篇)
2011 年	获奖论文(97 篇)	提名论文(256 篇)
2010 年	获奖论文(100 篇)	提名论文(334 篇)
2009 年	获奖论文(98 篇)	提名论文(363 篇)
2008 年	获奖论文(100 篇)	提名论文(177 篇)
2007 年	获奖论文(98 篇)	提名论文(158 篇)
2006 年	获奖论文(99 篇)	提名论文(137 篇)
2005 年	获奖论文(96 篇)	提名论文(159 篇)
2004 年	获奖论文(97 篇)	提名论文(139 篇)
2003 年	获奖论文(97 篇)	提名论文(179 篇)

习题与思考题

1. 试述科技论文的概念和特点。
2. 为什么说创造性是科技论文与一般科技文体作品的主要区别?
3. 科技论文的科学性主要表现在论文的哪些方面?
4. 通常,根据论文写作目的的不同,可将科技论文分成哪些类别,其各自的特点是什么?
5. 按照我国的规定,对学士论文的主要要求是什么?
6. 硕士论文与学士论文的要求有何不同?
7. 博士论文的特点是什么?
8. 一篇优秀的科技论文,应该在哪些方面体现出来?

3 科技论文的写作

3.1 科技论文的写作过程

科技论文写作与文艺创作的不同之处，在于它的严肃性、规范性和真实性。当然，科技论文创作同样需要灵感，需要才华、需要想象力，更需要责任性。这是因为科技论文的写作目的是记录认识世界和推动社会进步的种种成果，例如，有关基础理论研究的论文阐述的是该领域新发现的规律性，而应用技术方面的论文写作目的则是为了推动科技的进步、企业的转型升级，为了催生战略性新兴产业，为了解决群众普遍关注的医药卫生、环境保护、能源资源、食品安全等领域的相关问题，这就要求论文作者以敏锐的洞察力去确定研究的课题，并以自己的专业优势来解决现实难题，从而达到有所发现、有所发明、有所创造、有所前进的目的。科技论文的写作是有其特殊要求和规范形式的。

按照科技论文的论述内容和研究方法的不同，论文的写作形式和书写格式可以有所不同。但对其写作规律或写作过程而言，应该说大致上是一样的。如果把科技论文的写作过程用框图表示，则如图3-1所示。

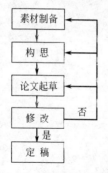

图3-1 科技论文写作过程的框图

3.1.1 材料准备和构思

科技论文不同于一般科学研究成果的简单记录，它是作者对于科技成果认识上的总结和提高，是作者对论述的主题内容认识论上的重要升华。因此，在科技论文开始写作前和写作时应有充分的写作准备。归纳起来，科技论文的写作准备大致分成材料准备和思绪准备两方面。

① 材料准备 指的是写作素材的准备。论文撰写的素材是论文撰写的基础

俗话说巧妇难为无米之炊。说的便是原材料与结果之间的因果关系。进一步说，论文写作的素材又分成两个方面：背景陈述和创新成果。任何科技论文和研究成果，都是在前人工作的基础上进行并完成的。因此，作者如果不了解该主题的研究历史和现状，只顾自己苦思冥想，很可能会把前人早已论述过的内容误认为是自己的新创见、新发现，或者把前人早已批驳、否定的错误论点当作正确的结论加以宣扬，盲目重复前人已抛弃的工作，徒劳无功。

搜集材料是了解本课题的历史沿革和现状的必要方法，它是课题研究的基础，创新的依据。所谓创新成果方面的素材，指的是与前人工作相比较，作者自身通过理论探索、实验、观察、调查、分析对照等方法获得的新材料，这部分材料必须"去伪存真"，经得起理论和实践的检验。这样，这部分材料才是撰写论文的核心。如果把背景陈述性素材比作绿叶，则创新成果方面的素材便是红花。只是红花仍需绿叶相衬，这样才能使读者了解到论文的新意所在。

收集他人的研究成果，可以了解到国内外有关该课题的沿革过程和最新动态。撰写科技论文不是凭空进行的，而是在他人研究成果的基础上展开的，因此，对于他人已经解决了的问题就可以不必再花力气重复进行研究，可以以此作为出发点，并可以从中得到有益的启发、借鉴和指导。对于他人未解决的，或解决不圆满的问题，则可以在其研究的基础上再继续研究和探索。切忌脱离前人的工作而盲目研究，否则，撰写的论文的理性认识会远远低于前人已达到的水平。

② 思绪准备　指的是写作素材准备就绪后，对所有的材料进行全面的整理、分类，使其系统化、条理化而进行思考的过程。包括对于论文总体内容的构思、中心论点的确定、论文结构的安排和论证结论的导出等诸方面。这种对于整理、安排素材的思考与素材的拥有是完成撰写一篇优秀论文的两方面，而且应该说思绪准备本身是一种创造性的、复杂的思维活动，是论文写作的一个关键环节。

思绪准备不是笼统的概念，对于有经验的作者而言，所谓思绪准备是指以下四个环节的思索。

明确主题　构思阶段首要解决的问题是选题立意。俗话说："题好功半"，论文题目的选定是完成论文撰写的重要过程，只有主题明确，论文方有引人入胜之功力。

理清思路　论文并不是客观事物、事理内部联系的机械叙述，主题虽已明晰，但还必须经过思索加工，寻求文章构成的最佳思路，不但要做到言之有理，而且要做到言之有序。文章对事物发展过程如何叙述，或对问题如何分析论证，都是对作者思路的明确要求。

选择材料　选材一般是与确立主题和理清思路同时进行的。但是，在上述材料准备过程中，材料仅是初步的集结。起草过程中还必须根据主题和思路，进一步审查和筛选材料，对于其中最能表现主题的内容要写详写实，一般的应略写。材料的主次详略，主要是服从主题的需要。

确定框架 思路的具体表现则为构筑整个论文的框架结构。就应用写作而言，公文有公务文书的框架格局，消息有新闻的结构格式，学术论文也有它的基本类型。

在材料准备和思绪准备的进行过程中，还应指出的是按照科技论文研究方法上的不同，可将科技论文分为理论型、实验型和描述型等数类。不同类型的论文，其写作过程有所不同。

① 理论型 这类论文运用的主要研究方法是理论分析和求证。其正文部分通常无固定格式要求。理论型论文中有些纯粹是以抽象的理论问题为研究对象的，或是证明某一定义、定理；或是分析某种理论的意义或局限，做出修正、补充和质疑；或是研究某种理论的运用，如为了解决某一实践中的问题建立数学模型、给出计算方法等。总之，它们是通过严密的理论推导或数学运算来获得研究结果的。还有一些理论型论文是以观测、调查所得的资料和文献资料为研究对象，研究的主要方法不是对这些资料的客观描述，而是对资料进行分析、综合、概括、抽象、归纳、演绎、类比等，达到提出某种新的理论和见解的目的。如找出事物和现象的特点、组分、结构、功能，研究其分类和意义，分析演变过程，阐明效应和影响，说明原因与结果，指出优点和问题，探讨利用价值，预测未来前景等。

② 实验型 这类论文运用的主要研究方法是设计实验、进行实验研究和对实验结果的分析。它的正文部分有实验材料、实验方法、实验结果和讨论等部分，格式比较固定。实验型科技论文又有两种情况：一是以介绍实验本身为目的，正文就是实验的内容，结果包含在实验过程中，没有讨论部分，或者只是讨论各种条件对实验的影响；二是以对实验结果的讨论为主要目的，通过对实验结果的分析，研究客观规律，而不是为了认识和改进实验的装置、方法和手段等。这种类型的论文一般都有实验方法、结果和讨论三部分。

③ 描述型 这类论文运用的主要研究方法是描述说明。正文部分是对研究对象的描述。这类论文的写作目的是向读者介绍新发现的具有科学价值的某一客观事物或现象，因此它的重点在于说明事物或现象是什么。它不需要进行大量的逻辑分析和推理。如介绍所发现的生物属种，说明观测到的天体或自然界的某些奇特现象。

3.1.2 起草

当论文构思成熟，提纲拟定后，便可行文于始。只是开始成文前，最好先打一个草稿。起草草稿是把自己的构思写成论文过程中最主要的一项工作，在整个科技论文写作过程中，具有决定性的意义。这是因为起草是构思的具体化，是作者把自己的设计构思草拟成文，将无形的思想变为有形的文章的重要步骤。不管作者的选题如何恰当，立意如何深刻，搜集的材料如何丰富，若不经过起草阶段，这一切都还停留在"构思"阶段，没有起草，就没有论文。

论文的起草也是一个复杂艰苦的写作实践过程，它要求作者继续积极思考，深入研究，从内容到形式不断进行琢磨。起草过程是思想最活跃、注意力最集中，作者的知识、阅历、才能、精力得到充分调动的时期。认真做好起草工作，既是一种良好的写作训练，也是对思想方法和思维能力的有力锻炼。

科技论文起草过程中，始终要注意以下几点。

紧扣主题，突出中心 主题是文章的灵魂，是论文内容的核心。主题的证明与表达，是论文写作所要完成的主要任务。论文写作的各个环节，无不围绕主题而展开，主题一经确定，就要以它为中心，不但结构的安排、材料的取舍要以主题的论述为依据，就连语句的选择、词语的遣用，均要以主题为标的。不以主题为统帅，论文就可能杂乱无章。

论点鲜明，论述有据 科技论文要阐述自己的发明、发现和成功的经验，论文的主题也以此而定。然而，对于论文主题内容的论述，必须以鲜明的论点和充分的论据为依据而展开，因此，论文中的论点和论据必须鲜明突出，有充分的证明作为依据。

全文贯通，结构完整 科技论文的写作要力求简洁，思路清晰。论文的各部分之间除了具有内在的逻辑联系之外，还要求全文贯通，段落完整，不要把与本段段意无关的内容写进同一段落里去，一个段落要把一个意思说完整，不要一个意思硬拆成两段来陈述。此外，还要注意段与段之间的联系与衔接。要用好关联词语，写好过渡句、段，使文章承上启下，前后呼应，首尾圆合，浑然一体。

表达准确，语言简练 科技论文使用的是科学语体，科学语体的特征应是准确、简明、通俗、质朴。准确，是一切学术论文语言表达的第一要求，包括事理准确、事实准确、数字准确、引文准确，还要做到用词恰当、语义明确、句意严密、格式规范等。论文的语言要简练明白，力戒浮词套语，重复累赘。

3.1.3 修改

科技论文写作过程中，要求运用自己掌握的知识和研究中获得的创造性成果，理论联系实际地来阐述科学研究中一些带规律性的认识。论文反映了作者对客观事物的认识，而客观事物是丰富多彩的，认识过程又是艰巨而曲折的，这就决定了修改论文撰写过程不断进行的必然性。认识事物的过程不容易，而准确地描述出来更困难，这种困难一方面来源于客观事物本身的内部矛盾有一个逐渐揭露过程，它的发展是曲折复杂的；另一方面来源于人的认识要受到各种主客观条件的制约，在认识过程的各个阶段中稍有疏忽，就容易出现片面性和主观性。"论文是客观事物的反映，而事物是曲折复杂的，必须反复研究，才能反映恰当；在这里粗心大意，就是不懂得撰写论文的起码知识。"人们对研究对象的认识有个由现象到本质、由片面到全面、由不够深刻到比较深刻的过程。写论文就是对研究成果的反映，在从不够准确、恰当到比较准确、恰当的转变过程中就必然有一个修改的环节。写论文，从本质上说是一个认识过程，它包括由客观事物到人的主观认识的飞跃和从主观认识到书面文字表述上的"升华"过程。因此，在写论文过程中，多一次修改就加深一次认识；多一次修改就提高一步，至少可以减少失误和克服不足。

修改是论文写作中贯穿始终的重要环节。修改从形式上看是写作过程中的一道工序，是论文完善的必然阶段，修改是贯穿整个写作过程的。

论文写作通常分四个阶段，在每一个阶段都应注意修改工作，这四个阶段是：酝酿构思中的修改，所谓修改，其实就是酝酿构思打腹稿，确立论文论述的主题、选择题材等等；写作中的修改，即细致的思索、斟酌、推敲的阶段；初稿后的修改，在全文初成后，要逐字逐句、逐段地审读；必要时请求他人协助进行审读式的修改，以求"评头论足"、"说三道四"，通过这种审阅，对合理之处给予肯定，更要求指出全文中的不足。

在上述四个阶段中，初稿形成之后的修改更为重要。因为论文在起草初稿的过程中，作者对每个论点、论据不可能考虑得很周密，表达则更难做到准确无误。而在草稿写出后，作者的着眼点可以从局部写作转移到总体审视，推敲中心论点的表达是否突出，各层次、段落的安排是否妥当等等，进行更客观和更严格地认真思考，反复推敲，使论文进一步趋于成熟和完美。

那么，又应怎样来修改论文呢？一般来说，有以下几种方法。

① 读改法 "写完至少看两遍"，最好朗读或默读。边读边思考，遇有语意不畅之处随手改正。

② 求助法 可以把稿子交给别人，征求别人的修改意见，然后自己动手修改。俗话说"当事者迷，旁观者清"。通常对自己写出来的东西往往偏爱，而旁人则能从比较客观的角度去评价，容易发现问题。当然，博采众家意见还得胸有主见，对别人的意见要进行分析，对的就改，不对的就不改。

③ 搁置法 论文草稿写完之后，往往不容易对自己的文章采取比较客观、审慎的态度。此时可采取搁置一下，待时过境迁，重新过目时就能比较冷静客观地对待自己的文章了。当然，训练有素的作者可以像编辑一样，写好即对初稿进行修改；大多数作者则需要一天或一天以上的时间间隔再来做修改。

要养成修改论文的良好习惯，并正确掌握使用修改符号的方法，论文的修改，一般是在原稿上进行的，因此必须尽量保持文稿的整洁，修改什么，怎样修改，应该在稿面上有明确地表达出来。有的人在修改稿子时往往乱涂乱画，这样不但不整洁，修改一多，也容易造成文字混乱。正确使用修改符号，是避免这种缺点的重要方法。

修改的范围，包括修改观点、修改材料、修改结构、修改语言和修改标点符号等。下面介绍几种具体方法。

改 凡文中不够正确、严谨、恰当之处，应加以改动。改，就是对论文进行一次手术，乃至变更主题，改换体裁，变动结构，甚至推倒重写；或者仅对论文进行"小修小补"，一般集中于局部的语句、文字及论文少数内容的改动，包括病句、错别字及文句的锤炼等。

调　　就是调整，对原有内容、文字、结构进行调整，使论文思路明晰，条理清楚，表述正确。

删　　凡文中内容和文字表达上的赘余应当一概删削，如删削观点、段落，删削材料、字句等。

增　　凡文中内容不够全面、充分，文字上有疏漏之处，都应加以增补，如观点、材料、文字、图表、标点等。

以上两种修改程序、方法，都可以参照应用。

关于论文修改的完成，大致分在电脑上完成和传统文稿的修改直至完成两类。倘若论文直接在电脑上输入书写，则应在输入完成后先行储存，然后从文件栏中提取出，直接按书写软件提供的"提示符"进行"改、调、删、增"，形成修改稿即可，直至反复修改后定稿。倘若论文草稿是以传统文稿形式写成，则修改工作大都在草稿上进行，而文章的"改、调、删、增"常用修改符号来表述，可明白无误地标出修改情况和结果。常用的修改符号有以下8种。

删除号　

第一、第二个符号用于整句、整行甚至整段的删除，第三个符号用于一个字或一个标点的删除。使用这些符号的好处是既能表示删除，又不至于把原文涂死，必要时仍可还原。

增补号　∧　▢↷

第一个符号用于个别字或标点的增补，第二个符号用于几个字、一句话乃至一整段的增补。注意：这些符号都要划清楚增补插入的位置。

换位号　

同行相邻词语的换位用第一个符号；中间词语不动，前后词语换位，用第二个符号；大段文字移位或文字隔行移位，用第三个符号，箭头插在应移入的位置上。

压行号　⌐　¬

第一个用于行首，第二个用于行尾。注意：压行号的伸延截止符应准确放在需要压进后留白的位置上。

提行号　⊢　⌐

第一个符号表示字行提前，第二符号表示上行某句开始另起一行。注意：箭头前的竖划，是提行后起始的位置。

复原号 △ △ △

标在已被删除的文字或标点的下边，表示复原，要复原多少字，就做多少个符号。

留空号 ＞ ＞ ＞

标在行与行之间，表示两行之间要留出一行空白。

缩空号 ＜、∧

第一个符号标在上行与下行之间的左端，用于行与行间的缩空行；第二个符号标在字与字之间的上端，用于两字之间的缩空格。缩空行与空格，有时也用符号 ▨ 把空行或空格涂死。

论文修改用的符号，在出版工作中也称为"校对符号"。在国家对此尚未有统一标准前，均采用约定俗成的方法来进行。因此，论文作者对这类符号的熟悉和了解，对于论文的修改、排校和提高出版物的质量是十分有利的。为此，除上述介绍的多种修改符号外，北京印刷技术研究所曾建议统一使用的校对符号及其用法供使用参考。1993年，国家标准局公布了GB/T 14706—93《中华人民共和国国家标准：校对符号及其用法》，并于1994年7月1日起实施。现将该标准收于本书后的附录之中，供参考。

3.2 科技论文的写作要求

科技论文是研究成果的客观表述。因此，撰写论文的最大特点是它的科学性、专业性和客观性，其内容又具有很强的实用性和真实性。在写作过程中，必须根据上述特点来考虑其选材、结构、表述方式和语言等要求。前已提及，由于科技论文就其讨论的主题、研究的方法和阐述方法的不同，其写作格式和要求并不相同。一般来说，科技论文可分为理论型、实验型和描述型三类。现将不同类型论文的写作要求叙述于下。

3.2.1 理论型论文

这类论文一般是从认识论的实践中或前人的论述中发现或提出问题，通过分析、推理、论证及证明，得出新的结论、结果或新的规律、新的定理，使问题得到解决。

理论型论文在写作格式上没有严格的规范性，只要求围绕主题取材，论证严密而合乎逻辑，文句准确而有说服力。下面以研究主题的不同，分别说明此类论文的特点。

(1) 以抽象的理论为研究主题的理论型论文

此种理论型论文的正文常见结构形式有下述3种。

① 证明式　即给出定理、定义，然后逐一证明。其证明往往是逐层深入的关系，但有时要同时分别证明几个定理，这时几个部分之间又是并列的关系。

② 剖析式　即将原理或理论分解为一些方面，逐项研究。

③ 验证式　即先给出公式、方程或原理，然后进行计算推导，最后运用于实例进行验证。如果同时运用几个定理和公式，则可采用并列式逐个计算和说明。

(2) 以观测资料和文献资料为研究对象探讨规律的理论型论文

这种理论型论文的正文结构形式也有下述3种。

① 时间式　即以时间先后和事物发展过程为顺序的结构。这种结构形式有时不标明时间，而是按发生、发展、结果的顺序来写的，这也是一种时间结构。

② 空间式　即以事物的方位和构成部分为顺序的结构。

③ 现象本质式　即先摆出观测的现象和有关资料，然后进行分析，找出本质和规律。医学领域中有一类论文的正文以"资料分析"（或称"病例摘要"）、"讨论"为标题，分为两个部分，结构比较固定，也属于这类论文。

除上述结构形式外，还有以因果、特征、组分、性质、种类、功能、作用、意义为顺序的各种结构形式。这些结构形式有时还会同时复杂地交织在一篇论文中。理论型论文的正文结构，不管怎样复杂，它们都应该是事物本身的逻辑顺序和人们认识的条理性的反映。

3.2.2　实验型论文

实验型论文的正文一般有材料和方法、结果与分析、讨论三个部分，但也可因材而异，灵活运用。

(1) 材料和方法

材料和方法是为了向读者介绍获得成果的手段和途径。它是作者从事研究工作的思想方法、技术路线和创造性的具体反映。一般来说，要获得创造性研究成果，首先要有创造性的实验和方法。当然，也有一部分研究工作是利用别人的实验而观察到别人所没有观察到的结果，这时材料和方法部分一般可省略，只需在结果部分作简略说明。

"材料和方法"部分的内容包括以下3方面。

① 介绍实验用材料　包括材料的来源、产地；材料的制备、加工方法；材料的性质、特性；材料的代号、命名等。如果实验的对象是人，应将小标题改为"对象和方法"。

② 介绍实验设备、装置和仪器　包括它们的名称、型号、精度、生产厂家等。

使用的装置和仪器不是标准设备时,必须注明,并对其测试精度作出检验和标定,以便判断实验结果的可靠性和准确性。如果是自己研制的设备或对已有设备作了改进,应着重说明,讲清设计的理论根据,并画出原理图或构造示意图。

③ 介绍实验方法和过程　包括创造性的观察方法、观察结果的运算处理方法和公式、实验过程中出现问题的处理方法、操作应注意的问题、观察结果记录的方法和使用的符号等。

上述内容是撰写一篇实验型论文所应包括的项目。具体到某一实验时,并非要逐一列出。在能给读者提供重复该实验时所必需的信息的前提下,力求简洁明了。一些常见的实验材料可不介绍或仅介绍规格、型号;一些众人皆知的方法可略去;如果是采用别人的方法,注明一下即可。主要的实验过程一般按进行的先后顺序来写;也可按作者的认识过程,从感性到理性认识的逻辑顺序来安排。一般论文中只写成功的方法。材料很多、装置复杂、方法抽象时,可用图表来简化说明。

(2) 结果与分析

结果是实验过程所观测到的现象和数据。它是实验型论文的核心内容。"结果与分析"部分包括实验的产品、实验过程所观测到的现象、实验仪器记录的图像和数据,以及对上述现象、数据进行的统计分析等。

这部分的写作要求有 6 个方面。

① 数据必须准确可靠　数据是分析结论的基石,有时检测结果的微小差错都可能推翻整个分析结论。实验中倘若产生反常的实验现象和结果,应在论文中加以特别说明。

② 数据充分,重复性好　实验结果或数据应足够充分,一般应重复 3~5 次或更多,这样论证才能充分有力。

③ 科学处理和选择实验数据　论文中的结果不是实验结果的照抄,不要把所有的原始数据全部列出。应该用科学的实验数据处理方法对其进行统计分析及筛选。应围绕主题选择数据,割舍与主题无关的东西。同时,也应注意防止为我所用,符合主观想法的就择取,否则一律砍去的非科学作法。

④ 实验结果按一定的逻辑顺序编排　这样做不仅能使论文条理清楚,增强可读性,而且体现了论文的科学性。在很多论文中,结果排列的顺序本身就明显地反映出一定的规律。

⑤ 尽量通过图表表达　"结果与分析"部分要罗列大量数字和资料,采用单纯叙述的方法往往使人感到枯燥、厌烦,复杂的资料也很难叙述清楚。采用图表则可一目了然。使用图表时要注意,凡是图表已清楚表明的问题,不要再用语言文字重复详述,只需作扼要归纳。懂行的专家阅读实验型论文时,注目点往往是图表。

⑥ 分析合乎逻辑,有理有据　分析是感性到理性的逻辑推理过程,应采取客观、认真的态度,不应凭主观成见寻找自己有利的实验数据来为自己的观点辩护。分析过程中说得清的要说透,说不清的最好不说。如确有必要说,应该老老实实地

注明在这里未说清，或者是属于推测、预测的看法。应突出论文的重点，进行精辟的分析。

(3) 讨论

讨论是对实验方法和结果进行的综合分析研究。作者创造性的发现和见解主要是通过讨论部分表现出来的。内容包括：

① 对实验结果进行综合分析；

② 与别人有关的实验结果比较，说明本项实验的结果与他人的结果有何异同，有何新的发展；

③ 根据本项实验结果得出的结论，或提出假说或学说；

④ 本项实验结果在理论研究或生产实践中的价值和意义；

⑤ 由实验结果提出哪些新的待进一步进行研究的问题等。

"讨论"部分十分重要，是作者理论水平的具体体现，因此，必须充分展开讨论；要阅读有关的文献，掌握大量资料，才能进行深入的分析讨论。但讨论范围应只限于与本文有关的内容。从论文内容需要出发，决定讨论什么，不讨论什么，什么要着重讨论。有时要详写，或进行严密的推理，或引经据典给予说明，或运用数学公式演算推导；而有时只要略写，或对结果进行简洁的归纳。讨论虽然写法上有繁简不同，但都必须以实验结果为基础，以理论为依据，进行科学的分析。既不要囿于旧说和成见，又不要轻易否定别人的观点。要防止武断和感情用事，防止凭个别的材料得出不合逻辑的一般结论。不要回避存在的问题，对不符合预想的实验结果要作说明和交代。

论文有时将讨论同结果合并为"结果与讨论"一起写，这有两个原因：一是讨论内容单薄，无需另列一个部分；二是实验的几项结果独立性大，内容多，需要逐项讨论。这时，说明一项结果，紧接着进行分析讨论，然后再说明一项结果，再进行分析讨论，条理更清楚。

3.2.3 描述型论文

人类对自然界的认识过程，是从观察和积累之中得到进步的。因此，描述型论文是科技论文的重要类型之一。

描述型论文的正文的结构形式比较固定，大多有描述和讨论两个部分。下面以一实例具体说明描述型论文的写作。

《眩晕》症治疗经验小结

——陈永彪

解 说

题意明确，范围适中，好！

署名清楚，居中排

内容提要：运用自拟"舒心消头汤"为主临症加减治疗《眩晕》症，疗效满意。收集的 36 个病例中痊愈 17 例，好转 15 例，无效 4 例，总有效率达 88.9%。

关键词：眩晕症，舒心汤，治验。

"眩"是眼花，"晕"是头晕，二者常同时并见；故统称"眩晕"。是一种较为常见的反复发作的内科疾患。祖国医学对于本病早有描述，如：《金匮要略·痰饮咳嗽病》有"心下有痰饮，胸胁支满，目眩"的记载。在现代医学中，它包括内耳性眩晕、脑动脉硬化、高血压、贫血、神经衰弱，以及某些脑部疾患等。笔者从事眩晕症的中医治疗已20余年，积累了一定经验，现将采用自拟舒心清头汤治疗经验小结，介绍如下：

1. 临床资料

本组36例中，男性12例，女性24例，年龄20～69岁，以50岁左右居多。本组病例根据病史、临床症状及CT检查为诊断依据，其中内耳性眩晕7例，脑动脉硬化5例，高血压8例，贫血4例，神经衰弱9例，脑部疾患3例。

2. 治疗方法

舒心清头汤：柴胡10g，党参15g，法夏15g，茯苓15g，竹茹10g，枳实10g，紫丹参15g，郁金冲15g，甘草5g。

加减：分五个症型进行加减。（1）肝阳上亢型：症见眩晕耳鸣，头痛且胀，每因烦劳或恼怒而头晕，头痛增剧，两颊潮红，急躁易怒，少寐多梦，口苦，舌红，苔薄黄，脉眩数。舒心清头汤加钩藤15g，石决明15g，淮牛夕15g，杜仲15g，便秘加槐角30g，便溏则加炒谷芽30g。（2）痰湿中阴型：症见眩晕，头重，胸脘痞闷，泛泛欲呕，少食多寐，舌白腻，脉濡滑。舒心清头汤去柴胡、黄芩、党参，加香附15g，黄连10g，砂仁5g，石菖蒲12g。眩晕较甚，呕吐频作者，如代赭石以镇逆；若见头目胀痛，心烦而悸，口苦，尿赤，舌苔黄腻，脉弦滑者为"痰浊化火"，舒心清头汤去黄芩加百部15g，黄连10g。（3）肾虚型：症见眩晕，神疲健忘，腰膝酸软，遗精耳鸣（或带下腰酸），失眠多梦。偏于阳虚者，四肢不温，舌质淡，脉沉细。舒心清头汤去柴胡、黄芩，加肉桂10g，杜仲15g，附片30g，偏于阴虚者，五心烦热，舌质红，脉弦细，舒心清头汤加知母30g，黄柏15g。肾阴阳两虚者，舒心清头汤加枸杞15g，桑寄生15g，肉苁蓉15g，菟丝子15g。（4）气

版，好！

无作者单位地址，不规范。

摘要写作欠推敲：

1. "临症"一词为非规范学术语言，不宜使用。
2. "疗效满意"系非量化描述语言，不宜使用。

这是一篇中医、中药临床研究、观察治疗报告，正文交代清楚，语言简练明确，予以肯定。

修改建议：

1. 内容提要中称"舒心消头汤"，正文中称"舒心清头汤"，必须规范统一命名。
2. 舒心清头汤药物用量已交代，但加水量、煎煮时间等制备方法也需准确交代。
3. 治疗方法栏目中分五个症型，宜将症型特征和用药处方调整，分别交代清楚，以免误读、误判。

血亏虚型：症见眩晕，动则加剧，面色苍白，唇甲不华，心悸失眠。神疲懒言，饮食减少，舌质淡，脉细弱。舒心清头汤加生黄耆45g，当归15g。（5）瘀血内阻型：症见"眩晕"，经常出现于脑外伤，脑血管病，中风后遗症患者。舒心清头汤加当归15g，红花10g，延胡15g，菖蒲15g。本症的病理较为复杂，舒心清头汤应辨证运用，随症加减。

煎服法：上药加开水1000mL，泡半小时，煎煮10分钟，每次服200mL，日服三次，七天为一疗程。

3. 治疗结果

治愈：症状消失。好转：症状明显减轻和消失。

无效：症状体征无明显变化。36例中，好转32例，总有效率88.9%，其中肝阳上亢型，痰湿中阻型，肾虚型及气血亏虚型的疗效较好。瘀血内阻型的疗效次之。各型疗效见附表。

各证型眩晕疗效表

分　型	总例数	痊愈	好转	无效
肝阳上亢型	8	3	5	0
痰湿中阻型	5	2	2	1
肾虚型	7	2	4	1
气血亏虚型	13	10	3	0
瘀血内阻型	3	0	1	2

列表清楚，但
1. 尽管全文仅有一表，仍需有序号"表1"；
2. 此表内容简单，用"三线表"为更好。

4. 病例介绍

唐某，女，48岁，干部，1976年3月24日初诊。素有健忘、精神不集中，俯首则眩劳动则头部自觉发热，血压随即上升（180/110mmHg）。右胁下时有掣痛，有时胃痛，大便有时稀溏，胃纳尚可，睡眠不佳，脉沉细数，舌红无苔。西医诊断高血压症，曾服凉药甚多，证未减轻，此属肚郁血热，肝阳上亢，宜平肝清热，用舒心清头汤倍柴丹参30g，连服一疗程，一周后复诊，上症完全消失。

谢某，男46岁，军人，阵发性眩晕已5年，近年来病情转剧，发作次数由半年一次增到一月2～3次，有嗜烟史30年，日吸烟20支，眩晕发作前，先感觉有一股热气。由少腹上冲至头部，随即感觉周围景物摇动，眼前发黑。现在症状：头昏、耳鸣、恶心、呕吐，晨起吐痰，口苦舌燥，

病例介绍力求有代表性，并交代此类病例占总观察病例中的百分率，供读者判研。

便秘尿黄，面色萎黄微青紫。就医诊断为内耳眩晕症，苔黄腻，脉滑。此属"痰浊中阻，脾胃不和"之证，治以：清热化痰，健脾和胃。方用：舒心清头汤加香附10g，黄连10g，砂仁5g，服七剂后，眩晕消失。

梁某，女，27岁，工人，生育之后，阴分未复，操劳动作，阳气升腾，头目昏晕，手足发麻，腰酸腿痛，轰然汗出，脉芤。治宜：养血熄风，育阴潜阳。方用：舒心清头汤加阿胶15g，女贞子15g，七剂复诊：眩晕已止，寐得安宁，汗出亦止。胃纳增加，精神好转。守法续进，以收全功。

刘某，女，44岁，邮政干部，1997年1月12日初诊。从1995年起头晕，如立身车，感周围环境转动，呕吐，血压低（90/60mmHg），耳鸣如蝉声，于1996年均同样发作过，西医检查有耳同平衡失调，为美尼尔综合征。近二月来，头昏头晕，看书稍久则头痛头晕加重，胃部不适，有欲吐之感，并有摇晃欲倒，食纳减退，体重亦减，常嗳气，矢气多，大便正常，月经调，经色淡，量少。皮肤发痒，西医认为荨麻疹，影响睡眠，噩梦多。小便稍频，有少许痰，有时脱肛，脉弦细无力，舌淡无苔。证属"气血亏虚"，方用"舒心清头汤"加生黄芪45g，当归15g，生枣仁15g，连服七剂，头晕失眠等症基本消失。

李某，男，59岁，干部，患者头昏日久，1996年6月8日上午9时突然眩晕，左侧偏瘫而就诊。患者神志清楚，言语不利，左半身不遂，面部歪斜，大便秘结，舌苔黄腻，脉象滑数有力，颈椎摄片示第5~6椎唇样变，CT诊断为右侧大脑动脉血栓形成。治以祛风化痰，活血通络，通腑清热之法，处以"舒心清头汤"加当归15g，红花15g，桃仁10g，生大黄10g。服药一周后，面歪已不明显，能搀扶下地行走，说话较前清楚。遂用此方加减。连服30剂而基本痊愈。CT复查右侧大脑中动脉脑血栓大部分吸收消失。

5. 讨论

"眩晕"的产生，外因是条件，内因是根本。风、痰、虚、七情内伤、过劳、失眠等等原因均可引起眩晕，病况繁多，宜详为辨证施治：一般症急者多实，选用清火、化痰、平肝、潜阳、熄风、养血等法。症缓者多虚，应用补养气血、益肾、养肚、健脾、化瘀等法，并审察风、火、痰兼证

此处为全文的"结论"。结论宜从本研究成果的概括进行，不宜作泛泛讨论。

之多寡，适应佐以治标之品，俟症状缓解之后，又当从本为治。自拟"舒心清头汤"正是照顾了上述特点，标本兼治，近期及远期疗效都好。然而在临床治疗中，还必须临证细辨，方能提高疗效。

参考文献

  1. 上海中医学院 1974 年 5 月版"内科学"105 项"眩晕"课。

  2. 上海 73 年版《实用内科学》1196～1198 页。

> 参考文献引用不规范，必须按国家标准规范标注。

  综上所述，描述型论文的主要写作特点如下。

  ① **写作内容** 论述动物、植物、微生物新属种发现的论文，其描述部分的主要内容有：新属种和名称、产地、形态特征、生活环境、分布等；讨论部分的内容主要是进行比较分析，即与相邻近的属种进行比较，说明它们的主要区别，有时还要指出新属种的意义和价值。有些论文虽然不标明"描述"部分，但描述观测对象的内容仍然是论文的核心部分，如化学学科中反映新的实验方法和过程的论文，天文学中反映发现新星和新现象的论文，这类描述型论文的内容结构比较灵活。

  ② **写作方法** 要写好描述型论文的正文，必须掌握描述的方法。要求形象具体地描述出对象的形态、颜色、亮度、声音、动作等。必须精确描述的地方，要毫发不差。但是，这里的描述同文学的描写不同，它不要求写得活灵活现，栩栩如生，而要准确、真实地刻画出对象的主要特征。善于抓住特征、突出重点，是写好描述部分的重要条件。

  描述型论文的讨论部分要简略，条理要清楚，无须进行大量的分析和推理。有的论文兼有描述和理论分析双重任务，这就要用较大的篇幅进行讨论。

  最后，必须指出，不应认为描述型论文只需忠实记载、阐述清楚即可，是最无创意的一类科技论文。其实，这种认识并不准确，只要有心于创造，在最无创新可言的领域，同样有最有创意的创举。美国普林斯顿大学教授丹尼尔·卡尼曼将心理学知识引入临床医学取得了成功效果，便是一例。1996 年，卡尼曼做了一个著名的临床实验，观察比较了 682 名患者做带有解剖刀的结肠镜检查，在检查中结肠镜能切取可疑组织的标本。由于检查往往要持续一个半小时，虽然患者事先要麻醉止痛，但仍有难以忍受的痛感。

  卡尼曼的实验是将病人随机分为两组，其中一组病人的结肠镜检查稍作延长，即检查结束后，先不抽出管子，而是静静地停留一会儿，这时候病人仍感到不舒服，但已没什么大痛。

  做延长检查的病人（不管开始阶段有多么痛苦）事后都反映不错，觉得下次选择还是要选结肠镜而不是钡餐和 X 光。而那些没有延长检查的病人下来后则大叫："真像下地狱呀！"

因此卡尼曼得出结论：在临床医学检查时，要注意时间长短的因素。其最后阶段的痛苦（或欣悦）程度决定人们对整个过程的记忆和评价。这对最难以有创新可言的临床医学检查来说，提出了最有创意的启示。

<h2 style="text-align:center">习题与思考题</h2>

1. 试以框图形式来说明科技论文的写作过程。
2. 科技论文写作前的材料准备，主要指的是准备哪些材料？
3. 科技论文起草和修改的要领是什么？
4. 按照你的体会，科技论文的修改宜怎样进行为好？
5. 科技论文修改时，怎样在电脑上直接完成？
6. 科技论文修改中，最常用的修改符号有哪些？
7. 理论型论文与实验型论文在写作方法上有何异同之处？
8. 何谓描述型论文，对其写作内容和写作方法有何要求？

科技论文的表述形式

4.1 概述

学习科技论文写作课程，首先要解决为什么要学习科技论文写作的问题，不是为了学习而学习，而是在努力学习和工作过程中有所发现、有所心得而要写作，只有这样，才有真正的动力。因此，在科技论文写作的学习中，应该努力以全球化快速发展的现实作为学习的背景，增加学习的迫切性。以发展中国家的印度为例，印度是目前仅次于美国的世界第二大软件生产国，印度生产的软件占据美国销售市场份额的60%以上。特别是在印度的班加罗尔、海德拉巴与马德拉斯地区，是闻名于世的印度软件业的"金三角"。在印度的大学软件职业教育中，除了十分重视创新意识的培养外，还有意识地引导学生对当今世界发展趋势的了解，增强忧患意识，树立全球观念，积极面对世界格局中的种种机遇与挑战，提倡研究性学习，这会带给学生更多研究性的比较思考。科技论文的写作，是这种学习环境中表达自己研究性学习成果的重要手段。

科技论文写作是人类为了交流科学技术、科学信息所进行的书面存储活动。科学技术信息，除有限的口传身授方法外，主要是通过科技写作的手段进行存储、积累和传播，从而达到社会的实际应用。因此，研究科技论文写作的理论和规律，对发展我国社会主义现代化事业有着十分重要的意义。

研究科学技术文献的写作规律和方法，直到20世纪初才得到了科学技术高度发达的国家的重视。美国是最早在大学里开设科技写作课的国家，随后许多科学技术比较发达的国家也相继在大学里开设了科技写作课。现在，国外一些理工科大学的科技写作课，是一门学位课。这些国家在大学设置科技写作课，其主要目的是为科技研究单位或企事业单位培养一部分从事专门撰写科学技术文章或科学技术应用文的人才；其次是提高从事科技研究人员的写作水平。可以预见，在中国的各类理、工、农、医的科技院、系的教学中，会愈来愈多地开设本课程。中国开设科技写作课，其目的应着重于后者，主要是培养科技工作者普遍掌握科技论文写作的技能、技巧。这种技能、技巧的掌握，也是科技工作者自身素质提高的具体体现。这样的科技工作者，不仅能胜任通常的科研工作或技术推广工作，如果需要，也将可以胜任部分专业的科技写作工作，如科学编辑、记者、科普创作工作者等。因此，作为一门独立的学科，研究科技论文写作的规律、方法等已提到日程上来。

科技论文写作，已为科学技术的传播和积累、科学技术对经济发展的推动、社会的进步起到了应有的作用。今天，正是人们需要"信息"、利用"信息"的时代，科技论文写作更有它独特的作用。追溯科学技术历史，综合科学技术的特点，研讨科技论文写作与科学技术研究的关系，从将要发展成为一门独立的学科角度来看，可以给科技论文写作定义如下。

科技论文写作是在研究人类社会的科学技术发展历史、经济与社会发展进程、科学技术发展的现状与未来的基础上，探索、研讨科学技术的规律、特点以及对研究成果进行表述的专门知识和技能。

科技论文写作研究的范围，应包括科学技术理论方面的写作以及科学技术应用方面的写作。

综上所述，科技论文是一种不同于其他文字作品的一类特殊的文体作品。为此，对于科技论文的书写格式，逐渐提出了一些科学化、规范化的要求。1968年联合国教科文组织公布的《关于公开发表的科技论文和科技文献的撰写指导》中作出了有关规定。1987年国家标准局发布了《中华人民共和国标准 GB 7713—87〈科学技术报告、学位论文和学术论文的编写格式〉》，对科技报告、学位论文和学术论文的书写格式作了十分具体的要求。也就是说，该标准把中国对科技论文的表述方式，即俗称的写作格式，作出了规范化的明确规定。

前面几章讨论的中心内容都是关于科技论文的写作要领和写作方法。然而，一篇优秀而出众的论文，并不仅仅因为其写作方法娴熟，关键取决于其对创造性、科学性规律的揭示，取决于其对世界进步、社会发展所作出的贡献大小。

科技论文常常是知识创新体系（包括知识创新、知识传播、技术创新和知识应用体系）和创新能力的先导和表征，创造性的智力劳动永远是人类社会进步和经济增长的推动力和领衔力量。

科技论文写作，作为一门独立的课程开设，目的是培养学生和写作者的创新能力与实践能力，因此必须倾听学生和写作者对该课程的希望和要求。同时，应该充分地帮助学生通过该课程的学习，让学生了解自己的事业要成功，主要是来自自己的思维开拓，人生的事业本身便是一种创意，而不是模仿或继承。高等学校每门课程的开设，目的正是培养学生和作者学会如何开动思维机器，成为一个创意天才。让学生明白，自我激励是创意产生的关键。

由上所述，优秀论文的诞生，又回到了创新意识这一主题上来了。而创新源于什么？简而言之，创新源于"勇于探索、勤于思考、精于观察、严于验证、善于应用"五个词。

勇于探索，民间的通俗语言是敢闯。在学者们的文字中，则称为"解放思想"。解放思想的内涵博大精深，这里，就论文写作的创新意识而论，解放思想是指冲破原先的观念、概念、理论、认识的束缚而敢为天下先之意。辩证唯物主义深刻阐明，认识每一个事物总是要经过实践、认识、再实践、再认识的反复过程，在如此演变、认识的过程中，昔日的认识便不可能是完美无缺的，谬误在所难免。因此，我们不必把前人的结论认定为金典玉律，而要敢闯敢为，以敢为天下之先的精神，勇于开拓，锐意进取，解放思想，革旧创新。在科技进步的历史上，每一个新成果的出现，都是"闯"出来的，哥白尼的"太阳中心说"的诞生，产生于对封建教会所宣示的"地球中心说"的大胆否定。爱因斯坦为此曾经说过："异想是知识化的源泉"。著名哲学家康德则说："独创性必然是天才的基本特征。"可见要寻找到一个科学研究的好课题，要撰写出一篇高水准的好论文，没有勇于探索的胆略，不能解放思想是无法实现的。

勤于思考，俗话称作"动脑筋"。就科学技术而论，仅是勇气和胆略是不够的，遇事需要多思考，多问一些"为什么"。故我国有"学贵多问"的治学之道一说，并称有成就者为有学问。"问"从何来，无非是因为学中多疑、善疑、质疑、探疑，最后获得渊博学识。法国伟大作家巴尔扎克说："打开一切科学的钥匙，都毫无疑义地是问号。而生活的智慧，大概就在于逢事都问个为什么。"应该看到，学习是思考的基础，思考是学习的发展。在科技论文、毕业论文的撰写过程中，无论从选题的确定、大纲的拟订、研究或论证的进行、结论的归纳总结，无一环节能离开思考二字。

精于观察，绝非是通过简单的"看"来了解事物的外表，重要的在于观察、判断。"看"是了解事物的重要手段，通过观察，并结合联想、类比、分析、综合和研究的方法，透过事物的表象看到其本质，寻找出其间的规律性，以朝着认识世界、改造世界一步步迈进，这才真正达到了观察的目的。

严于验证，民间俗语为实干，而在学术上则称作实践。"实践出真知"，实践是认识的基础，是检验真理的标准。注重实践能力和实际操作能力是人的智力转化为物质力量的凭借，是专业工作者必须具备的一种素质。实际动手操作能力的强弱将直接影响到工作的进展、效率的提高和作用的发挥。只有丰富的知识是不够的，还要有能把自己的知识传授给学生的能力。

一个人实际操作能力的水平主要体现在操作的速度、准确和灵活三个方面。要提高自己的动手能力，关键在于多看、多练。看得多、接触得多，就可以掌握一些基本的操作程序和方法，练得多，才能真正提高自己动手操作的技巧和能力。在实际操作上如果有一手或几手过硬的本领，一定会受到用人单位的青睐。

应该指出，发明创造能力是指在多种能力发展的基础上，利用已知信息，创造新颖独特且具有社会价值的新理论、新思维、新产品的能力。它是一种综合性的、高层次的思维能力和行为能力。从社会来讲，经济的发展、科技的进步离不开发明创造。对个人来说，成功成才依赖于发明创造。创造能力包含多方面的内容，如强烈的好奇心、细微的观察力、深刻的洞察力，大胆设想和勇于探索的精神以及提出问题、研究问题、解决问题的能力等，而其中实践能力的大小、强弱关系着成果的表达，是至关重要的。

善于应用，也就是要做到"学以致用"。对待知识，对待前人的创新成果，贵在仔细钻研、深刻理解，使之成为自己的东西，并能灵活运用。

上述五个方面是实践创新而互为一体的各个侧面，是科技工作者面对创新实践的利器。在科技论文或毕业论文撰写完成之际，绝不可以为大功告成，仍要学会利用如上所述的各般利器，去推广、拓展科技成果的转化和应用。本章将要论述的，便是如何面对不同场合的不同要求，来改写已经完成的论文，满足社会的需要。

4.2 科技论文的规范形式

4.2.1 规范形式的意义和作用

所谓科技论文的规范形式，实际上是科技信息系统建设的标准化、规范化的具体措施。

信息是国家的重要战略资源和宝贵财富。当今世界，社会和经济的发展，对信息资源、信息技术和信息产业的依赖程度越来越大，不管是工业发达国家还是一些经济发展较快的发展中国家，都将"二十一世纪是信息的世纪"作为规划未来发展战备的基点。信息化是各国发展经济的共同选择。

2010年10月，国务院发文做出"关于加快培育发展战略性新兴产业的决定"，指出战略性新兴产业是引导未来经济社会发展的重要力量。发展战略性新兴产业已成为世界主要国家抢占新一轮经济和科技发展制高点的重大战略。我国正处在全面建设小康社会的关键时期，必须按照科学发展观的要求，抓住机遇，明确方向，突出重点，加快培育和发展战略性新兴产业。战略性新兴产业是以重大技术突破和重大发展需求为基础，对经济社会全局和长远发展具有重大引领带动作用，知识技术密集、物质资源消耗少、成长潜力大、综合效益好的产业。根据战略性新兴产业的特征，立足我国国情和科技、产业基础，现阶段重点培育和发展节能环保、新一代信息技术、生物、高端装备制造、新能源、新材料、新能源汽车等七大战略性新兴产业。到2020年，战略性新兴产业增加值占国内生产总值的比重力争达到15%左右，吸纳、带动就业能力显著提高。其中节能环保、新一代信息技术、生物、高端装备制造产业成为国民经济的支柱产业，新能源、新材料、新能源汽车产业成为国民经济的先导产业；创新能力大幅提升，掌握一批关键核心技术，在局部领域达到世界领先水平；形成一批具有国际影响力的大企业和一批创新活力旺盛的中小企业；建成一批产业链完善、创新能力强、特色鲜明的战略性新兴产业集聚区。

按照国家的这一总体规划，科技工作者必须把自己的聪明才干围绕着国家发展的要求，做出自己应有的贡献。而自己的种种业绩，大都需要以科技论文的形式来表达，而论文的表达形式，必须符合标准化、规范化的要求。这是因为：

① 标准化是实现信息资源共享的前提，这是由信息系统建设目标所决定的；

② 标准化是组织信息系统建设的科学依据和指南；

③ 标准化是发展优良服务系统及与国际接轨的重要措施。

以上便是国家要对科技论文规定出相应规范形式的道理所在。上述论述，已把科技论文在形式上规范的重要性作出了十分完整的理性阐述。

综上所述，以体现科技成果和科研方法为内涵、传播科技信息为目的报告、论文，是科学研究工作全过程最后不可缺少的工序，而且只有在标准化规范化下，方能够做到积累科技资料，延续科学生命，交流科技信息，引导科研动向，转化科技成果，发展经济生产，造就科技人才，普及科技知识。

首先，报告论文编写格式的标准化、规范化，是近代科学发展约200年来，科学地总结历史经验的产物。通过核实确认、验证鉴定、逻辑加工等而形成的科学记录——科学技术报告和论文，是科学技术新信息的文献和传媒，是发展生产和延续科学生命的资源。当今，科学无国界，要求人类信息资源共享。编写格式的标准化和规范化，为的就是使之有章可循，且取得共识，并与国际接轨。无疑推行本标准的目的是时代的需要。

其次，如前所述，科学技术研究成果和科技进步，若不完整编写为科学技术报告、或学位论文、或学术论文，就是没有完成研究工作全过程的最后不可缺少的工序，也就不能纳入人类的科学宝库。最后工序的完成，必须通过编写格式的标准化和规范化。

还有，编写格式的标准化和规范化，是使其格式和体例规范化，语言、文字和符号规范化，技术和计量单位标准化，以便于电子计算机存储检索。这既有利于科学内容自我完善，又从属于科学内容自我约束，尤其是报告论文与其他文件相比，由于其固有的科学特点，更需要有章法、有逻辑层次、有规范、有标准。

此外，国内从事科学技术工作、攻读学位的研究生以及编辑和信息从业人员等日益增多，数以千万计。确实必要有这方面的国家标准，才能有所遵循。

推选此项国家标准的目的："是为了统一科学技术报告、学位论文和学术论文的撰写和编辑的格式，便利信息系统的收集、存储、处理、加工、检索、利用、交流、传播"。

此项国家标准的适用范围，包括科学技术报告、学位论文以及学术论文（应该含一切反映自然、社会、思维等的科学体系的学术论文）的编写格式，包括形式构成和题录著录，及其撰写、编辑、印刷、出版等。可以全部或部分适用于其他科技文件，也适用于技术档案。

综上所述，以体现科研成果和科研方法为内涵、传播科技信息为目的的研究报告、论文，只有在标准化、规范化原则指导下，方能实现积累资料、促进交流、引导科研动向、转化科技成果、造就人才培养、实现经济发展的目标。

4.2.2 规范形式的构成部分

科技论文，包括科学技术相关学科的毕业论文、学位论文，是一类不同于其他记叙性作品的特殊文体作品。这类作品的书写格式，有着科学的、规范化的要求，称为科技论文的规范形式。前面已经提及，对于科技报告、学位论文和学术论文的书写格式，我国国家标准局已经颁布了国家标准 GB 7713—87（参见附录）。在此之前，1968 年联合国教科文组织公布的《关于公开发表的科技论文和科技文献的撰写指导》中，对科技论文的规范形式作出了明确的规定，即规范形式的科技论文必须由以下部分及其相应内容构成。

(1) 前置部分
- 封面、封二（学术论文不必要）
- 题名页
- 序或前言（必要时）
- 摘要
- 关键词
- 目次页（必要时）
- 插图和附表清单（必要时）
- 符号、标志、缩略词、首字母缩写、单位、术语、名词等注释表（必要时）

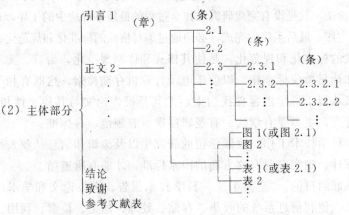

(2) 主体部分

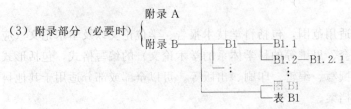

(3) 附录部分（必要时）

（4）结尾部分（必要时） { 索引
封三、封底

GB 7713—87

封 面 示 例
（参考件）

A.1 科学技术报告

　　分类号 _____　　　　　密级 _____
　　UDC _____　　　　　　编号 _____

中国科学院金属研究所

科学技术报告

_____

_____

（题名和副题名）

_____

（作者姓名）

工作完成日期 _____
报告提交日期 _____

_____

（出版者、地址）

（出版日期）

示例 4-1　科技论文封面

GB 7713—87

A.2 学位论文

分类号 ....　　　　密级 ....
UDC ....　　　　编号 ....

学 位 论 文

....

(题名和副题名)

....

(作者姓名)

指导教师姓名　　（职务、职称、学位、单位名称及地址）................................
申请学位级别　　专业名称................................
论文提交日期　　论文答辩日期................................
学位授予单位和日期................................

答辩委员会主席 ....
评阅人 ....

年　月　日

示例 4-2　学位论文封面

  封面是报告、论文的外表面，提供应有信息，并起保护作用。

  封面不是必不可少的。学术论文如作为期刊、书或其他出版物的一部分，无需封面；如作为预印本、抽印本等单行本时，可以有封面。

  一般来说，封面上应包括下列内容：分类号、作者所在单位编号（一般论文可省略）、密级、论文题目及副标题、作者姓名（学位论文还应标出导师姓名、评阅人、学位授予单位等要素）、出版单位及时间等。以科学技术报告及学位论文为例，其封面分别见示例 4-1 和示例 4-2。有关科技论文规范形式的各项说明，将在下一章再展开讨论与说明。

4.3 科技论文的简略形式

科技、经济的迅速发展，刺激了科技信息量的快速增长。因此，某些大型学术会议上的学术交流，学术会议论文集的编纂，学报、学术刊物出版时，难以将所有的论文均以规范形式发表，从而出现了论文的简略形式。那么，科技论文简略形式的特点及其构成要求是什么？常用的科技论文的简略形式又有哪些，现作介绍如下。

4.3.1 摘要

此处讲的摘要与科技论文构成部分之一的内容提要是两码事。摘要是许多学术会议征集或刊登于论文集中最常用的简略形式。摘要的构成部分与其规范形式相比较则较少，通常要求由题目、作者姓名、工作单位、通讯处及内容提要等部分组成。

应该指出，不同学术会议对征集的摘要篇幅有不同的要求。大型学术会议要求摘要简短，可直接使用论文规范形式中的内容提要；专业性学术会议常常规定摘要的字数，如控制 500 字等，其篇幅已超过原文的内容提要，则应当在原先的内容提要的基础上增添相关内容，力求对论文的意义和价值作出最充分的介绍，而不应该放弃介绍自己研究成果的权利和机会。

关于这类摘要的写作要求和内容要素，参见示例 4-3 中引示的太平洋区域国际化学大会（International Chemical Congress of Pacific Basin Societies）刊印的论文集所收录的论文摘要。

关于摘要的写作方法，简要叙述如下。

中文摘要　用第三人称无主语句按现在进行时态写作，其起头为："对……进行研究"、"报告……进展"、"进行……调查"等。禁止使用"本文"、"作者"等主语；摘要不分段；引言中的内容不应写入摘要；不对论文内容作诠释及评论；绝不对论文自我评价；不简单重复题名中已有的信息；不出现数学公式、化学结构式、不出现插图、表格，缩略语、略称、代号，除了相邻专业的读者也能清楚理解的以外，在首次出现时必须加以说明。

英文摘要　用过去时态叙述结论；使用短句子；尽量使用主动语态；使用学科或工程领域中通用的标准术语；用重要事实开头，避免用辅助句开头，避免与题名重复；建议不使用数学表达式；使动词尽量靠近主语；不可使用长串形容词或名词修饰名词；不可出现"图××"、"方程××"、"参考文献××"等类似语句；不应使用文学性描述手法。

摘要的写作包括以下要素。

07H02. AUTOXIDATION REACTIONS INVOLVING LACUNAR AND VAULTED IRON(II) DIOXYGEN CARRIERS. Daryle H. Busch, Bradley Coltrain, Lyndel Dickerson, and Norman Herron, Department of Chemistry, The Ohio State University, 140 West 18th Avenue, Columbus, Ohio, 43210

The lacunar and vaulted iron(II) complexes constitute related families of unusual synthetic dioxygen carriers showing great variability in dioxygen affinity, stability toward central atom autoxidation rate, and ability to promote oxygenation processes. The results of autoxidation studies on the iron(II) complexes are generally consistent with outer sphere models and dioxygen protection is observed in some cases. Correlation with self exchange rates bears significantly on the assignment of mechanism. Variations in ligand superstructure greatly influence accessibility of the dioxygen binding site to solvent and to substrates. This affects both the selectivity of substrate oxygenation and autoxidation rates. Investigations have included equilibrium and kinetic studies, characterization of intermediates, and product analyses.

07H03. OXYGEN-BINDING TO THE IRON-PORPHYRINS EMBEDDED IN LIPOSOME UNDER PHYSIOLOGICAL CONDITIONS—A RED BLOOD CELL MODEL. Eishun Tsuchida, Department of Polymer Chemistry, Waseda University, Tokyo 160, Japan.

Reversible oxygen-binding profile by the iron-porphyrin complexes in aqueous media at 37°C was studied. Novel and amphiphilic iron-porphyrins, phosphocholine-substituted tetraphenylporphinato iron and long alkyl-substituted diporphinato iron, were synthesized and incorporated in the bilayer of phospholipid liposome. The liposome-embedded iron-porphyrins bound oxygen with life-time of a day under physiological conditions, and its oxygen-transporting efficiency between the oxygen pressure at 110 and 40 torr is ca. 30% which is superior to that of blood. The oxygen-binding rate constants determined by flash photolysis and stopped flow method (ca. 10^4 l/mol·s) were similar to that of red blood cell: the oxygen-binding reaction was retarded by the diffusion of oxygen in and through the phospholipid membrane. The oxygen-binding affinity (ca. 50 torr) was also similar to that of red blood cell, which was affected by the surrounding bilayer structure of lipid. Mössbauer parameters and IR spectroscopy of the oxygen adduct in aqueous media were also reported.

07H04. BLEOMYCIN ACTIVATION AND CHEMISTRY. S. M. Hecht, N. Murugesan, C. Xu, R. E. Kilkuskie, and H. Sugiyama, Department of Chemistry, University of Virginia, McCormick Road, Charlottesville, VA 22901.

The bleomycins are a class of glycopeptide-derived antitumor antibiotics that are believed to mediate their therapeutic effects via DNA strand scission. Activation of bleomycin requires a metal and oxygen; the activated species are believed to be tertiary complexes derived from the three components. Presently, we analyze the nature of activated bleomycin and its chemistry with DNA and small molecules.

07H05. IRON COMPLEXES OF BLEOMYCIN AND ITS SYNTHETIC ANALOGUES: DIOXYGEN-ACTIVATION, CARBON MONOXIDE-BINDING, AND DNA CLEAVAGE. Yukio Sugiura, Faculty of Pharmaceutical Sciences, Kyoto University, Sakyo-ku, Kyoto 606, Japan

The base-sequence specific DNA cleavage by an antitumor antibiotic bleomycin(BLM) is considered to be due to (1) metal-chelation and dioxegen-activation by pyrimidoblamyl-histidine portion and (2) selective DNA binding by the bithiazole-terminal amine moiety. The present study has demonstrated that (1) molecular oxygen was activated by the ferrous complex of BLM synthetic analogue and (2) DNA was cleaved by a combination of BLM synthetic analogue and a DNA interaction site.

示例 4-3 论文摘要出版物

目的：研究、研制、调查等的前提、目的和任务，以及主题范围。

方法：所用的原理、理论、条件、对象、材料、工艺、结构、手段、装备、程序等。

结果：实验或研究的结果、数据、被确定的关系、观察结果、性能等。

结论：结果的分析、研究、比较、评价和应用，提出的问题，今后的课题，假设，启发，建议，预测等。

4.3.2 研究简报

研究简报是许多学术性刊物在发表科技论文时采用的主要形式之一。为了尽可能多、尽可能快地发表科技论文，对于某些在原理、方法、技术上与已有文献相近，仅在作者设计并研究的特定分支有所创新的论文，通常以研究简报形式出现。

顾名思义，研究简报是科技论文的一种简略形式。研究简报一经发表，一般说来，则同一题目、同一内容的论文全文便不再重新刊出。这是每一位作者都必须清楚并遵循的。

研究简报的撰写要点和构成与论文的规范形式相同。只是由于字数要求而需加以控制，通常需将字数压缩至 3000~4000 字不等。字数的压缩并不意味着把论文的某构成部分删去，而是要求作者保持论文原有风格，但在内容陈述、理论推导说明、方法解释、应用、讨论、结论等各个环节论述中省略过程的阐述，更直接地把研究结果要点介绍清楚，使得全文更简练、明快。

例如，《航空学报》（中文版）和《Chinese Journal of Aeronautics》（英文版）是由中国航空学会主办、航空学报杂志社编辑出版的航空航天学科综合性学术刊物，两刊文章不重复。英文版学报除录用作者的英文稿件外，也从中文投稿中选录部分适合国际交流的优秀文章。该刊声明，刊物发表的文章类型分综述、论文、研究简报 3 种。就某一学科或专题进行综合评述的文章，材料充实，能反映国内外研究现状，对相关研究有重要指导意义，可按综述发表；在理论、计算或实验等方面取得较大进展，有较大学术价值或工程应用价值，可按论文发表；有报道价值的阶段性科研成果、探索性研究、已有方法的新应用等，则以研究简报发表。

示例 4-4 和示例 4-5 为两篇研究简板。

4.3.3 快报

快报有时也称作通讯，是迅速扼要地报道最新的重要研究成果的一种论文简略形式。

快报在文字形式上必须"短"。但不是不顾质量的短。快报力求在时效上"快"，但又绝不是不成熟的快。快报与研究简报也不同，其一是以快报形式发表的文章，通常还会以较完整的形式发表；其二是在文章构成上的不同，快报只需在题目、作者、工作单位及通讯处等之外以短文形式对论述的主题作清晰、完整的交代即可，其余构成部分可省去。但快报不允许将一篇长文分成若干短文的做法，也不刊登原理、方法与已发表文章基本相同，而在体系、数据及结论上稍加变动的文章。

四数九里香组织培养(简报)

林茜[1,2]，高营营[1]，韩晓华[1]，张露[1]，黄天琨[1]，林贵美[1]

(1.广西植物组培苗有限公司，广西 南宁 530007; 2.广西农业科学院 生物技术研究所，广西 南宁 530007)

摘要：以四数九里香新生带腋芽茎段为外植体，研究取材时期、6-BA浓度及生长素种类对外植体生长的影响，探讨不同浓度活性炭对外植体褐化的影响。结果表明，四数九里香组织培养适宜的取材时期为4月；外植体腋芽诱导率在6-BA浓度为2.5 mg·L^{-1}时表现较高；IBA是较适宜外植体生长的生长素；活性炭浓度为1.5 g·L^{-1}可有效减轻外植体褐化；组织培养适宜的启动培养基为MS + 6-BA 2.5 mg·L^{-1} + IBA 0.1 mg·L^{-1} + GA$_3$ 0.3 mg·L^{-1} + 活性炭 1.5 g·L^{-1}。

关键词：四数九里香；组织培养；生长素；活性炭；褐化

Doi: 10.3969/j.issn.1009-7791.2015.01.014
中图分类号：Q943　文献标识码：B　文章编号：1009-7791(2015)01-0070-02

Tissue Culture of *Murraya tetramera*

LIN Qian[1,2], GAO Ying-ying[1], HAN Xiao-hua[1], ZHANG Lu[1], HUANG Tian-kun[1], LIN Gui-mei[1]

(1.Guangxi Plant Tissue Culture Co. Ltd., Nanning, 530007, Guangxi China; 2.Biotechnology Institute of Guangxi Academy of Agricultural Sciences, Nanning 530007, Guangxi China)

Abstract: Stems with newborn axillary bud used as explant, sampling times, concentrations of 6-BA, type of auxins were researched as important factor affecting growth of explants. Also, the effect of activated carbon on browning of explants was studied. Appropriate sampling time for tissue culture of *Murraya tetramera* was April, appropriate 6-BA concentration for the shoots induction from explants was 2.5 mg·L^{-1}, appropriate auxin was IBA and 1.5 g·L^{-1} activated carbon could reduce the browning of explants. The results showed that the initial media was MS + 6-BA 2.5 mg·L^{-1} + IBA 0.1 mg·L^{-1} + GA$_3$ 0.3 mg·L^{-1} + AC 1.5 g·L^{-1} in tissue culture of *M. tetramera*.

Key words: *Murraya tetramera*; tissue culture; auxin; activated carbon; browning

1 材料
四数九里香 *Murraya tetramera* 新生带腋芽茎段。

2 方法
2.1 取材时期
分别于2013年3、4、5、8、11月中旬进行取材试验。

2.2 外植体消毒
于连续晴朗的午后，取生长健壮植株的新生茎段，分割成约2 cm大小片段，以75%酒精表面消毒5 s后转入10%次氯酸钠溶液消毒2 min，无菌水冲洗3次，最后置于0.1%氯化汞中消毒6 min，无菌水冲洗4次，在无菌滤纸上将茎段表面的水分吸干，将茎段切成1 cm左右以备接种。

2.3 腋芽诱导培养
外植体初代接种于MS + 6-BA 0.5 mg·L^{-1}(单位下同) + IBA 0.1+活性炭 0.5 g·L^{-1} + 蔗糖 30 g·L^{-1}培养基。本实验所有培养基均含蔗糖30 g·L^{-1}，光照时间14 h·d^{-1}，培养15 d左右。

2.4 6-BA浓度梯度试验
将诱导良好、长势一致的带腋芽茎段分别转入附加不同浓度6-BA(0.5、1.5、2.5、3.5)的MS + IBA 0.1 + GA$_3$ 0.3 + 活性炭 0.5 g·L^{-1}培养基中。每浓度试验20瓶，培养30 d。

2.5 生长素种类试验
挑选长势较好材料分别转入下面培养基：MS + 6-BA 2.5 + GA$_3$ 0.3 + NAA 0.1 + 活性炭 0.5 g·L^{-1}; MS + 6-BA 2.5 + GA$_3$ 0.3 + IBA 0.1 + 活性炭 0.5 g·L^{-1}。每试验20瓶，培养30 d。

2.6 不同浓度活性炭试验
以MS + 6-BA 2.5 + IBA 0.1 为基本培养基，添加不同浓度活性炭(0.5、1.0、1.5 g·L^{-1})进行抑制褐化试验，每浓度试验20瓶，培养15 d，观察不同浓度活性炭对外植体褐化的影响。

3 结果与分析
3.1 不同取材时期对外植体生长的影响
不同月份取材在相同的处理方法及培养条件下培养7 d左右，

收稿日期：2015-01-05
作者简介：林茜，硕士，研究实习员，从事植物组织培养研究。E-mail: lgm998@126.com

大部分嫩茎段的腋芽诱导效果良好，诱导率达 90%以上，但之后生长速度出现较明显差异(表 1)。4 月处理的外植体腋芽诱导后生长速度较快，培养 30 d 外植体新生部分长达 2.5 cm，生长较好。其他月份取材的外植体生长较差，30 d 时新生长度仅为 1.0 cm 左右。说明 4 月天气回暖后，室外植株生理状态最好，取材处理后，在培养基上恢复生长速度快，长势好。因此，四数九里香组织培养较适宜的取材时间为 4 月。

3.2 不同 6-BA 浓度对外植体生长的影响 由表 2 可知，外植体在含不同浓度 6-BA 的培养基上腋芽均表现伸长生长趋势，30 d 时含 2.5 mg·L^{-1} 6-BA 培养基上外植体的新生嫩茎伸长最明显，新生部分最长达 4.0 cm，增殖系数约为 2.5，6-BA 浓度低于或高于该浓度，伸长长度均劣之。

3.3 不同生长素种类对外植体生长的影响 试验表明，外植体在两类培养基上的生长速度有差别，在含有生长素 IBA 培养基上的出芽数与芽生长长度均优于含生长素 NAA 的培养基(表 3)。说明 IBA 是四数九里香组织培养较适宜的生长素。

3.4 不同浓度活性炭(AC)对外植体褐化的影响 试验发现，在四数九里香组织培养的各个阶段均有褐化现象发生，严重阻碍外植体正常生长。通过活性炭浓度梯度试验发现，当活性炭浓度为 0.5 或 1.0 g·L^{-1}时的褐化的发生几乎无抑制作用，而当 AC 浓度调到 1.5 g·L^{-1}时，对褐化抑制作用较明显(表 4)。

4 结语 四数九里香 *Murraya tetramera* 为芸香科九里香属植物，落叶小乔木，叶有浓香气。生长于广西百色、德保和云南东部砚山、富宁、文山、西畴，常见于石灰岩山地山顶阳光充足地带[1]。以根、叶入药，辛、微苦、性微温，可鲜用或阴干备用，具祛风解表、行气止痛、活血散淤、抗炎、镇痛、解热之功效，用于治疗感冒发热、支气管炎、哮喘、胃痛、风湿痹痛、跌打淤肿、皮肤搔痒、毒蛇咬伤、湿疹、疟疾等症[2-3]。但多年来广西石灰岩山地的物种、群体及其栖息环境遭人为或自然的破坏，导致资源萎缩、物种濒危，甚至呈灭绝趋势。通过植物组织培养技术对广西石灰岩特有珍稀药用植物进行组培快繁，不仅可达到良种保存的目的，且可确保药源的供应量。近年来，对四数九里香进行组织培养的研究鲜见报道。本文根据木本植物及芸香科植物组织培养的特点，借鉴相关成功培养基配方，对四数九里香组织培养的培养基配方进行针对性研究[4-8]。结果表明，4 月为四数九里香外植体最佳取材时期，组织培养适宜培养基为 MS + 6-BA 2.5 + IBA 0.1 + GA$_3$ 0.3 + 蔗糖 30 g·L^{-1} + 活性炭 1.5 g·L^{-1}。

表 1 不同取材时期对外植体生长的影响
Table 1 Effects of different sampling time on the explants growth

取材时期	诱导率/%	新生嫩枝长度/cm
3 月	92 c	0.5 d
4 月	100 a	2.5 a
5 月	100 a	1.5 b
8 月	96 b	0.7 cd
11 月	90 c	0.9 c

注：同列不同字母表示差异显著($P<0.05$)，下表同。

表 2 不同 6-BA 浓度对外植体生长的影响
Table 2 Effects of different 6-BA concentration on the explants growth

6-BA 浓度/mg·L^{-1}	新生嫩枝长度/cm
0.5	1.2 c
1.5	2.3 b
2.5	4.0 a
3.5	2.0 b

表 3 不同生长素种类对外植体生长的影响
Table 3 Effect of different types of auxins on the explants growth

生长素	芽均萌动数	新生嫩枝均长/cm
IBA	2.4 a	2.6 a
NAA	1.9 b	1.3 b

表 4 不同活性炭浓度对外植体褐化的影响
Table 4 Effect of different AC concentration on the browning of explants

活性炭/g·L^{-1}	褐化率/%
0.5	100 a
1.0	100 a
1.5	30 b

参考文献：

[1] Neeraj S, Natarajan S, Rao C N R. A novel open-framework zinc phosphate with intersecting helical channels[J]. Chemical Communications, 1999(2): 165—166.
[2] García-Serrano L A, Rey F, Pérez-Pariente J, Sastre E. Thermal analysis of large pore microporous zincophosphates[J]. Thermochimica Acta, 2001,376(2): 155—162.
[3] 全国中草药汇编编写组. 全国中草药汇编(上册)(第 2 版)[M]. 北京：人民卫生出版社, 1996: 10.
[4] 王港,李周岐,刘晓敏,侯娜,刘淑明. 花椒组织培养再生体系的建立[J]. 西北林学院学报, 2008,23(3): 117—119.
[5] 黄靖. 金桔无性快繁体系建立的研究[J]. 江西农业学报, 2010,22(7): 60—62.
[6] 徐涌,孙骏威,陈珍. 不同植物生长调节物质处理对吴茱萸组织培养的影响[J]. 浙江农林大学学报, 2011,28(3): 500—504.
[7] 唐征,荆赞革,张小玲,罗天宽,刘庆,朱世扬. 吴茱萸组织培养和快速繁育技术研究[J]. 安徽农业科学, 2012,40(36): 17475—17477.
[8] 时群. 两面针组培技术试验[J]. 林业科技开发, 2013,27(6): 117—120.

示例 4-4 简报例一

枸杞木虱成虫携带瘿螨越冬*

巫鹏翔[1,2] 徐婧[1] 张蓉[3] 何嘉[3] 张润志[1]**

(1. 中国科学院动物研究所,北京 100101; 2. 中国科学院大学,北京 100049;
3. 宁夏农林科学院植物保护研究所,银川 750002)

摘 要 多年来一直认为枸杞瘿螨 *Aceria pallida* Kefer 以成螨在树皮缝和芽缝内越冬,我们在宁夏中宁最新调查发现,大量瘿螨若螨潜伏于枸杞木虱越冬成虫体壁缝隙,尤其以后足基节与腹部缝隙最多。初步调查结果显示,越冬枸杞木虱 *Poratrioza sinica* Yang et Li 成虫雌性和雄性成虫均携带瘿螨成螨和若螨,平均 2~3 头,最多的可达 30 头。如果枸杞瘿螨随枸杞木虱越冬成虫越冬成为主要途径,那么对枸杞木虱越冬成虫的防治将成为控制枸杞瘿螨危害的重要防治策略和技术手段。

关键词 枸杞,枸杞瘿螨,枸杞木虱,越冬途径

New found of overwintering gall mites carried by adult *Poratrioza sinica*

WU Peng-Xiang[1,2] XU Jing[1] ZHANG Rong[3] HE Jia[3] ZHANG Run-Zhi[1]**

(1. Institute of Zoology, Chinese Academy of Sciences, Beijing 100101, China; 2. University of Chinese Academy of Sciences, Beijing 100049; 3. Institute of Plant Protection, Ningxia Academy of Agro-Forestry Sciences, Yinchuan 750002, China)

Abstract Over years, the gall mites infested *Lycium chinense* Miller has been reported overwinter in tree crevices and shoots. Recently, we have found a new way that the overwintering gall mites carried by adult *Paratrioza sinica* Yang et Li in Zhongning, Ningxia. Many gall mites are mainly living within the seam between hind coaxes and abdomen of *P. sinica* adults. Preliminary findings show that male and female adults of overwintering *P. sinica* have carried with an average of 2 to 3 gall mites, and a maximum up to 30. If carried by adult *P. sinica* were the main overwinter way of gall mites, the management of overwintering *P. sinica* would be an important way to control gall mites.

Key words *Lycium chinense* Miller, gall mite, *Aceria pallida* Kefer, *Aculops lycii* Kuang, *Poratrioza sinica* Yang et Li, overwinter way

枸杞木虱 *Poratrioza sinica* Yang et Li 以成虫在土缝、落叶及树皮缝内越冬,早春出蛰刺吸枝叶危害,在我国的宁夏、甘肃、内蒙古、新疆、陕西等省区均有分布(刘晓丽等,2013)。枸杞瘿螨 *Aceria pallida* Kefer 取食枸杞叶片、花蕾等,在叶面形成虫瘿、造成植株落叶或不能正常开花结果,严重影响植株生长和枸杞产量。枸杞瘿螨主要分布于宁夏、内蒙古、甘肃、新疆、山西、陕西、青海等地,是近年来严重影响枸杞生产的重要害虫之一(袁雅丽等,2015)。

较早报道枸杞瘿螨形态与发生规律的是容汉诠和王华荣(1983),不仅详细介绍了枸杞瘿螨的成螨、卵、幼螨和若螨的特征,还指出了枸杞冬芽刚开始露绿时,越冬成螨开始出蛰活动;枸杞展叶时出蛰成螨大量从枝缝、芽腋等越冬场所前移至新叶上产卵;卵孵化后,幼螨钻入叶组

---

* 资助项目 Supported projects:宁夏自治区中宁县农业综合开发办公室项目(znnfkj2015)
** 通讯作者 Corresponding author, E-mail: zhangrz@ioz.ac.cn
收稿日期 Received:2016-03-25,接受日期 Accepted:2016-04-05

织内而造成虫瘿。这也是多年来各种报道均为枸杞瘿螨以成螨在树皮缝和芽缝内越冬,春季出蛰后钻入叶片内取食、形成虫瘿并在其中产卵的参考文献。其美格(2012)报道在青海柴达木,枸杞瘿螨以老熟雌成螨在枸杞的当年生枝条及2年生枝条的越冬芽、鳞片及枝条的缝隙内越冬,翌年4月中下旬枸杞枝条展叶时,成螨从越冬场所迁移到叶片上产卵,孵化后若螨钻入枸杞叶片造成虫瘿。臧扬才(1988)报道新疆精河枸杞瘿螨以老熟雌成虫在枸杞的当年生枝条及2年生枝条的越冬芽鳞片内及枝条的缝隙内越冬;1年可发生6~7代,有明显的世代重叠现象;翌年4月中、下旬越冬,芽开始展叶时,成虫从越冬场所迁移到新叶上产卵,孵化后,幼虫侵入植株组织造成虫瘿。在上述文献中,作者还提及枸杞刺皮瘿螨 *Aculops tycii* Kuang 主要以成螨在枸杞树1~2年生枝条的芽眼凹陷处和树皮裂缝处群集越冬。

我们新调查发现,在宁夏中宁大量瘿螨若螨潜伏于枸杞木虱越冬成虫体壁缝隙,尤其以后足基节与腹部缝隙最多。初步调查结果显示,宁夏中宁县大地生态公司枸杞园枸杞木虱越冬雌性和雄性成虫均携带瘿螨若螨,平均2~3头,而以雌性成虫携带数量稍大,最多的1头木虱成虫可以携带30头瘿螨若螨。封面图片为枸杞木虱成虫腹面观,左翅基部上方为枸杞瘿螨若螨(张润志拍摄),左下和右下照片显示枸杞瘿螨若螨在枸杞木虱成虫后足基节与腹板之间的缝隙内的状态(姜春燕拍摄)。

枸杞瘿螨种类不多,但因个体微小鉴定困难,我国各地研究报道枸杞瘿螨所出现的种类各有不同。容汉诠和王华荣(1983)在报道宁夏灵武、永宁和中宁等地的枸杞瘿螨时使用学名 *Aceria macrodonis* Keifer,后来的许多在宁夏开展的研究报道多使用学名 *Aceria pallida* Keifer(赵紫华等,2009;任月萍,2010)。青海柴达木枸杞瘿螨也为 *Aceria pallida* Keifer(张永秀等,2015);新疆精河早期报道为枸杞刺皮瘿螨 *Aculops tycii* Kuang(臧扬才,1998),而近期则报道为枸杞瘿螨 *Aceria pallida* Keifer(玛丽亚·坎吉别克等,2015)。内蒙古呼和浩特报道为枸杞瘿螨 *Aceria pallida* Keifer(徐林波和段立清,2005),而最近陈培民等(2014)在报道内蒙古托克托县五中镇、乌拉特前旗先锋镇和内蒙古自治区园艺研究院试验场等地研究结果中,使用 *Aceria macrodonis* Keifer,钟延平等(2012)报道呼和浩特市的枸杞瘿螨,在论文英文题目中使用 *Aceria pallida* Keifer,而在前言介绍中使用 *Aceria macrodonis*,足见瘿螨种类难以鉴别并且使用混乱。百度百科(http://baike.baidu.com/)使用学名 *Aceri macrodonis* Keifer,可能与容汉诠和王华荣(1983)最早使用学名 *Aceria macrodonis* Keifer 有关,确切枸杞瘿螨种类有待进一步鉴定和考证。早在1983年,著名瘿螨分类学家匡海源先生报道了我国危害枸杞的4种瘿螨,包括:枸杞金氏瘿螨 *Eriophyes tjying* Man-son、白枸杞瘤螨 *Aceria pallida* Keifer、枸杞刺皮瘿螨 *Aculops lycii* Kuang 和拟华氏瘿螨 *Eriophyes parawagnoni* Kuang,而没有提到容汉诠和王华荣(1983)使用的学名 *Aceria macrodonis* Keifer。因此,我国各地枸杞瘿螨的主要种类需要进行进一步的准确鉴定。

目前,我们正在深入研究枸杞木虱携带瘿螨越冬的详细情况,包括伴随枸杞木虱越冬瘿螨的确切种类,木虱携带越冬是否为瘿螨越冬的主要途径或者唯一途径,以往报道枸杞瘿螨成螨在树皮缝和芽缝内越冬的情况是否存在,不同种类瘿螨在越冬场所和途径上是否有差异,枸杞瘿螨是否属于枸杞木虱成虫的外寄生物等。如果证实越冬枸杞木虱携带是瘿螨越冬的主要途径,那么有关枸杞瘿螨的防治策略和技术将发生重大改变,也就是说未来控制枸杞木虱越冬成虫将成为控制瘿螨的重要策略。

致谢:感谢中国科学院动物所博士生姜春燕协助拍摄枸杞瘿螨照片,宁夏中宁大地生态公司和山东农业大学欧阳浩永同学在试验地和标本收集方面给与帮助;中国科学院华南植物园王瑛研究员和中国科学院西北生物农业中心刘立超研究员在项目安排上给予大力支持,在此一并致谢!

示例 4-5

参考文献(References)

Chen PM, Wang JP, Zhong YP, Su HM, Shi HQ, Zhang LJ, 2014. Occurrence survey of *Aceria macrodonis* Keifer and its ecological control. *Journal of Henan Agricultural Sciences*, 43(9): 105–109. [陈培民, 王建平, 钟延平, 苏慧明, 石慧芹, 张力军, 2014 枸杞瘿螨的发生危害调查及生态调控研究. 河南农业科学, 43(9): 105–109.]

Kuang HY, 1983. Note on four species of eriophyid pests wolfberry in China (Acarina: Erophyoidea). *Journal of Nanjing Agricultural University*, 6(4): 40–48. [匡海源, 1983. 我国为害枸杞的四种瘿螨记述. 南京农学院学报, 6(4): 40–48.]

刘晓丽, 李锋, 李晓龙, 马建国, 刘春光, 2013. 枸杞木虱种群动态及其方向行为的初步研究. 江苏农业科学, 41(8): 142–143.

玛丽亚·坎吉别克, 哈迪拉·哈里亚仁, 多力肯拜山巴依, 田静静, 2015. 精河县枸杞木虱发生规律研究.农村科技, 6: 45.

其美格, 2012. 柴达木枸杞常见病虫害及防治技术. 中国园艺文摘, 9: 184–186.

Ren YP, 2010. Evolution of disease and insect pest population of cultivated medlar in Ningxia in different periods and their chemical control methods. *Journal of Anhui Agri. Sci.*, 38(5): 2443–2445. [任月萍, 2010. 宁夏栽培枸杞不同时期病虫害主要种群的演变及化学防治方法. 安徽农业科学, 38(5): 2443–2445.]

容汉诠, 王华荣, 1983. 宁夏枸杞瘿螨的发生规律及新农药防治效果观察. 宁夏农学院学报, 2: 53–56.

Xu LB, Duan LQ, 2005. Study on bio-characteristics and threshold temperature and effective temperature of *Aceria pallida* Keifer. *Journal of Inner Mongolia Agricultural University*, 26(2): 55–57. [徐林波, 段立清, 2005. 枸杞瘿螨的生物学特性及其有效积温的研究. 内蒙古农业大学学报, 26(2): 55–57.]

袁雅丽, 司剑华, 郑娜, 2015. 不同药剂对枸杞瘿螨防治效果分析. 农业科技与信息, 11: 20–22.

臧扬才, 1998. 新疆精河地区枸杞瘿螨和枸杞刺皮瘿螨调查. 昆虫知识, 35(3): 153.

张永秀, 司剑华, 郑娜, 2015. 仿生胶对柴达木枸杞瘿螨种群动态及空间分布型的影响. 江苏农业科学, 43(11): 167–170.

Zhao ZH, Zhang R, He DH, Wang F, Zhang TT, Zhang ZS, 2009. Risk assessment and control strategies of pests in *Lycium barbarum* fields under different managements. *Chinese Journal of Applied Ecology*, 20(4): 843–850. [赵紫华, 张蓉, 贺达汉, 王芳, 张婷婷, 张宗山, 2009. 不同人工干扰条件下枸杞园害虫的风险性评估与防治策略.应用生态学报, 20(4): 843–850.]

Zhong YP, Wang JP, Chen PM, Guo XP, Su HM, 2012. Insecticidal activity assay of several plant extract on *Aceria pallida* Keifer. *Inner Mongolia Agrcultural Science and Technology*, 2012(2): 74, 97. [钟延平, 王建平, 陈培民, 郭喜平, 苏慧明. 几种植物提取物对枸杞瘿螨的杀虫活性测定. 内蒙古农业科技, 2012(2): 74, 97.]

示例 4-5 简报例二

应该指出: 国内科学家不愿意向中国期刊投稿, 除了中国期刊在国际上影响力太小外, 另一个原因是期刊的出版周期太长。出版周期是当前国际学术期刊之间竞争的主要参数之一。国际性刊物一般是快报 3 个月, 全文 6 个月。电子版的出现, 则将出版周期缩得更短。在我国, 出版期刊受到的社会限制因素太多, 例如期刊篇幅的不必要限制、审稿和通讯时间过长、排版和印刷的低效率等。要缩短出版周期, 必须从各个环节入手, 逐个解决问题。总体来说, 出版周期长是中国期刊一个普遍的现象, 要和国际期刊市场接轨, 这个问题一定要首先解决。为了争取尽早报道自己的研究成果, 我国学者也纷纷在国际性学术快报上发表论文摘要。在此, 示例 4-6 和示例 4-7 以供参考。

偶偶核集合带的统一描述以及核伽马形状的指印

吴连坳　丁惠明　闫智涛　刘刚

《物理评论快报》(美国) Vol. 76 No. 22 1996 年

论文摘要

基于玻尔哈密顿而引入的一个新的表达式 $EI = A[\ ]$ 能够以很高的精度符合整个核素表中偶核的基态带, 该表达式中的量 R 被认为是辨别核伽马形状的指印, 这一点已被理论和实验数据的符合所证实, 这个指印显示如果以前的带头自旋的指定是有效的话, 则一些观察到的超形变带可能具有非轴对称性。

示例 4-6 论文摘要例一

渗碳对铁基合金催化剂磁特性的影响

王魁香　郝兆印　邓京川　刘密兰　陆国会

《材料快报》（荷兰）Vol. 28 No. 3 1996 年

论文摘要

　　研究了在合成金刚石过程中，Fe Ni Mn Co 合金催化剂随着渗碳 Mossbauer 谱和磁化强度的变化规律并进行了分析。

示例 4-7　论文摘要例二

　　为了尽快报道最新科研成果，我国的学术刊物也纷纷开辟快报专栏，如《北京科技大学学报》、《J. Univ. Technol. Beijing》和《RARE METALS》开辟研究快报（Rapid communications）栏目，文章的发表周期为 3～4 个月。快报文章在结构上与其他类型的研究论文相同，但篇幅控制在 2～3 个出版页，并在投稿时注明"研究快报"。

　　此外，我国目前已经创办快报型刊物，由国家科技部基础研究司出版的《基础科学研究快报》就是一例，见示例 4-8。

基础科学研究快报

科技部基础研究司　　　　　　　　　　　　　　　　　2003 年第 1 期
《中国基础科学》编辑部　　　　　　　　　　　　　　总第 135 期
　　　　　　　　　　　　　　　　　　　　　　　　　2003 年 1 月 25 日

国内进展

中科院近物所首次合成和研究两种新核素

　　中科院近代物理研究所的科研人员首次合成和研究了重稀土区新质子滴线核 ^{142}Ho 和新缓发质子先驱核 ^{149}Yb 两种新核素，这是该所在稀土区合成的第 9、10 两种新核素。截至目前，近物所的科研人员已为"核素家庭"添加了 23 种新成员。

　　核素图上可存在原子核的边缘线称滴线。正位于滴线上的原子核称滴线核。与稳定线附近的核素不同，滴线附近的核素具有奇异衰变。合成近滴核、观测其奇异衰变属于极端条件下物理学的研究范围，是当前核物理的前沿领域之一。

　　针对国外通用的主要按质量数分离鉴别核素的缺陷，徐树威研究员领导的科研组提出了一种直接跟踪母子体衰变来分离鉴别核素的新方法，并研制了实现这种方法的"快速氦喷嘴带传输系统"＋"质子-伽玛"复合测量装置，把测量灵敏度相对提高了 50 倍，因而在轻稀土区质子滴线附近曾先后合成了 8 种新核素并观测了其中 7 种 β 缓发质子的衰变。近两年他们把这种方法推广到重稀土区，成功地合成了重稀土近滴线新核素 ^{142}Ho 和 ^{149}Yb，它们的寿命被子分别测定为 0.4 秒和 0.7 秒，同时观测到了它们的 β 缓发质子衰变，还用统计理论和位能计算拟合实验数据提取了自旋宇称和形变。

示例 4-8　研究快报学术刊物

4.3.4 题录

在当今注重科技、颂扬知识的时代，一些国际性的学术会议规模愈来愈大，征集得到的学术论文数量十分庞大，即使是以摘要出版论文集，也会因篇幅过大而难以实施出版。于是，在许多情况下可以题录形式介绍研究信息。应该说，题录很难算作论文的发表，只是论文发表的前奏。

示例 4-9 是一次中、日、美金属有机化学学术讨论会的题录形式，供参考。

在以题录形式介绍论文时，题录一般由三部分构成：论文题目，作者姓名，工作单位和通讯处。但与论文的规范形式中表述的上述项目略有不同，即作者并非一人时，应列出各位作者的姓名，其排列顺序与论文署名顺序相同，并需加注通讯联系人。在列出通讯处时，则仅介绍通讯联系人的通讯处，其余作者的通讯处省略之。

中、日、美金属有机化学学术讨论会学术报告题录

Papers for oral presentation（大会报告）
JAPAN
1. Organometallic Catalysis in Carbon Dioxide Fixation
   Shohei Inoue
Department of Synthetic Chemistry, Faculty of Engineering, University of Tokyo, Hongo, Bunkyo-ku, Tokyo, Japan113
2. Palladium (O) Olefin Complexes and their Role in Homogeneous Catalyses by Way of Metallocycle Intermediates
   Kenji Itoh
School of Materials Science, Toyohashi University of Technology, Tempaku-cho, Toyohashi, Aichi 440, Japan
3. Chiral Ferrocenylphosphines and β-(N, N-Dimethylaminoalkyl) Phosphines: Highly Efficient Ligands for Some Homogeneous Catalytic Asymmetric Syntheses
   M. Kumada
Department of Synthetic Chemistry, Kyoto University, Yoshida, Kyoto 606 Japan
4. Activation of Thallium-Carbon Bond with Reducing Agents: Implication in Synthetic and Environmental Chemistry
   H. Kurosawa and Y. Kawasaki
Department of Petroleum Chemistry, Osaka University, Suita, Osaka 565, Japan
5. Preparation and Reaction of 1,3-Diene Complexes of Zr and Hf
   H.Yasuda, Y.Kajihara and Akira Nakamura
Department of Macromolecular Science, Faculty of Science, Osaka University, Toyonaka, Osaks, Japan 560
6. Reactions of Allysilanes and Application to Organic Syntheses
   Hideki Sakurai
Department of Chemistry, Faculty of Science, Tohoku University, Sendai 980, Japan
7. Synthetic Application of Organoboranes Readily Obtainable from Olefins via Hydroboration
   Akira Suzuki
Department of Applied Chemistry, Faculty of Engineering, Hokkaiko University, Sapporo 060, Japan
8. Application of Palladium Catalysis to Natural Product Syntheses
   J. Tsuji
Tokyo Institute of Technology, Meguro, Tokyo 152, Japan
9. Oxidative Addition Reactions of Low Valent Transition Metal Complexes with Olefins and Carboxylic Esters
   Akio Yamamoto
Research Laboratory of Resources Utilization, Tokyo Institute of Technology, Nagatsuta, Midori-ku, Yokohama 227, Japan
U. S. A.
10. Synthesis and Reactivity of Dithiocarbene Complexes
Robert J. Angelici, F. B. McCormick, and R. A. Pickering
Department of Chemistry and Ames' Laboratory-USDOE, Iowa State University, Ames, Iowa 50011 U. S. A.
11. Polymer Activated Catalysts
    David E. Bergbreiter
Department of Chemistry, Texas A & M University, College Station, TX 77843
12. Metallocyclic Pathways in Organometallic Reactions
    John J. Eisch
Department of Chemistry, State University of New York at Binghamton, 13901
13. Mechanistic Pathways in the Catalysis of Olefin Hydrocarboxylation by Metal Complexef
D. Forster, A. Hershman and D. E. Morris Monsanto Company, 800 N. Lindbergh, St. Louis, Missouri 63166.
14. The Reactions of Metallocycles
Robert H. Grubbs, Kevin Ott, Michael Steigerwald, Eric deBoer, Tako Ikariya, Akira Miyashita, and J. B. Lee.
Department of Chemistry, California Institute of Technology, Pasadena, California 91125.

示例 4-9 题录

4.4 科技论文的特殊形式

某些特定场合或特定内容的科技论文,需要采取特殊形式来撰写或表述,不能照搬前面介绍的各种形式中的任何一种。按照不同的要求,科技论文也可以以各种不同的形式来撰写。在此,仅介绍两种最普遍、最实用的形式。

4.4.1 综述

综述有时也称为评述,其内涵虽略有不同,但其写作要领有许多共同一致之处,在此一并阐述。

综述的主要特点是作者不以介绍自己的工作(成果)为目的,而是针对有关专题,通过大量的现有文献研读,对该专题的背景现状、优缺点、发展趋势作出较为深入系统的述评。文献综述的撰写基础是对本领域文献的准确研判与评价,分析、评述该学科(专业)领域里国内外的研究新成果、发展新趋势,并表明作者自己的观点,作出学科发展的预测,提出比较中肯的建设性意见和建议。它与一般科技论文的主要区别在于综述型文章不要求在研究内容上的创新性,但一篇好的综述性文章也常常包括有某些先前未曾发表过的新资料或新思想,它要求撰稿人在综合分析和评价已发表过的资料基础上,提出涉及该专题在特定时期发展演变的规律和趋势。综合的写法通常分两类:一类以汇集文献资料为主,辅以注释,非常客观,很少评述,某些发展较活跃的学科的综述属此类;另一类文章则着重评述,通过回顾过去,察看现状,展望未来,提出合乎逻辑的具有启发性的评价与建议。综述型的论文撰写要求比较高,具有权威性,一般应具有一定学术水平的学科带头人才能写出高水平的综述型学术论文,此类论文往往对所讨论的专题或学科的进一步发展起到引导作用。

与科技论文相比较,科技综述和评述有着比较特殊的写作方法,现作说明如下。

综述和评述的读者对象和阅读目的与科技论文不同,其主要的读者群有两大类:一是关注本科技领域的动态,从事调研工作的科技工作者;二是科技管理人员、业务主管及科技计划编制人员。

对于第一类读者,他们阅读此文的目的是为了了解该领域与自己学科、课题相关的科学技术性较强的资料。因此,撰写本文时应紧紧抓住学科、专业的最新进展,阐述作者自己的观点和看法,常识性的内容应当摒弃,多用符号、术语以求简洁准确,最多做必要的注释。

对于第二类读者,综述和述评主要提供路线性、方向性、决策性的材料。这类读者工作忙,时间少,知识面广而不深,这就要求文章短小精悍,通俗易懂,少用公式和符号；同时为这类读者所写的综述或述评（特别是述评），应当带点预测的性质，指出发展前景和明显的后果，以引起重视。有时还需要在估计某一生产和技术经济后果时，考虑和估计社会的、生活的、文化的和其他后果，因为决策时往往要把科技信息和社会信息联系起来思考。

综述在写作方法上的基本特点是对比手法。如通过现时各类情况的数据资料对比，揭示现状和水平；通过不同时间、不同单位或地点的数据、资料对比，示明差距和动向等。

述评是在综述的基础上，全面系统总结某一专题的科学、技术或技术经济的各种数据、情况和观点，并给予分析评价，提出明确建议的一种文体。

述评的特点首先在于"评"。它通常是评论某一理论的意义或某一成果或技术的价值，指出其优缺点等。述评的"述"是为它的"评"服务的，因此不同于综述中的"述"。在综述中，往往只进行概括的叙述，而在述评里，为了说明论点，可以对某些细节作详细的描述。

述评的第二个特点是相对于综述而言的，它具有通俗性。这是因为，述评的读者面更广，可以包括领导者、非本专业科技人员甚至一般读者，而不仅限于本专业的科技人员。文内不宜不加注释的使用过多、过深的专业词汇。

关于综述与述评的分类，综述大致可分两类：有关学科或学科分支的综述称为综合性综述；有关技术、产品或某一问题的综述叫做专题性综述。

述评也可以分为以下三种。

① 分析型述评　这种述评在严格的意义上说属于综述，它是选择有代表性、典型性和真实性的事例，摆出事实，阐明观点，让读者得出结论。

② 对比型述评　这种述评着重于对比国际、国内和本地区单位的水平，找出与国际、国内先进水平的差距，通过对比提出许多新的问题，引起读者的思考。

③ 评论型述评　这类述评有观点、有建议，在分析比较的基础上提出见解，是一种创造性的述评。

一般来说，综述是学术水平很高、参考价值也很高的一类学术论文，为此深受各类专业学者的关注，也是各类学术刊物定期刊出的重要文章。

4.4.2 墙报

墙报，又称作学术性 Post，是科技论文的另一种特殊形式。

在现代的大型学术会议上，一部分论文以口头演讲或报告形式作介绍，另一部分则要求以墙报形式展示或演讲。顾名思义，墙报是把大型张形式的文字材料，展贴在墙上作介绍。当然，所谓"墙"，并不真是壁面，而是会议期间专门介绍这类论文的展板的代名词。

随着知识经济时代的到来，特别是由于商业目的的渗入，广大科技人员愈来愈重视墙报制作上的完美。不仅要求其内容和形式的完美统一，也十分注重外观的精美动人，以吸引读者。在此，仅介绍墙报的表述及构成要素。

首先，墙报在论文内容的表述上应与论文的规范形式相一致，只是在文字上力求简练，文章不求系统、完整，而应把自己的创新点及其应用价值交代清楚。墙报与摘要不同，它可以列出必要的示意图、照片、图谱及数字表格，甚至可展示必要的实物样品，使读者更加直观明白。

墙报展示与论文发表的另一区别是作者可在展示现场宣讲，解答有兴趣的各种提问，或与同行进行研讨交流，使其效果更好。

墙报的撰写表述形式虽没有特定的规范与标准格式，通常必需的构成部分是：

论文题目

作者姓名

工作单位及通讯处

内容提要（必要时可列出相关照片、谱图、数据表格等项目）

参考文献（亦可省略）

应该指出，墙报的展示并非是论文的发表形式，故不影响论文重新投寄至学术刊物公开发表。

关于以墙报形式展示的科技成果，一般的国际学术会议都会在征文时便作出明确告示，在此，以在我国举行的两栖爬行动物国际会议提出的墙报要求为例（示例4-10），引证如下：

第四届亚洲两栖爬行动物学国际学术会议
第五届中国动物学会两栖爬行动物学分会全国会员大会

论文摘要格式如下：

论文题目（Title）

作者（Author）

单位（Organization）

通讯地址（Mail Address）

内容（Abstract）

墙报格式：每幅墙报的面积[长(1m)×高(1m)]＝1m²

墙报内容包括：题目，作者，通讯地址，摘要，图片，表格及说明等，墙报一律使用英语，文责自负，由作者按上述大小自选制作。

示例4-10　墙报征文要求

其次，应该指出，墙报是科技论文展示的一种重要形式，不应轻视。为这种交流形式，在大型的学术会议上使用广泛。在此，引证在我国举行的全球海洋生态系统动力学（GLOBEC）第二届科学开放大会的论文类型分布说明墙报的重要性（示例 4-11）。

全球海洋生态系统动力学（GLOBEC）
第二届科学开放大会在青岛隆重召开

本届 GLOBEC（Global Ocean Ecosystem Dynamics）科学开放大会由 TGBP/GLOBEC 国际科学指导委员会主办，黄海所承办。联合国教科文海委会和我国科技部、国家自然科学基金委员会、中国工程院、中国科协和青岛市人民政府等部门为支撑单位。

承办 2002 年 GLOBEC 科学开放大会的竞争是比较激烈的。唐启升院士收到举办开放科学大会的通知后，积极与有关部门联系，并获得国家科技部、国家自然科学基金委员会、青岛市人民政府的大力支持。

GLOBEC 第二届科学开放大会于 2002 年 10 月 15～18 日在青岛举行。会议召开之际，科技部副部长程津培院士向大会发来贺信表示祝贺；唐启升院士在大会上做了唯一的大会主题报告。来自美国、日本、加拿大、英国、挪威等 30 多个国家和地区及国际组织的 250 余名代表参加会议，国外代表达 180 余人。会议共收到论文 216 篇，其中大会报告 88 篇、张贴墙报 128 篇。

示例 4-11　全球性学术会议简报

上述示例清晰地看出，以张贴墙报形式展示的论文数量远远超过口头宣读的论文数。

最后，要提及的是，我国政府的有关管理部门及国家自然科学基金委员会等，均把以墙报展示列入赴会资助的申请范围之内，与论文口头宣读相等同，这也说明我国各部门对墙报的重视。

同时，需要说明的是，国内或国际学术会议发布通知或征稿启事时，通常会将征稿的具体要求做出明确的说明。在此，举例如下。

第九届全国试剂与应用技术交流会会议通知（第一轮）及征稿启事

各有关单位：

为总结、交流化学试剂与应用技术的进展及最新成果，分析市场需求，搭建产、学、研、销、用平台，促进化学试剂应用技术的发展，定于 2015 年 9 月在浙江·杭州举行"第九届全国试剂与应用技术交流会"。会议由全国化学试剂信息站主办，《化学试剂》编辑部、浙江工业大学承办。本次会议将围绕化学试剂的技术发展、品种组成等热点问题展开探讨。会议期间将邀请著名专家、学者、企业家就试剂的应用技术热点及学术进展作专题报告；并将安排技术交流、座谈和参观考察。特邀大专院校、科研院所、试剂生产企业、销售企业参会。

本届会议将举行论文评选活动，并同时举办《化学试剂》期刊优秀作者和优秀稿件表彰活动。现面向广大高校、企业及科研院所征集会议论文，内容为介绍有关化学试剂发展、应用及最新科研成果等的科研论文摘要，经录用的论文摘要将收录至本次会议论文集。同时，入选论文摘要将参加论文墙评比，大会将对获奖论文作者颁发奖金和奖状，以资鼓励，欢迎大家踊跃投稿！

征稿要求：

1. 能简明扼要论述研究内容的具有创新性、科学性、前瞻性且亮点突出的综述性或研究性科研论文摘要（必要时需加入关键性的图表）。

2. 篇幅控制在A4一页，宋体5号，单倍行距（Word排版）。

3. 主题明确，格式规范，图表清晰，数据真实，内容完整（论文需具备：题目、作者、单位、摘要、关键词、第一作者简介、参考文献）。

4. 严禁抄袭他人作品或一稿多投，论文主要内容未公开发表。

5. 本会议采用先投稿先审稿的原则，会务组将及时通知作者审稿结果。

6. 入选稿件将推荐到《化学试剂》期刊，一经录用，优先发表。

7. 本次会议征稿从即日起至×月××日截止，征文请注明"会议征稿"字样。

欢迎科研院校、企业、专家和技术人员参会并投稿。

习题与思考题

1. 何谓科技论文的表述形式？
2. 什么是科技论文的规范形式？
3. 科技论文的规范形式有几种，它们的特点是什么？
4. 重视科技论文的规范形式的目的是什么？
5. 什么是科技论文的简略形式？
6. 科技论文的简略形式有几种，它们各有何特点？
7. 何谓快报，快报可否单独发表，是否会影响研究报告的正式发表？
8. 何谓题录，题录一般由哪些部分构成？
9. 何谓综述，综述报告的作用是什么？
10. 墙报与一般的科技论文有什么不同？

科技论文的构成

5.1 概述

在上一章中,已经提到科技论文的规范形式,并指出按规范形式撰写的学术论文,应该由前置部分、主体部分、附录部分和结尾部分四大块构成。对于学位论文而言,特别是博士论文或硕士论文,无疑必须按照国家规定的这一规范进行。但是,对于一般的科技论文来说,特别是一些研究报告,其内容比较单一、篇幅又比较小、阐述层次较清晰,在大多数情况下并不需要列多张图示,也不必要增列附录等。对于通常的研究成果或报告,即一般性的科技论文,其构成部分要比篇幅庞大、形式规范的学位论文少,但一般需有以下几项构成。

标题　Title（必要时可增列副标题）
作者　Authors
单位　Affiliations
摘要　Abstract
关键词　Keywords
引言　Introduction
证明或实验步骤　Proof or Experimental Procedures
结果和讨论　Results and Discussion
结论　Conclusions
附录　Appendix（无必要时可省略）
致谢　Acknowledgements（无必要时可省略）
参考文献和注释　References and Notes
现按上述项目的顺序分别阐述如下。

5.2 标题

标题又称题目。目就是眼睛,它是文章借以显神的文字。古人云:眼与心通,心与神通。即指标题有牵动全文主旨的作用。

标题的英文是 title 或 headline,其含义为论文的"首行"、统率全文的开端、行列的为首者。其意义虽各有不同,但重要性却是一致的。每篇论文首先映入读者眼帘的,总是该论文的标题。人们从文摘、索引或题录等情报资料中,最先找到的也是论文的标题。通常浏览论文,也总是首先以标题作为最主要的判断来决定是否有阅读的必要。因此,标题是一篇论文的缩影与提示。好的标题,能使读者透过标题而窥视论文的全貌,从而引人入胜地激发读者的注意和兴趣,使得在看了标题后便欲罢不休,进而阅读全文。

5.2.1 标题的拟定要点

概括起来,论文标题拟定时应遵循以下要点。

(1) 用词切题,题有创意

标题是作者给论文取的名字。它是作者表达论文的特定内容、反映研究范围和深度的最鲜明、最精炼的概括,也是最恰当、最简明的逻辑组合。题目要能直接体现文章的宗旨,必须与内容相吻合,要把研究的目的或所研究的某些主要因素之间的关系,用含义确切、实事求是的文字,恰当而生动地表达出来,以引起读者阅读这篇论文的兴趣,留下深刻的印象。因此,文要切题,题要独创。标题要避免使用笼统、空泛、冗长、模棱两可、夸张、华而不实以及与同类论文相雷同的字眼。

(2) 文字精练,涵义确切

一篇论文的标题,要文字简练,涵义确切;要能把全篇文章的内容、研究的主要目的或是所研究的某些因素之间的关系,确切而生动地表达出来。措辞既不可太贫乏,又不可太琐碎;必须容易引起读者的注意或重视,但又不可夸张或引起误解。

标题的文字虽以简练为妙,但意义明确则是更为重要的。因此,必要时宁可多用几个字;把作索引时可能用到的字包括进去;把重要的字尽可能靠前写。

在标题里应该用哪些重要的名词,著者可以设想一下:假如要在文献索引里去查阅与自己这项工作有关的论文,应该在哪些分类标题之下去查。这样就会有助于决定在标题里用些什么名词,以及哪个名词应该尽可能写在较为明显的位置。

论文标题要反复推敲后才能确定下来,一字一字推敲,做到多一字无必要,少一字嫌不足，画龙点睛，恰到好处。

作者一般先拟定试用标题，待论文写成后再重新考虑确定标题。为了择优选用，不妨设想几个标题，再根据论文中心内容加以细心比较。如果标题不能完全阐明论文的主题时，可以增加副题，这对增加标题的明确性会有帮助。但副题会大大增加标题的总字数，科技论文在习惯上多不采用。标题要居中书写，两行标题时，上行题字要长于下行题字，并选择恰当处回行。

标题的长短按照不同论文的内容而定，一般以不超过 20 个字为宜。美国、英国出版的科技期刊，要求论文标题不超过 12 个词或 100 个书写符号（包括间隔在内）。当前较为普遍的偏向是标题字数过多。没有经验的作者，往往希望从标题中反映出全部文章的内容，有的长达数十字，很像一篇简短的摘要。标题固然要简短，但不允许用缩写词，也不能用所从事研究的学科或分支学科的科目作题目。标题中尽量不出现标点符号。

在拟定科技文标题时，有经验的作者还要注意有助于二次文献编制题录、索引、关键词，为检索提供方便。其次，许多作者在拟定题目时，还会把论文译成英文时怎样保持中、英文的对照，通顺和准确等因素考虑进去，十分周到。

（3）层次分明，体例规范

许多情况下，论文的标题可由多个部分组成。一是总标题，它是标明论文中心内容的句子，一般来说，论文的标题可作为论点；二是副标题，即进一步对总标题的内容说明或补充，一般在总标题不能完全表达论文主题时采用，以补充论文下层次内容，尤其在分篇连载或报道分阶段的研究结果时，可取相同的上层主标题，而用不同的副标题区别篇与篇之间的内容差异。主副标题用破折号来区分。

主标题和副标题，往往是一虚一实，相互补充。主标题重在提示意蕴，副标题重在概括事实，虚实相得益彰，耐人寻味。

引题（肩题、眉题）和脚题，有的文章特别是消息，为了充分显示题意，常常采用多行标题。在主标题之上的称为引题，又称肩题或眉题；在主标题之下的称为脚题。如下例：

计算机与化学

一个实用的化学软件介绍
——Chem Window

由上例可见，引题的作用是交代背景、烘托气氛，以引出正题。主标题是对最主要成果或进展的概括。脚题是对主标题的补充，本例则是提供了主要的事实和结果。

5.2.2 标题与论文主题的关系

论文的标题和论文的主题不是一码事。俗话说：主题是文章的中心思想、核心内容。论文中的每一句话和每一个事例,无论是理论的还是感性的,都是为了描述论文主题而展开的。而论文的全部内容,又都有一个贯串全篇的最主要的和最基本的意思,这就是论文的主题。

论文的标题应该是论文主题的确切表述。如果以一个圆来表示论文论述的内容,那么标题仅是反映主题的一个点。如图 5-1 所示,当标题点处于圆的核心位置上时,称为切题,犹如画龙点睛,恰到好处;当该点处在核心外时,称为偏题,不甚理想;当该点落在圆的外面时,则称为离题,必须杜绝。

图 5-1 标题和主题关系的示意

标题与主题的联系方式并非固定,归纳起来有以下几种。

(1) 同一关系

标题亦即主题。许多科技论文均采用这种联系方式,标题就是论文的中心论点、基本观点或核心内容。例如,《32 种芳香化合物的好氧生物降解性表征》、《煤泥制备活性炭的研究及应用》、《280 例患病新生儿全血中 14 种元素变化的研究》等,都是这种方式的例证。

(2) 提示关系

标题只提出了论文研究主题的方法而并不提示研究的结论,以增加读者对论述内容及结果的思考与悬念,等待读者阅读内容后自己去作出答案。例如,《不同类型镧(Ⅲ)系三元络合物形成过程中超灵敏跃进振子强度增大规律的探讨》、《用螯合滤纸预浓缩测定海水中痕量贵金属的可能性》等。这类标题虽已十分明确地描述了论文研究的主题内容,但只是指示出研究方向,对其结论不予挑明。

(3) 导引关系

在一些对于动态性、展望性、比较性的研究中,常常将论文标题与主题之间的关系定位为导引关系,即以标题作为引导告诉读者论文撰写的主题、研究目的和方向。

5.2.3 注意事项

在拟定标题时,应注意以下几点,引以为戒。

(1) 切忌大题小做

科技学术论文的标题,要力戒泛指性的概念,也就是不要大题小做。标题要尽量使用专指性较强的词汇,尽可能提示出所写的具体内容,便于读者在查阅目录索引时决定取舍和是否研读全文,并根据标题大致判断出论文的基本内容。如果写得抽象,就会使读者在决定取舍时不得要领,颇费思考,而有时检索到手又非所需,浪费了读者的时间。同时,也会给做资料整理工作的人员,在分类上带来困难。例如,有一篇论文的标题是:"论保健",而论文中的具体内容只是介绍保健强身的几种方法。因为"保健"这个概念,除了保健强身外,还有许多极为丰富的内涵,保健的有关概念、知识、理论、措施、技术、器材、指导方法乃至注意事项等,都是不容忽略的方面,倘若挂一漏十,则为不妥。

(2) 不能随意拔高

翻开一些普通的学术性期刊,常常会见到论文的标题:《……机理的研究》、《……的规律(或模型)》、《……理论》等,但细看原文,并非属于自己研究所得出的"机理"、"规律"或者模型。还有的作者,自己的工作得到了与前人结果略有不同的实验现象时,便不适当地夸大上升到"规律"。这些作法,都不能准确地表达论文的原意。

(3) 力求通俗,避免使用特殊专业术语

随着科技的发展,每个学科的分工愈来愈细,各专业间的交叉、融合虽然很多,但学科自身的专业性日趋精深,产生了许多专业性的术语、符号、代号、表达式等特殊用语,在拟写学术论文的标题时,还应注意尽量避免使用不常见的符号和特殊术语,以免妨碍读者的理解。例如,有一篇论文的标题是:《多元体系 $Me(OAc)_3-C_{11}H_{12}(Antipyrine)-H_2O$ 的研究》,这篇论文使用化学分子式来作标题,写得冗长,烦琐,让其他专业的读者来看,就很难一目了然。

5.2.4 立题背景说明

许多论文实际上并非是作者的自选课题,而是承担相关课题后进行的,并得到相应的经费资助,也就是说,该论文是完成相关任务的实际成果,因此,按照规定需要说明本论文的立题背景。例如,在中华人民共和国国务院第487号令《国家自然科学基金条例》中,明文规定一方面基金可以用于"出版、文献、信息传播、知识产权事务费:是指在项目研究过程中,需要支付的出版费、资料费、专用软件购买费、文献检索费、专业通信费、专利申请及其他知识产权事务等费用";另一方面,"发表基金资助项目取得的研究成果,应当注明得到国家自然科学基金资助",必要时以括号标注项目编号。同样,在2013年5月修订并贯彻执行的《国家社会科学基金管理办法(修订)》中的第四十五条规定,"国家社科基金项目研究成果在公开出版和发表,或者向有关领导和部门报送时,应当注明受到国家社科基金资助。"参照国家的上述规定,国家各部委设立的基金资助项目,大都遵循或参照相似做法,要求在论文首页下方以尾注方式标注。现举例如下。

我国美丽乡村建设的理论框架与模式设计

郑向群[1], 陈 明[2]

(1. 农业部环境保护科研监测所, 天津 300191;
2. 南京农业大学公共管理学院, 江苏 南京 210095)

基金项目: 国家科技支撑计划课题 (2012BAJB00)

随着我国经济、社会的快速发展, 许多由国家和各部委资助的基金项目, 无论在课题的纵深度和应用推广上, 都有更加高的要求, 而实施这些项目的团队结构也更加庞大, 成员也更多, 因此, 论文署名的作者常常更多。

粮食产量预测理论、方法与应用 I
科技进步增产理论、模型及其应用

侯彦林[1], 郑宏艳[1], 刘书田[1], 米长虹[1], 王 农[1], 蔡彦明[1],
黄治平[1], 夏 维[1], 王 今[2], 任 军[3], 王新民[4], 侯显达[5]

基金项目: 中国农业科学院科技创新工程 (2014-cxgc-hyl)

5.3 署名

5.3.1 署名的意义

科技论文的署名有如下意义。

① 署名是作者对论文拥有版权或发明权的一个声明　版权是指对某一著作物的出版权。拥有这种权力的是著作人, 他可以与出版者订立合同, 转让或收回版权。在论文（或其他著作物）上署名, 就是宣布拥有版权的一个声明。一般来说, 这种署名一旦履行了一些必备的程序（如公开发表或经公证）就受到了法律的保障。

从发明创造的角度来看, 论文的写作过程是一种重要的创造过程, 是脑力劳动的一种重要形式。论文的完成意味着某个新科学理论成果的完成或者一项新技术的发明。在论文上署名, 就是宣布拥有这种发明权。从这个角度来看, 也可以把署名视为作者通过辛勤劳动所应得的一种荣誉, 借此求得社会的承认和尊重。

② 反映文责自负的一种精神　科技学术论文署名的另一个意义, 在于它反映了作者文责自负的一种精神。所谓负责: 一是要负法律责任; 二是要负科学上的责任; 三是要负道义上的责任。如果论文存在剽窃、抄袭、损害国家利益, 或者在科学上有严重错误并导致严重后果, 或者被指控有其他不道德的和不科学的问题, 那

么署名者理应担负全部责任。这同负责人在文件上签字、会计在记账凭单上签字（或盖章）、医生在病历上签名、画家在作品上署名的意义是相类似的。从这点看来，署名是一件非常严肃和庄重的事情。

在科技学术论文上署名的另一个意义，还在于它有利于读者同作者进行联系。

论文的署名，不仅是对作者劳动和创新的尊重，而且表示文责自负，还为日后成为文献资料，便于索引、查阅提供了必要的依据。

署名有两个作用：一是说明谁做了工作；二是说明谁对这些工作负责。署名时，应遵循三条原则。

第一，个人研究成果，由个人署名，对研究工作仅仅给予直接帮助的人，只需"致谢"，不予署名。

第二，集体撰写的论文可署单位或集体的名，但应写明论文的执笔者或列出参加者的名字。那些只参加部分具体工作、不能全面负责，只是某一局部、某一实验的参加者，或只承接某项测试、某项常规分析的工作者，不应署名。但可在附注中列上，明确他们的工作性质。

第三，根据负责论文的程度，排列署名人员的前后顺序。若负责程度和贡献大小难以分清，可按考核科研成果和科研工作量的顺序排列。

关于论文中谁应署名和署名的顺序要谨慎对待，凡在个人研究成果基础上撰写的论文，可单独一人署名；凡在集体研究成果基础上撰写的论文，应多人共同署名。署名者应该是直接参加全部或主要工作、做出主要贡献、能对论文负责的人，并按实际贡献大小排列名次。对课题的拟定及任务承接者，提出研究设想并指导科技研究工作的人、科技项目的负责人、主要工作承担者、关键问题解决者、全部工作直接参加者，都应署名。对于只按研究计划参加过部分具体工作、对全面工作缺乏了解的某一实验的参加者，只接受某项测试或常规分析工作的人，不应署名，但应在附注中明确他们的贡献和责任，或写入致谢中。

5.3.2 署名的原则

（1）实事求是的原则

科技论文，特别是对于研究报告来说，常常会遇到责任人的确认问题。署名，便是对所表述的成果占有权和责任承担者的申述。

美国《内科学纪事》编者曾指出作者署名的5个条件：

① 必须参与了本项研究的设计和开创工作，如在后期参与工作，必须赞同前期的研究和设计；

② 必须参加了论文中的某项观察和获取数据的工作；

③ 必须参与了实验工作、观察所见或对取得的数据作解释，并从中导出论文的结论；

④ 必须参与论文的撰写或讨论；

⑤ 必须阅读过论文的全文，并同意其发表。

这些原则，对中国目前科技学术论文的署名，也有一定的参考价值。

由多人合作的研究成果，其论文可共同署名。第一作者通常是论文的主要完成者。有时，课题提出者、研究方案的决策者或对成果负有解释权的责任者并非第一作者时，可作为通讯联系人出现，并对论文也负有主要责任。其他作者可按所做工作的多少和贡献大小来排列，但每位作者都必须了解整个研究工作的全过程。总之，对于提出研究设想，指导研究工作并最后完成工作的人，或者完成主要研究工作和解决关键问题的人，均可作为论文的作者而共同署名。多作者论文署名的先后，绝不应以职位高低、资历长短来排列。

(2) 杜绝弄虚作假的原则

在全社会转向崇尚知识、重视科技之际，也有一些人不注重实际，弄虚作假。在署名过程中，便也随之出现种种不文明行为，甚至违犯了法律，发生一些不正常的现象：有的论文挂上名人或首长的名字，以利于发表，或换取另种形式的回馈、支持；有的则以权谋私，硬要在别人的论文上署名，不同意署名就重重设卡，从中阻挠；有人只对论文作过一点文字上的修改或尽过审稿人的责任，也要署上自己的名字；有的人奉送署名，助人晋升；有的一篇千字小文，却署上很多人的名字。诸如此类的现象，被人们称作"署名关系学"。这种只图"金榜题名"，忘却科学道德的作风，是与科学的求实精神格格不入的，应该予以抵制。

5.3.3 署名的形式

前已提及，署名的主要形式有两种：一种是个人署名，个人署名是最基本的一种形式；另一种是集体署名。

(1) 个人署名

在科学研究中，任何集体研究和大集团的研究，都是建立在个人努力的基础上的。因此，科技学术论文在发表时理应尊重客观事实，反映个人所作的劳动。这是个人署名形式依然存在的客观原因之一。另外，一项大的科研成果是由许多人的小成果组成的，大成果可集体署名，但小成果却可以独立地写成论文发表，个人署名形式自然被这种论文所采用。再则，现代自然科学实际上还存在着一些可以通过单独的科研活动来完成的项目。例如，数学以及主要用数学等方法来进行研究的理论物理、地质数学等学科，许多理论性较强的边缘学科等，大体上说来，还是可以采取单独的科研活动来完成的。这是个人署名形式存在的又一原因。

应正确地处理个人署名、多作者署名和团体署名间的关系。凡在个人研究成果的基础上撰写的论文，理应单独一人署名，但要避免以个人名义发表集体研究成果。如果在集体研究成果的基础上撰写论文，个人只能以执笔人的身份署名。

(2) 集体署名

现代科学发展的规模是空前的，科学研究已成为一种专门的职业，目前全世界从事这种职业的人在数百万以上。在 20 世纪中叶以前，科学研究还是以个体的和自由式的研究为主，但到了 20 世纪后期，这种情况逐渐发生了巨大变化，即从个体的、自由式的研究，向集体的合作式的研究过渡。这种集体研究的形式逐渐由小集体发展到大集体，由大集体发展到国家规模，又由国家规模发展到了国际规模。集体研究形式正在成为科学研究的重要形式之一，科技学术论文的集体署名也随之愈来愈多地出现。

集体署名有两种形式：一是多作者的集体署名；二是团体或单位署名。多作者的论文署名有多达十几名，甚至几十名的。团体或单位的署名形式，现在一般与个人的集体署名形式并存，但绝大多数只表示个人或集体作者的所在单位，较少数具有作者的意义。如某社、某研究所、某校、某某编写组等。

5.4 作者的工作单位

每篇论文都要签署作者姓名，并说明这篇论文由哪个或哪些人撰写的。它是文责自负的前提，也表明了作者的劳动所应得到的荣誉；它又涉及版权和晋级等问题，所以署名是科技论文必要的组成部分。

论文署名还有一个责任，即方便了与同行、读者的研讨与联系，这便有必要申述作者的身份（如必要时）、工作单位和通讯地址。因此，作者的工作单位和通讯地址是论文构成的必要项目之一。

申述作者工作单位和通讯地址的规定，充分衬托出科技论文的科学性、严肃性和责任性，也显示出科技论文与一般的文学作品、文艺作品之间的差异。文学作品、文艺作品的署名可以用笔名或艺名，也不需明确作者的工作单位和通讯地址；而科技论文则不然，除不能使用笔名、化名外，还要承担接受同仁、读者质询、研讨和进行学术交流的义务，这便是必须列出论文作者真实的、准确的、简明的工作单位和通讯地址的理由所在，不能省略。

5.4.1 标述原则

(1) 准确性原则

许多论文作者往往不重视论文作者工作单位的申述，为了简便，或者是"想当然"把自己常挂在口头的单位简称撰写在论文上。这是不准确的。例如，不能把"××省农业科学研究院"写成"×农院"、"××市卫生学校"写成"×卫校"等。如果是在大专院校、科学院工作的，除了列出单位名称外，还要说明所在系、所或下属部门的名称：如"浙江大学数学系"、"中国科学院大连化学物理研究所"等。

(2) 简明性原则

工作单位和通讯地址的标述是为交流、联系服务的，因此在叙述准确、清楚的前提下，应尽量简单、明了。例如，在列出邮政编码后通常不必再列出什么区、街，凡单位名称中已冠有地名者，也不必再加注城市名。但凡是单位名称无法提示读者其所在地时，便必须标加城市名，必要时还要注出省、市、自治区名。

20世纪末至新世纪初，我国高校进入快速发展时期，许多学校经过合并、更名、迁址、新建校区等，使得标注单位名称和地址更加重要，以免信息交流增添不便。

如今，许多大学都有异地校区，或者在同城有多个校区，均需要标注清楚，如：

中国人民大学
  中关村校区地址：中国北京市海淀区 100872
  苏州校区地址：江苏省苏州市工业园区 215123

中国科技大学
  东校区地址：中国安徽省合肥市金寨路 230026
  西校区地址：中国安徽省合肥市蜀山区 230022
  南校区地址：中国安徽省合肥市包河区 230052

中国海洋大学
  鱼山校区地址：山东省青岛市鱼山路 266003
  浮山校区地址：山东省青岛市香港东路 266071
  崂山校区地址：山东省青岛市松岭路 266100

中国传媒大学
  地址：北京市朝阳区 100026
  南广学院地址：南京市江宁区 211172
  凤凰学院地址：北京市朝阳区 100024

中国医科大学
  地址：辽宁省沈阳市沈北新区 110122

中国药科大学
  玄武门校区：南京市鼓楼区 210009
  江宁校区：南京市江宁区 211198

对外经济贸易大学

地址：北京市朝阳区惠新东街　100029

有一些大学，仅从校名上无法判断出校址所在地，因此必须标注清楚，如：

第二军医大学　上海市　200433
第四军医大学　陕西省西安市　710032
中山大学　广东省广州市　510275
暨南大学　广东省广州市　510632
复旦大学　上海市　200433
同济大学　上海市　200092
东南大学　江苏省南京市　210096
河海大学　江苏省南京市　210098
江南大学　江苏省无锡市　214036

有一些大学，虽然从校名上可以判断出校址所在的地区，但并不清楚所在的城市名称，也必须标注清楚，如：

华东师范大学　上海市　200062
西北农林科技大学　陕西省杨凌示范区　712100
西北工业大学　陕西省西安市　710072
西南大学　重庆市北碚区　400700
西南财经大学　四川省成都市　610074
西南交通大学　四川省成都市　610031

从上述示例可见，单位地址标述时甚需谨慎，不能大意。

5.4.2　标述方法

（1）多位作者在同一工作单位

工作单位、地址及邮编在作者姓名的下方，居中，但需加括号。例如：

络合滴定中的滴定误差

龙文清　刘利民

（吉安师范专科学校化学系，江西　343009）

（2）多位作者并非同一工作单位

通常以如下形式标述单位及通讯邮政编码。

胺类对 α-溴代萘/β-环糊精体系流体室温磷光的影响

陈小康　　　　　牟　兰

（韶关大学化学系，韶关512005）　（贵州大学化学系，贵阳550025）

李隆弟[*]　　童爱军

(清华大学化学系，北京 100084)

浙江省海洋旅游资源开发研究的若干建议

张延[1,2]　位寄和久[2]

([1.]浙江工商大学 旅游与城市管理学院，浙江杭州 310012；[2.]熊本大学 日本 熊本 860-8555)

（3）多位作者不在同一工作单位，但排列顺序出现交叉者

一般同一单位名称不应重复出现，而可以加注编号的方式来表达。例如：

鱼类免疫应答中的温度效应研究

李亚南[1]、王冀平[2]、邵健忠[1]、毛树坚[1]

(1. 浙江大学生命科学学院，杭州 310012；

2. 浙江省测试技术研究所，杭州 310012)

三明治型金属卟啉、酞菁配合物功能材料[*]

姜建壮[1]、吴基培[2]、杜大明[1]、孙思修[1]

(1. 山东大学化学系，济南 250100；

2. 香港中文大学化学系，香港新界沙田)

5.5　摘要

5.5.1　摘要的概念

摘要也称内容提要，是科技论文的组成部分。它是对论文内容的概括性陈述。摘要介绍论文的主要信息，以使读者对论文内容有个概括了解。另外，摘要又可满足编制二次文献工作的需要，供编制文摘刊物时引用。摘要虽居于论文首部，但在写作上却是在论文完稿后才写的。

摘要内容包括：研究目的、研究对象、研究方法、研究结果、所得结论、结论的适应范围 6 项内容。其中，研究的对象与结果是每篇摘要必不可缺的内容，可按论文的具体内容灵活运用。但不应列举例证，不要采用图、表、化学结构式、表达式等非文字性资料，也不自作评价。摘要的内容是标题的扩充，是全文的高度概括。

这里要强调一下，摘要应尽量介绍作者的发现、见解及工作。各种背景情况和他人的研究介绍能略则略，或一笔带过。

语气上，摘要应避免第一人称，而用第三人称；和其他文体不同，摘要不是论文的解释、评论，而只是论文内容的客观表达。

摘要的字数主要取决于文章本身的内容，文章信息价值大、主题新、篇幅长，摘要字数可多一些，反之则可少些。对信息量不大的一般性科技论文，摘要字数可在正文字数的3‰～5‰之间。假如一篇6000字的论文，摘要以200～300字为宜。

撰写摘要应注意克服苟简和冗繁的弊病。所谓苟简就是过于简单，不对全文进行提炼和加工，照抄结论，或泛泛而谈，未表述论文的中心内容，或遗漏重要内容等。所谓冗繁就是过于烦琐，不分主次，不区别必要与不必要，完全按论文中论述的部分逐次说明，或加入评论和解释，或语言重复拖沓等。

有人❶认为：论文摘要和文摘颇为相似。在此作比较如下。

摘要的定义：
① 摘要是论文内容不加注释和评论的简短陈述（滕弘飞）；
② 摘要是论文内容基本思想的缩影（谭炳煜）；
③ 摘要是论文内容的总结（周启源）；
④ 摘要是论文内容提纲挈领的高度概括（胡庚申）。

文摘的定义：
① 文摘是指一份文献内容的缩短的精确的表达，而无需补充解释或评论（ISO，国际标准组织）；
② 文摘是以迅速掌握文献内容梗概为目的，不加主观评论和解释，简明地记述文献重要内容的文章（日本科学技术厅）；
③ 科技文摘以简明扼要的文字说明文献的主要内容（曹昌）；
④ 文摘是对原文献主要内容语义上相同、篇幅短小又尽可能完备的、不加评论和补充解释的陈述（王熹）。

上述定义提示了摘要、文摘共同的本质特征，意味着摘要、文摘不过是同一客体的两种文字表达形式，没有质的区别，但使用的场合不同。

综上所述，摘要作为一种文体，理应具有独立而完整的结构。摘要必须语意连贯，结构严密，其自身应该能够形成一篇完整的短文，可以独立使用。这意味着不阅读整篇论文，而只阅读摘要，就能获得与整篇论文同等量的主要信息。作为一次性文献（如论文）发表时，摘要是论文的一部分；作为二次性文献（如文摘）出现时，它脱离原论文成为一篇独立的文章。

---

❶ 钟书华，刘玉. 科技论文写作100问. 北京：新时代出版社，1992.

5.5.2 摘要的写作要求

摘要是科技论文要点的概述，就其功能而言，主要是为提高信息交流的效率，为读者阅读、检索提供方便。

按照不同的功能来划分摘要的类型，大体上可分为：报道性摘要和指示性摘要。

报道性摘要 报道性摘要适用于科技论文、技术报告、会议报告等类文献。这种摘要，亦称资料性摘要或情报性摘要，用于总结论文中的主要发现，向读者提供原文中的全部创新内容和尽可能多的定量或定性的信息。这种摘要尤其适用于表达试验及专题研究类的科技学术论文，多被学术级别较高的刊物采用。这种摘要比较详细地提供论文要点，使读者不必阅读原文即可了解论文的研究对象、工作目的、主要结果；与研究性质、方法、条件有关的各种信息；所提示对象的规律性、特点及现象的全部论据；所取得成果的技术性能、参数特性、使用范围等。因此，报道性摘要是综合反映论文具体内容，有可能使读者免于查阅论文的唯一摘要形式。

指示性摘要 这种摘要亦称概述性摘要或简介性摘要，只简单地介绍和点明论文的论题，或着重表现论文的目的，给读者一个指示性的概括了解，以便依据需要查找原文。

对于科技论文摘要的写作要求，除了前述的文字篇幅的严格控制外，还应注意以下两点。

(1) 在称谓上宜用第三人称，少用第一、第二人称

这是由摘要的特定含义和功能决定的。摘要的定义明确指出，不能加注释和评论，无论作者是谁，对此均不应有所不同。如果要用第一、第二人称，那么自我介绍和评论显然是不能避免的。摘要作为一种可供读者阅读、供情报人员和计算机独立使用的文体，也决定了它不能使用第一、第二人称，而必须使用第三人称。

(2) 格式要规范化

摘要的写作要尽可能采用专业术语而避免使用非专业语言。国际标准化组织以及中国国家标准规定，摘要一般不用图表、化学结构式和非众所周知的符号或术语，也不宜引用正文中图、表、公式和参考文献的序号，摘要的内容要尽可能避免与标题和前言在用词上明显的重复。

5.5.3 关于英文摘要

根据联合国教科文组织规定："全世界公开发表的科技论文，不管用何种文字写成，都必须附有一篇简练的英文摘要。"其目的是为了扩大学术交流。因此，国内外公开发行的科技期刊上发表的论文，除中文摘要外，一般都应有英文摘要。中级科技期刊的英文摘要，其内容与中文摘要基本相同，通常写在中文摘要之后；而

高级学术性期刊（如国家级学报）的英文摘要多位于"参考文献"一节之后，其内容比较详尽。在当前无力刊行外文版的情况下，英文摘要将便于不懂中文的外国读者获知论文的主要内容。

许多国际学术会议、学术期刊及杂志都要求科技论文附英文摘要。对中国作者而言，就需要把中文标题（Title）、作者（Author or Authors）、摘要（Abstract）及关键词（Keywords）译为英文。

一般地说，编写者翻译标题、作者、关键词可能问题不大，故这里只介绍编写摘要（Abstract）时的一些技巧，供参考。

对于一些英文水平高、中文素质好的作者而言，撰写英文摘要当然没什么困难。而对于年轻作者来说，便常会感到无从入手。在此介绍两种方法希望对大家能有所帮助。

（1）扩展法

由于英文摘要的撰写是在中文摘要已完成的基础上进行的，在撰写英文摘要时，可先把论文要求介绍的一些关键性词汇列出，按照论文中的意思把它们扩展为名词短语，再把名词短语进行整理，并按照论文原意选择恰当的动词，扩展成完整的句子，从而写成摘要草稿，经修改后定稿。

例如，有一篇题为《中国紫胶树脂基本组成的研究》[1]的论文，其中文摘要如下。

摘要　定量测定了紫胶树脂基本成分的含量；分离得到了紫胶树脂链状脂肪酸和环状萜烯酸的代表物——紫胶桐酸和壳脑酸。研究发现国产紫胶中软树脂的含量高于印度紫胶。结果证明国产紫胶与印度紫胶在组成和树脂分子构成方面基本一致。

参照中文摘要，将其改写成英文摘要时，其要点大致有四个。其中第一句中的关键词为 content（含量）。

怎么样的含量呢？则可扩展成为：

The content of main constituents（基本成分的含量）。

进一步扩展后，成为：

The content of main constituents in domestic lac（紫胶树脂基本成分的含量）。

在交代论文中对该含量测定所完成的工作时，相应搭配的动词应该是 determine（测定）。而在对该行为加以修饰后，成为整个句子的谓语：

was quantitatively determined（已被定量测定）。

由此得到完整的句子是：

The content of main constituents in domestic lac was quantitatively determined.

对于一篇篇幅较大、内容丰富的学位论文来说，完成英文摘要的撰写则较困难些，但仍可使用扩展法来进行。这种方法称为论文目录扩展法。因为一篇好的论文

---

[1] 哈成勇，袁金伦，李静．分析化学．1999，6，27(2)，178-181．

目录，全面地反映了论文的主要内容和结构，可以作为文摘的骨架。使这种方法奏效的先决条件是论文的目录必须繁简适当。若目录过于烦琐，或过于简单，都不可能扩展成语言简练、内容具体、重点突出的优秀摘要。

作者决定采用目录扩展法撰写摘要后，应该首先审阅论文目录。若目录过于详细，就应删掉一些反映细节内容的项目，如设备的结构、操作方法等，而仅保留理应包括在摘要中的项目。若目录过于简单，作者应适当补充体现研究课题特点的项目，然后再行扩展撰写摘要。

(2) 翻译法

对于英文写作水平较高的作者来说，英文摘要的撰写不必按上述方法进行，可按论文原意直接翻译成英文稿即可。只是必须注意中、英文两种语言用词上的微小差别，力求避免生搬硬译，造成笑话。在翻译专业性很强的内容时请教不懂专业的外语教师，常会出现此类错误。

5.6 关键词

5.6.1 关键词的含义

什么是关键词？标引关键词有何作用？

所谓关键词，是指从论文的题目、正文和摘要中抽选出来，能提示（或表达）论文主题内容特征，具有实质意义和未经规范处理的自然语言词汇。

关键词亦称说明词或索引术语，主要用于编制索引或帮助读者检索文献，也用于计算机情报检索和其他二次文献检索。

应该指出，关键词与主题词不同，主题词是经规范处理的受控自然语言，已编入主题词表。如美国的《Subject Headings for Engineering（SHE）》和中国的《汉语主题词表》等，只有在这些主题词表中能查到的词才能用作主题词。

关键词的词汇可以是名词、动词或词组。一般来说关键词法不需要编制规范化的词表，对每个关键词没有统一的规范。但在实际使用过程中，对选择关键词已形成了一定的规范化要求。即所选择的关键词包括两部分：一部分为主题词表上所选用的主题词；另一部分为主题词表上未选入而随着科技飞速发展所出现的一类词，这类词称为补充词或自由词。当然，关键词也可抽选论文讲到的而标题未提及的词汇。另外，抽选关键词应排除那些概念不精确的词汇，诸如"先进的"、"现代的"、"微型的"、"精密的"等。

由于科学技术的迅速发展和文献资料的迅猛增长，信息检索的时间性要求提高了，因此需要提高信息传播速度，使科研工作者尽快地了解和掌握新的文献资料。

有人提出编制两类索引，即所谓传递索引和检索索引。关键词索引就是一种传递索引，它是一种编制简单而传递快速的工具。为了便于编制关键词索引，目前，许多科技学术期刊要求作者在中文摘要后附 3~8 条中文关键词，在英文摘要后附上对应的英文关键词。

5.6.2 关键词的确定及标引方法

（1）哪些词可以作为关键词

前已提及，一些名词、动词及词组可作为关键词。举例说明如下。

自然科学及科学技术名词：如传染病学，K 细胞，液压传动，声控等。

科学技术性动词：对映体分离，右拇指再植，固定相微表面涂布等。

科学技术的方法、技术性词组：如飞行时间次级离子质谱，自加速过程等。

专有名词：如肠溶性阿司匹林，硫代硫酸钠，长毛兔去势等。

物品名称、产品型号、专业术语：如 PYZ 型手提式电焊机，聚氨酯等。

（2）怎样选定关键词

一篇论文的关键词是从论文标题的题目及正文中抽取的有实质意义的表达文章主题内容的词或词组。一般可选 3~5 个，也有多到 7~8 个的。关键词的位置在摘要的下一行，按一定顺序逐次排列。

关键词是论文信息最高度的概括，是论文主旨的概括体现。因此，选择关键词必须准确恰当，必须真正反映论文的主旨。选择不当，就会影响读者对论文的理解，也影响检索效果。选择关键词的方法是：首先，要认真分析论文主旨，选出与主旨一致，能概括主旨、使读者能大致判断论文研究内容的词或词组；其次，选词要精炼，同义词、近义词不要并列为关键词，复杂有机化合物一般以基本结构的名称作关键词，化学分子式不能作关键词；再次，关键词的用语必须统一规范，要准确体现不同学科的名称和术语；最后，关键词的选择大多从标题中产生，但要注意，如果有的标题并没有提供足以反映论文主旨的关键词，则还要从摘要或论文中选择。要力求中、英文关键词的数量和意义的一致。一些新的、尚未被词表收录的重要术语，也应作为关键词提出。

（3）关键词的提取方法

有从论文标题中提取或从论文中提取两种。

从标题中提取 论文的标题是用最简洁、最恰当的词汇表达论文的特定内容，包括论文中的主要信息点，如研究对象、研究方法等。如有一论文标题是《燃煤热电厂烟囱飞尘中颗粒物时空分布曲线的测绘》，作者从标题中提取出 3 个关键词为：燃煤、颗粒物、时空分布。可以认为尚有不妥之处，应改为"燃煤热电厂、颗粒物、时空分布曲线"较好些。同时，仅 3 个关键词尚不能全面、准确地反映论文的主题内容，倘若从标题中再提取出"飞尘、测绘"，则关键词就选得比较合适。

从论文内容中提取 有时标题不能完全反映文章所研究的全部内容,只从标题选取关键词就会丢失一部分信息。例如有《一类 Marcinkiewicz 积分的 L^p 有界性》一文,作者提取出 4 个关键词:即 Marcinkiewicz 积分、A_p 权、Hormander 条件、粗糙核。显然,后 3 个关键词是从论文内容中提取的。

在提取关键词时,还要注意作为关键词的词、词语要与论文主题概念保持一致。也就是说,文章标题中的用词、词语不能随便拿来标引为关键词,要经过思考是否符合文章的主题概念,否则读者不能确切了解文章的信息点,甚至造成误解。如《燃煤热电厂烟囱飞尘中颗粒物时空分布曲线的测绘》一文,倘提取"燃煤"、"烟囱"作为关键词,则明显与论文的主题概念有距离。

5.7 正文

正文是论文的主体部分。

科技论文所要表述的创新成果,无论是理论研究获得的新理论、新进展,通过科学实验得到的新发明、新产品、新方法、新技术,还是借助于推理、观察、比较、解剖、验证和实验证明得出的新结论、新发现,有关应用这些材料写成的科技论文,都将在论文正文部分加以介绍、论述。因此,科技论文与其他文体的作品、文章有所不同。在文学作品中,可把与正文内容不相关的引言、序幕等作为开场白,也可以正文结束后的尾声等作为了结;而在科技论文中,无论是前言、导言或是对正文全部内容所作的小结、总结、结论、结语等,都属于论文正文的组成部分。正因为如此,科技论文正文的撰写要求更高,写作技巧更讲究、更严格。撰写这部分,首先是要合乎逻辑,顺理成章;其次是注意用词,用准确、鲜明、生动的词句表达出来,简明精炼,通顺易读。学术论文切忌概念不明确,判断不恰当,推理不合逻辑,词语不通顺。

其实,科技论文的正文,恰恰是由引言、证明或实验过程和结果与讨论三部分组成的。这三个组成部分各起不同的作用而互为一体、相互呼应、相辅相成。通过论文的这三个组成部分的表述,把作者的新研究成果介绍得层次分明、主题突出;同时,也帮助读者更容易了解论文所申述的原理,实验技术和方法,或新产品、新型号的实际内容以及研究的结果,从而可悟出推广、应用的前景等。在本节中,将对构成论文正文的三个组成部分的特点、要求和写作方法作更进一步的介绍。

5.7.1 引言

引言,也称前言、导论、导言、绪言、绪论等。有时在正文中并不标明"引言"这一标题,但有相关的一段文字,起着相同的作用。引言是论文整体的组成部分,它的作用是向读者初步介绍文章的背景和内容。引言的内容通常有如下几个方面:为什么写这篇文章,要解决什么问题;论文的主要观点;与课题相关的历史回顾;写作资料的来源、性质及其运用情况,论文的规划和简要内容;研究中的新发现;课题的意义;概念和术语的定义。

在此,举几个实例来看看引言的写作特点。

有一篇题为《周期样条双正交小波基》的论文❶,它的引言部分如下。

1. 引言

近十几年来,小波分析在国际数学界引起广泛关注,其主要原因是小波分析的思想和方法无论在理论数学和应用数学上都有广泛的应用前景。小波分析的基本问题就是构造函数空间的小波基,由于在数学和数学物理中常常遇到带周期的问题,如何在周期函数类中构造各种合适的小波基就是一个重要的问题。

令 $\dot{L}_2[0,T]$ 表示以 T 为周期且满足 $\int_0^T |f(x)|^2 dx < +\infty$ 的函数 $f(x)$ 的全体所成的类,定义其内积为 $<f,g> = \frac{1}{T}\int_0^T f(x) \cdot \overline{g(x)} dx$,其中 $f, g \in \dot{L}_2[0,T]$,则 $\dot{L}_2[0,T]$ 成为一个 Hilbert 空间,f 的 $\dot{L}_2[0,T]$ 范数记为 $\|f\|_2$。文献[1,2]分别构造了 $\dot{L}_2[0,T]$ 的就范正交小波基和半正交小波基,为了适用更广泛的应用范围,本文利用周期样条函数进一步构造了 $\dot{L}_2[0,T]$ 的双正交小波基,它包含一族半正交小波基为其特殊情况。这些小波基不同于 Cohen 等人的小波基[3],它们具有解析表达式和任意有限阶正则性。进一步,我们还导出了它的小波分解与重建算法。

在上述引言中,作者分别对"小波分析"研究的背景作出交代,进而在对"正交小波基"的概念作出引证的同时,阐述了"双正交小波基"的研究意义,充分体现了论文引言的意义和作用。

再如,有一篇报道慢性肺心病(CPHD)急性加重期及经治疗缓解后血清白细胞介素-8(IL-8)和肿瘤坏死因子-α(TNF-α)水平的变化的文章,题为《慢性肺心病患者血清 TNF-α 及 IL-8 改变及意义》❷,其引言部分如下。

0 引言

细胞因子作为特异性免疫与非特异性免疫反应的蛋白质介质,是由多种细胞产生的多肽或低分子量的糖蛋白(10~50KD)与相应的细胞表面受体结合,以自分泌、旁分泌或内分泌的方式,在局部或全身发挥复杂的生物效应。TNF-α 是与感染密切相关的细胞因子,是免疫反应和炎症反应中的重要介质,它还能刺激肺巨噬

---

❶ 刘名生. 科技通报. 1999,**15**(2). 81-85.
❷ 戴慧芬等. 科技通报. 1999,**15**(3). 170-172.

细胞产生 IL-8，共同参与 CPHD 的发生和发展。为探讨 TNF-α 和 IL-8 在 CPHD 不同时期的变化，我们用双抗体夹心 ELISA 法测定了 CPHD 急性发作期及治疗缓解后患者血清 TNF-α 和 IL-8 水平，并探讨其临床意义。

应该可以看出，科技论文的引言是论文背景的叙述，是帮助读者阅读全文的最生动的引导。

引言的内容主要有：研究主题和研究目的；研究理由（属于哪一方面的课题，课题是怎样拟定的，确定课题的动机、背景、缘起，希望解决什么问题，有何作用和意义）；理论依据和实验设备基础；预期目标；本课题在学科领域中所占的地位；研究所涉及的界限、规模或范围；对他人已有成果的评价及相互关系；新概念和新术语的定义等。这些内容并不必逐一介绍，而要按具体情况取舍。

同时，由于科技论文论述的主题有很强的专业性，尤其是论文标题中会涉及某些专业性概念、名词、术语、缩写语等，甚至有的名称、术语是论文作者初次确定并使用的，则需要在引言中作出说明和解释，不必留到正文中再去阐述。

要写好引言，一般有以下几点要求。

突出重点　引言宜短，力求言简意赅。只需把背景情况、研究进展与思路等说清楚即可，不要把应该在正文中交代的内容提前到引言中来叙述，以免眉毛、胡子不分，降低了引言的作用。

叙述清楚　引言可帮助读者理清思路，以作好进一步阅读论文正文的准备。凡是读者在进入阅读论文正文时会遇到的困难和疑问，宜在引言中作出解释和交代。不要以为既然是专业论文的读者，对该专业的有关背景、所使用的专业名词及概念必定清楚。认识不到这一点，写出的引言便往往起不到引言的应有作用。

同时，撰写引言切勿与论文摘要雷同，也不要把引言变成摘要的注释。在引言中介绍自己的工作时，既不要过分评价，如"前人没有研究过"、"达到了国内先进水平"、"接近世界水平"、"填补了一项空白"等，对于前人在相关领域已做的工作，要客观地介绍，绝不应蓄意贬低，以免引起不良效果；同时，也不必故作谦虚，要少用套话，在引言中一般不要使用"才疏学浅，水平有限"、"疏漏谬谈之处，恳乞指教"、"抛砖引玉"这些客套话。水平如何，读者自有公论。错误就是错误，也绝非客套语所能遮掩。

5.7.2　证明或实验过程

科技论文的证明或实验过程部分是科技学术论文的核心组成部分。论文的论点、论据及具体达到预期目标论证的整个过程，都要在这一部分论述。它的篇幅最长，最能展现研究工作的成就和学术水平。如果说引言只是介绍了背景和提出了问题，那么实验或验证部分的任务是分析问题和解决问题，运用作者掌握的材料与方法进行论证、得出结论的部分。因此，正文内容是作者学术理论水平和创造性工作的体现。

由于不同论文研究的课题性质、研究方法的不同，理论型、实验型和描述型论文的正文格式和写法均不相同。但它们的共同要求是一致的。即：

主题明确　全文围绕主题展开讨论，不离题；
论证充分　有观念、有思路、有材料、有说服力；
结论清楚　从研究导出的结论不含糊、易理解；
逻辑严密　文字力求避免杂乱无章、条理不分。

现在，列举一些理论型论文、实验型论文和描述型论文的实例，在阅读这些实例后，再来讨论论文正文的写作方法。

一般来说，数学、力学学科的许多论文是典型的理论型论文。但是，随着科技的发展，许多实用科技也需要理论研究为基础。因此，原本是一些实用性的课题，其前期理论研究成果，也常以理论型论文的形式加以撰写。在此，以中国学者在已被列入美国机械工程学会（American Society of Mechanical Engineering，简称 ASME）规范的绕带容器强度设计的理论研究论文为例。题为《ASME规范中绕带容器强度设计分析》❶ 的正文部分如下。

0　引言

文献［1］、［2］业已报道，为将扁平绕带压力容器向世界范围推广，在美国 IPV 公司的支持下，经过浙江大学朱国辉教授等的卓越工作，1996 年 8 月，绕带式压力容器经过五个层次的专家审查，已被列入美国 ASME（American Society of Mechanical Engineering）压力容器规范第八篇，Division1，编号为 Case2229[3]。1997 年 10 月又被列入 Division2，编号为 Case2269[4]。这表明了绕带容器具有广阔的发展前景。为了引导规范使用者更好地应用 ASME 规范中有关绕带压力容器的设计规定，本文主要对 Case2229 和 Case2269 的强度设计作一分析研究。

1　Case2229 和 Case2269 的强度计算与校核内容

Case2229 和 Case2269 的内容基本相同，所不同者表现在：1) 常规设计按 Case2229，且取抗拉安全系数 $n_h=3.5$，分析设计按 Case2269（其中各类应力的计算可参考文献［2］），且取抗拉安全系数 $n_h=3.0$；2) 筒体组合应力计算略有不同，见以下式 (1) 和式 (2)。

筒体组合应力：

Case2229 规定为
$$\sigma_C = \frac{PR_i}{R_o-R_i} + 0.6P \leqslant S_E \tag{1}$$

Case2269 规定为
$$\sigma_C = \frac{PR_i}{R_o-R_i} + 0.5P \leqslant S_E \tag{2}$$

内筒环向应力：
$$\sigma_{IC} = \frac{PR_i^2(R_o^2+R_i^2)}{R_m^2(R_o^2-R_i^2)} \tag{3}$$

---

❶ 朱瑞林等．科技通报．1999，15(3)．199-203．

内筒轴向应力： $\sigma_{IL} = \dfrac{PR_i^2}{(R_j^2 - R_i^2) + (R_o^2 - R_j^2)\sin^2\alpha}$ (4)

内筒径向应力： $\sigma_{IR} = \dfrac{PR_i^2(R_o^2 - R_m^2)}{R_m^2(R_o^2 - R_i^2)}$ (5)

内筒应力校核条件： $\sigma_{IC} + \sigma_{IR} \leqslant S_1$ $\sigma_{IL} + \sigma_{IR} \leqslant S_1$ (6)

钢带层应力及校核条件： $\sigma_W = \dfrac{2PR_i^2}{(R_o^2 - R_i^2)\cos^2\alpha} \leqslant S_W$ (7)

2 分析讨论

根据文献[7]，可得绕带容器的应力计算公式

钢带绕层径向应力： $\sigma_{WR} = \dfrac{P_j R_j^2}{R_o^2 - R_j^2}\left(1 - \dfrac{R_o^2}{r^2}\right)$ (8)

钢带绕层带长方向应力： $\sigma_W = \dfrac{P_j R_j^2}{(R_o^2 - R_j^2)\cos^2\alpha}\left(1 - \dfrac{R_o^2}{r^2}\right)$ (9)

内筒径向应力： $\sigma_{IR} = \dfrac{PR_i^2}{R_o^2 - R_j^2} - \dfrac{PR_i^2 R_o^2}{(R_o^2 - R_j^2)r^2}$ (10)

内筒环向应力： $\sigma_{IC} = \dfrac{PR_i^2}{R_o^2 - R_i^2} + \dfrac{PR_i^2 R_o^2}{(R_o^2 - R_j^2)r^2}$ (11)

内筒轴向应力： $\sigma_{IL} = \dfrac{PR_i^2}{R_j^2 - R_i^2 + (R_o^2 - R_j^2)(\sin^2\alpha + f\cos^2\alpha)}$ (12)

由文献[8]和[9]可知，厚壁容器的应力分布如下

环向应力： $\sigma_C = \dfrac{P}{K^2 - 1}\left(1 + \dfrac{R_o^2}{r^2}\right)$ (13)

径向应力： $\sigma_R = \dfrac{P}{K^2 - 1}\left(1 + \dfrac{R_o^2}{r^2}\right)$ (14)

轴向应力： $\sigma_L = \dfrac{P}{K^2 - 1}$ (15)

考虑到厚壁容器应力分布很不均匀，如按内壁面应力进行设计，将使容器很笨重，浪费材料，且对安全性能未必有利；若按外壁面应力进行设计，则又不能保证安全，因此采用平均应力进行设计。

环向应力为第一主应力，其积分平均值为：

$$\sigma_{C平均} = \dfrac{1}{R_o - R_i}\int_{R_i}^{R_o}\sigma_C\,dr = \dfrac{PR_i}{R_o - R_i} \quad (16)$$

径向应力为第三主应力，其积分平均值为：

$$\sigma_{R平均} = \dfrac{1}{R_o - R_i}\int_{R_i}^{R_o}\sigma_R\,dr = -\dfrac{P}{K + 1} \approx -\dfrac{P}{2} \quad (17)$$

按第三强度理论可得当量应力：

$$\sigma_{eq} = \sigma_C - \sigma_R = \frac{PR_i}{R_o - R_i} + 0.5P$$

可见Case2269中的筒体组合应力实际上相当于中径公式，而Case2229中的筒体组合应力只是根据经验而采取的一种习惯做法。

此外，由分析可知，式（3）所示的内筒环向应力相当于在式（11）中令$r = R_m$；式（5）所给的内筒径向应力相当于在式（10）中令$r = R_m$，并取绝对值，所以在式（6）所示的第三强度条件中令内筒环向应力与径向应力直接相加而不是相减；式（4）所示的内筒轴向应力相当于在式（12）中令$f = 0$而得。

可见Case2269和Case2229全面考核了绕带式压力容器的各项应力，其强度计算正是基于绕带容器的理论基础，该规范综合考虑了绕带式压力容器各参数对其强度的影响，当然规范本身并未指出对各参数进行优化组合的问题。

值得指出的是，按照该规范进行绕带压力容器的设计，在工程实际运用中有以下几点需要注意：

1）为满足Case2229(2269)的强度校核条件，即以上式（1）、（2）、（6）和（7），需要采取试凑算法，由于这些公式的复杂性，工程实际中的设计参数又千差万别，这样将影响计算效率。

2）采用试凑算法按照以上步骤进行设计计算，所得到的满足强度校核条件的解，往往可能并非最优解，而要通过手工试凑算法去找最优解，其工作量较大。

3）在将Case2229(2269)应用于工程实际时，需要根据实际情况进行设计处理，如，在满足强度校核条件的前提下，可以将δ_n和δ_d进行调整。即是说，设计时可根据实际需要，例如材料供应情况、材料的价格、制造技术情况等选择合适的设计方案。可见在工程实际中如何根据实际情况灵活应用Case2229(2269)，需要加以研究，这对于指导人们如何正确运用Case2229(2269)，充分发挥绕带容器的优势，挖掘其潜力，并为今后对该规范进行修改、完善，具有重要意义。

为了在实际应用Case2229（2269）时取得最佳效果，可以借助于最优化方法。为此，本文根据优化原理与方法[5,6]为该规范的强度设计专门编制了优化程序，其程序框图见图1。

3 示例

$\phi 1000$绕带容器，其设计参数为：设计压力$p = 22\text{MPa}$，钢带厚度$t_w = 6\text{mm}$，内筒材料为16MnR，屈服极限$S_{ny} = 310\text{MPa}$，强度极限$S_{nb} = 490\text{MPa}$，钢带材料为16Mn，屈服极限$S_{wy} = 350\text{MPa}$，强度极限$S_{wb} = 573\text{MPa}$。

根据本文所提出的优化设计方法，从满足强度要求的角度出发，有以下几种设计方案可供选择：

Case2229（Division1）：

① $\delta_n = 22\text{mm}$，$\delta_d = 108\text{mm}$，$\delta = 130\text{mm}$，$J = 0.156$，$\alpha = 26.8°$

② $\delta_n = 24\text{mm}$，$\delta_d = 96\text{mm}$，$\delta = 120\text{mm}$，$J = 0.186$，$\alpha = 27.3°$

③ $\delta_n=30$mm,$\delta_d=84$mm,$\delta=114$mm,$J=0.250$,$\alpha=24.4°$

Case2269（Division2）：

① $\delta_n=18$mm,$\delta_d=84$mm,$\delta=102$mm,$J=0.160$,$\alpha=28.87°$
② $\delta_n=20$mm,$\delta_d=84$mm,$\delta=104$mm,$J=0.176$,$\alpha=27.32°$
③ $\delta_n=24$mm,$\delta_d=72$mm,$\delta=96$mm,$J=0.234$,$\alpha=26.17°$

以上几种方案均能满足强度要求，实际设计时可根据具体情况（如材料的价格与供应情况、技术经济条件等）灵活选择，这正说明绕带容器具有设计灵活的特点。

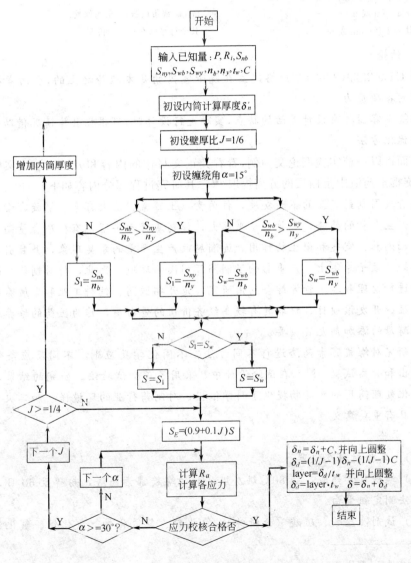

图1 优化设计框图

图1 符号说明

δ_n　内筒名义厚度(mm 或 m);
δ'_n　初设内筒计算厚度(mm 或 m);
C　壁厚附加量(mm 或 m);
J　壁厚比,$J = \dfrac{\delta_n - C}{\delta - C}$; $1/6 \leqslant J \leqslant 1/4$
α　钢带缠绕倾角(°); $15° \leqslant \alpha \leqslant 30°$
P　设计内压(MPa);
R_i　筒体内半径(mm 或 m);
R_j　内筒外半径(mm 或 m);
R_m　内筒平均半径(mm 或 m),$R_m = (R_i + R_j)/2$ (mm 或 m);
R_o　筒体外半径(mm 或 m);
R_a　钢带绕层修正半径,$R_a = R_j + (R_o - R_j)$
δ_d　钢带绕层厚度(mm 或 m);
δ　筒体名义厚度(mm 或 m); $\cos^2\alpha$ (mm 或 m)
S_1　内筒材料许用应力(MPa);
S_w　绕带材料许用应力(MPa);
S　$S = \min(S_1, S_w)$ (MPa);
S_E　$S_E = (0.9 + 0.1J)S$, (MPa);
σ_{eq}　当量应力(MPa);
f　摩擦系数;
layer　绕带层数,一般为偶数;
其余符号已在正文中说明。

4 结论

1) Case 2229(2269)是严格建立在绕带容器的基本理论之上的,全面考核了绕带容器的各项应力。

2) 绕带容器具有设计灵活的特点,实际进行设计时,可根据具体情况借助于本文提出的优化方法。

下面再以一篇实验型论文为例,看看其正文写作的内容和方法。该论文的题目是《螺旋霉素药渣中蛋白质的分离提取》❶,其研究过程部分内容如下。

随着我国制药工业的不断发展,抗菌素(土霉素、庆大霉素、螺旋霉素)生产过程中产生大量的药渣,数量也越来越大,该药渣营养丰富,有机质含量高,经堆放、日晒雨淋、空气和微生物作用,逐渐腐败产生严重的恶臭现象,并且引来了大量的苍蝇、蚊子等害虫,严重影响了制药厂周围的环境。因此,针对制药厂的抗菌素废渣进行处理和二次资源综合利用研究,是开拓医药、饲料工业和发展养殖业的可取途径。开发该项目,提取具有较高经济价值的蛋白质,作为医药的培养基和饲料蛋白酵母的添加剂尤其重要。

本研究对螺旋霉素药渣进行不同方法、不同化学反应剂、不同反应条件的水解、溶出和分离试验[1,3]。在试验设计中,采用了正交试验法。研究的结果,为以后工业化处理药厂的废弃物提供了科学依据,对制药行业的环境保护和二次资源综合利用具有重要意义。

1 实验

1.1 实验材料及仪器

(1) 螺旋霉素药渣:经80℃烘房烘24h的螺旋霉素药渣,粉碎至60目,用凯氏定氮法测定粗蛋白。

(2) 试剂:盐酸、硫酸(分析纯)、氧化钙、氢氧化钠、氯化钠、氯化钙,均

---

❶ 赵宏樵等.科技通报.1999,15(2).131-136.

为工业级。

(3) 分析试剂：均为分析纯。

(4) 酶制剂：酸性蛋白酶、中性蛋白酶、碱性蛋白酶，均为工业级。

(5) 氨基酸分析仪：贝克曼 System 6300。

1.2 实验方法

(1) 蛋白质分离提取 称取 100g 干燥的螺旋霉素药渣于反应釜中，加入一定量的自来水和反应剂，升温至规定温度，不断搅拌，反应完毕趁热过滤，滤液降温后中和，取蛋白液定氮，剩余部分进行低温抽真空浓缩至浓度为 40%，备作药物培养试验及饲料添加剂用。

(2) 蛋白质浓度测定 取中和后的蛋白液，用凯氏定氮法测定，计算蛋白质的溶出率、提取量和提取率。

(3) 氨基酸测定与比较 取 0.0200g 螺旋霉素药渣，经 6mol/L 盐酸水解，升温至 110℃，水解 24h，分离后用蒸馏水定容至 50mL，用氨基酸分析仪测定，测定结果与胶原蛋白[4]、进口鱼粉进行比较（表1）。表1说明螺旋霉素药渣中人体必需氨基酸组分普遍高于胶原水解蛋白，而胱氨酸的量比鱼粉中的含量要小得多，其他组分都比较相近。所以，螺旋霉素药渣不仅可以用来作禽畜、鱼类及虾类的配合饲料蛋白添加剂，而且经过水解分离后的蛋白液，可用作药物培养基，具有较高的经济价值。

表 1 氨基酸分析结果与比较

氨基酸组分	螺旋霉素药渣/%	胶原子解蛋白含量/%	进口秘鲁鱼粉/%
天门冬氨酸（ASP）	3.133	8.201	—
苏氨酸（THR）	1.308	1.214	2.730
丝氨酸（SER）	1.689	3.386	2.590
谷氨酸（GLU）	7.573	10.050	
甘氨酸（GLY）	5.288	20.227	4.330
丙氨酸（ALA）	10.255	8.570	
胱氨酸（CYS）		—	0.650
缬氨酸（VAL）	3.695	1.662	3.230
蛋氨酸（MET）	0.564	0.483	1.890
异亮氨酸（ILE）	1.431	1.111	2.610
亮氨酸（LEU）	3.493	2.755	4.930
酪氨酸（TYR）	1.356	0.334	—
苯丙氨酸（PHE）	1.708	1.674	
氨（NH_3）	1.281	—	
组氨酸（HIS）	0.525	0.592	
精氨酸（ARG）	1.015	6.893	3.880
赖氨酸（LYS）	1.780	3.425	4.930
脯氨酸（PRO）	1.728	12.511	2.830

(4) 正交试验 选用 $L_9(3^4)$ 正交设计进行试验。各因子的取值范围见表2。

表2　各因子取值范围

试验方法	因子			
	A(pH或C)	B[t/℃]	C[t/h]	D[S:L(W/V)]
碱法反应剂	9～11	25～75	3～9	1:3～1:9
酸法反应剂	1～3	25～75	3～9	1:3～1:9
盐法反应剂	0.2～0.6	25～75	3～9	1:3～1:9
酶法反应剂	1.5～4.5	25～45	3～9	1:3～1:9

2　结果与讨论

2.1　碱水解溶出分离法

碱水解溶出分离法主要采用氢氧化钠、氧化钙、碳酸钠作为化学反应剂[5]，进行不同pH、反应温度、反应时间、固液比的试验。试验结果如图1所示。

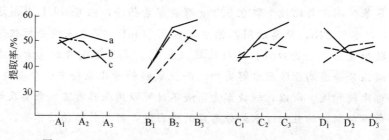

图1　NaOH(a)、CaO(b)、Na_2CO_3(c)对蛋白质提取率的影响

（1）氢氧化钠　用该反应剂水解蛋白质溶出率为20～104.88g/L，蛋白质的提取量为15.76～31.46g/100g，提取率占粗蛋白总量的35.00%～69.91%，平均提取率为52.46%。根据正交试验综合比较及直观分析，如图1(a)所示，选择正交设计试验结果计算的最佳条件：pH为10，反应温度为75℃，反应时间为9h，固液比为1:3，影响蛋白质提取的因素顺序为反应温度、反应时间、固液比和pH。

（2）氧化钙　用该反应剂水解蛋白质溶出率为20.1～88.7g/L，蛋白质提取量为11.96～29.66g/100g，提取率占粗蛋白总量的26.58%～65.91%，平均提取率为46.65%。根据正交试验综合比较和直观分析，如图1(b)，选择氧化钙反应剂水解、溶出、分离提取的正交设计试验结果计算的最佳条件：pH为9，反应温度为75℃，反应时间为6h，固液比为1:3。影响蛋白质提取率的因子顺序为反应温度、反应pH、反应时间和固液比。

（3）碳酸钠　用此反应剂水解蛋白质溶出率为20.1～88.7g/L，蛋白质提取量为16.54～28.33g/100g，提取率占粗蛋白总量的36.6%～59.3%，平均提取率为48.32%。根据正交试验综合比较和直观分析，如图1(c)，选择碳酸钠水解、分离提取的正交设计试验计算结果的最佳条件：pH为9，反应温度为50℃，反应时间为9h，固液比为1:9。影响蛋白质提取率的因子顺序为反应温度、反应pH、反应时间和固液化。

2.2 酸水解溶出分离法

酸水解采用盐酸、硫酸与碱法水解溶出分离相同的四个因子。因此，在实验时，仍按四因子三水平进行设计和实验。试验结果如图 2 所示。

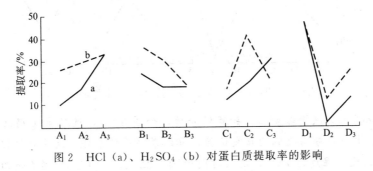

图 2　HCl（a）、H_2SO_4（b）对蛋白质提取率的影响

（1）盐酸　用该反应剂蛋白质溶出率为 0.0～82.0g/L，蛋白质提取量为 0.0～24.6g/100g，蛋白质提取率占粗蛋白总量的 0.0～54.7%，蛋白质平均提取率为 19.8%。根据正交试验综合比较和直观分析，如图 2(a) 所示，选择盐酸反应剂对蛋白质水解、分离、提取的适宜条件为：pH 为 3，反应温度为 25℃，反应时间为 9h，固液比为 1∶3。影响蛋白质提取率的因子顺序为：固液比、反应 pH、反应时间和反应温度。

（2）硫酸　用此反应剂蛋白质的溶出率为 0.02～83.3g/L，蛋白质提取量为 0.002～25.0g/100g，蛋白质提取率占粗蛋白总量的 0.05%～55.5%，平均提取率为 28.52%。根据正交试验综合比较和直观分析，如图 2(b)，选择硫酸对螺旋霉素药渣中蛋白质水解、溶出、分离提取的正交试验计算结果的最佳条件为：反应 pH 为 3，反应温度为 25℃，反应时间为 6h，固液比为 1∶3。影响蛋白质提取率的因子顺序为：固液比、反应时间、反应温度和反应 pH。

2.3 盐溶水解分离提取法

穆里等人提出了一种不使用酸和碱进行分离的方法[6]，并创造一个离子环境，提高蛋白质的溶解度，然后降低离子强度，使蛋白质沉淀。本试验所用的反应剂为氯化物。为了减少试验次数和时间，采用具有代表性的氯化钠和氯化钙作为盐溶、水解、分离提取的反应剂。同时，采用了正交试验设计，试验结果如图 3 所示。

（1）氯化钠　采用氯化钠作反应剂，蛋白质的溶出率为 0.3～82.5g/L，蛋白质的提取量为 0.1～24.8g/100g，蛋白质提取率占总蛋白量的 0.3%～55.0%，蛋白质的平均提取率为 25.38%。根据正交试验综合比较和直观分析，如图 3(a)，选择氯化钠对螺旋霉素药渣中蛋白水解、分离提取的正交试验计算结果的最佳条件：反应时的浓度为 0.6mol/L，反应温度为 25℃，反应时间为 3h，固液比为 1∶3。影响蛋白质提取率的因子顺序为：反应温度、固液化、反应时间和盐浓度。

（2）氯化钙　用此反应剂，蛋白质溶出率为 0.3～81.6g/L，蛋白质提取量为 0.2～24.5g/100g，蛋白质提取率为 0.2%～54.4%，蛋白质的平均提取率为

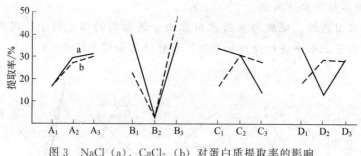

图 3　NaCl（a）、$CaCl_2$（b）对蛋白质提取率的影响

25.8%。根据正交试验综合比较和直观分析，如图 3(b)，选择氯化钙反应剂对螺旋霉素药渣中蛋白分离提取的正交试验计算结果的最佳条件：反应时氯化钙浓度为 0.6mol/L，反应温度为 75℃，反应时间为 6h，固液比为 1∶6。影响蛋白质提取率的因子顺序为：反应温度、反应时间、反应剂浓度和固液比。

2.4　蛋白酶水解溶出分离法

采用酸性蛋白酶、中性蛋白酶和碱性蛋白酶作为反应剂，进行不同浓度、不同反应温度、反应时间和固液比的试验。同时采用正交设计试验法。试验结果如图 4 所示。

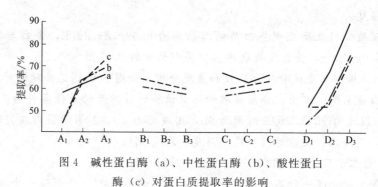

图 4　碱性蛋白酶（a）、中性蛋白酶（b）、酸性蛋白酶（c）对蛋白质提取率的影响

（1）碱性蛋白酶　采用碱性蛋白酶作反应剂，蛋白质溶出率为 35～87.2g/L，蛋白质的提取量为 19.3～42.4g/100g，蛋白质提取率占粗蛋白总量的 42.8%～93.9%，蛋白质的平均提取率为 64.65%。根据正交试验综合比较和直观分析，如图 4(a)，折中条件为：碱性蛋白酶浓度为 4.5%，反应温度为 25℃，反应时间为 3h，固液比为 1∶9。影响蛋白质提取率的因子顺序为：固液比、酶的浓度、反应时间和反应温度。

（2）中性蛋白酶　采用中性蛋白酶为反应剂，蛋白质溶出率为 31.2～88.2g/L，蛋白质提取量为 18.8～38.4g/100g，蛋白质提取率占药渣粗蛋白总量的 44.1%～84.9%，蛋白质的平均提取率为 58.95%。根据正交试验综合比较和直观分析，如图 4(b)，计算结果的折中条件为：中性蛋白酶浓度为 4.5%，反应温度为 25℃，反应时间为1h，固液比为1∶9。影响蛋白质提取率的因子顺序为：反应剂酶浓度、固液比、反应温度和反应时间。

（3）酸性蛋白酶　采用酸性蛋白酶作反应剂，蛋白质溶出率为35.3～77.9g/L，蛋白质提取量为16.9～38.9g/100g，蛋白质提取率占粗蛋白总量的37.3%～86.1%，蛋白质平均提取率为58.72%。根据正交试验综合比较和直观分析，如图4（c），选择酸性蛋白酶的浓度为4.5%，反应温度为25℃，反应时间为1h，固液比为1∶9。影响蛋白质的因子顺序为：固液比、反应剂酶浓度、反应温度和反应时间。

3　结论

（1）为了开拓蛋白资源，对螺旋霉素药渣进行了四种方法、十种不同反应剂的水解、溶出和分离的试验研究和摸索。

（2）四种方法的蛋白质平均提取顺序是：蛋白酶法优于碱法、酸法和盐法，而十种反应剂的蛋白质提取率顺序是：碱性蛋白酶＞中性蛋白酶＞酸性蛋白酶＞$NaOH$＞Na_2CO_3＞CaO＞H_2SO_4＞$CaCl_2$＞$NaCl$＞HCl。

（3）从原料成本角度分析，十种不同反应剂价格相差较大，大小顺序为：粗品蛋白酶＞$NaOH$＞Na_2CO_3＞$CaCl_2$＞$NaCl$＞H_2SO_4＞HCl＞CaO。而从能源角度进行分析，酶法中的蛋白酶对蛋白质分离提取所消耗的能源要远小于其他方法中反应剂，并且大幅度缩短反应时间。所以，采用酶法水解、分离、提取蛋白质，选择生物酶是关键。因为，酶具有相对的专一性。酶的加入量应根据实验探索，尽可能降低原料成本，提高经济效益。

（4）螺旋霉素药渣中蛋白质分离提取试验，本文选用的方法是可行的，其溶出量和提取率都比较理想，达到了预期设计试验要求，初试中提取的蛋白液基本符合药物培养基和饲料添加剂的技术参数，但有待于进一步作药理培养和毒性喂养试验的研究。

现在，讨论一下科技论文正文部分的写作特点和要求。

前面已经多次提及，按照科技论文的内容和研究主题的不同，可分为理论型、实验型和描述型等。但从上面所列举的例子来看，论文正文部分的论述方式大致只有两种。一种是以理论研究为主体；另一种是以实际的、现实的事实为主体。前者在理论阐述时要注重逻辑推理，辅以证明、验证；后者在阐述中要着重事实依据的描述，但又不仅仅停留在事实的罗列，更要透过现象以提示其本质，从感性认识提高到理性上来。因此，一篇好的论文，要注意两者间的相辅相成、互为补充。理论来源于实践，需要实践的验证；实践要上升为理论，才能成为科学。科学的实践，无论是观察、调查、实验，还是查阅文献，最后都要得出科学的结论。

理论型论文中的理论阐述亦称基本原理。它包括论证的理论依据，对其所作的假设与合理性进行的论证，对于分析方法所作的说明。在写作中，应注意区别，哪些是已知的；哪些是作者第一次提出的；哪些是经过自己改进的；在计算方法上哪些应用了已有的分析方法。这些都应详细加以说明。

概括起来，理论阐述的要点是：假说；前提条件；分析的对象；适用的理论；分析的方法；计算的过程；导出的结论等。

对于以事实为依据的科技论文来说，其阐述的主要内容是论述观察与调查以及实验。

观察与调查 包括的主要内容是：方法，观察或调查的目的、时间、地点、方式、方法；结果，对得到的资料、数据、图表、照片等加以记录；讨论，对结果的分析、理解、认识，解决了什么问题，有何科学价值，尚存在什么问题，前景预测。

实验 包括的主要内容如下。

① 实验用原料、材料 实验所用的原料、材料、样品、添加物和试剂等，选其中主要的在论文中一一说明。叙述时，应该以提供读者在重复验证时具有必要而充分的信息为原则。

② 实验部分 必须特别注意实验的设计。用最少的实验次数获得最优的实验参数组合。如果用未经设计筹划的大量经验性实验以掩饰其理论分析能力的不足，是不合理、不科学的。必须用大量生产数据进行统计分析。

在这里，要求列出实验所用的设备仪器以及操作过程，并说明研究过程中条件实验的变化因素及其考虑的依据和设想等。不要把论文写成实验报告。一定要叙述主要的、关键的、非一般常用的、不同于一般同类型的实验设备和仪器。凡属于通用的、标准的和常见的设备和仪器，只需提供型号、规格、主要性能指标。如系沿用前人用过的设备，只需引出文献。属于自己设计制造或改装的设备仪器，只需比较详细地说明其特点，提供可达到的准确性和精度，必要时可附构造示意图或流程图，以节省文字叙述。

5.7.3 实验结果和讨论

这一部分是论文的核心，全文的一切结论由此得出，一切议论由此引发，一切推理由此导出。

在这部分里，列出实验数据和观察所得，并对实验误差加以分析和讨论，运用数理统计等对实验数据和结果进行必要的处理。有时需要对数据进行换算，但不要列出全部运算过程。实验数据需要整理，决不要成为全部实验数据的堆积。应该强调，必须做到科学地、准确地表达必要的实验结果，扬弃不必要的部分。

在上述内容的表述中，为了达到言简意赅的效果，通常用表格、图示、照片等表达实验数据或观察记录。列入文中的表、图和照片需要是经过精心挑选的，说明问题所最必要的，不要将作者实验所得的全部都收编入论文。由于图便于显示变化的规律性和对不同变化条件进行相互对比，而且非常直观，所以在表达实验结果时应尽量用图,而不用表格或少用表格。只有对那些必须列出具体数据的准确数字,或数据不够多不便于绘图,或变化复杂不易用简单的图显示,以及作者认为不能用图表示的实验结果,才列成表格;同时要尽量少用照片。

5.7.4 实验描述的微视频示范

科技论文中对有关实验操作部分中某些环节的描述要力求准确,以方便后续者能参照该过程得以重复、验证、推广、使用。而读者更渴望的是观摩到实验过程的情景或过程。因此,许多论文中列出了实物的照片、图示等。随着科技的进步,自 20 世纪 90 年代,电子出版物如录像、录音带及激光碟片(光盘)问世,它们甚至成为了特殊出版物的一部分。以后,数码技术又催生了移动硬盘和 U 盘的普及,大大地推动了真实生动且记录着彩色并伴有音响的产品进入现实生活,使得记录实验的方法乃至文化产品的推广,得到了新的飞跃和提升。今日,通过在纸质出版物中嵌入二维码,读者使用智能手机便能观看记录实验过程的微视频,实现了现代出版物的多媒体化。

二维码(2-dimensional bar code)是一种能存储信息的特定格式图片,又称二维条码,它以某种特定的几何图形按照其特定规律在平面(即二维方向上)分布的黑白相间的图形上记录数据符号信息,呈正方形,只有黑白两色。

目前,国际上常用的二维码有几十种之多,如有:Data Matrix、Maxi Code、Aztec、QR Code、Vericode、PDF417、Ultracode、Code 49、Code 16K 等。现在流行的是 QR 码。

Data Matrix　　Maxi Code　　Aztec Code　　QR Code　　Vericode

PDF417　　Ultracode　　Code 49　　Code 16K

QR(英文 Quick Response 的缩写)码是 1994 年由日本 Denso-Wave 公司发明的,意为快速反应,发明者期望 QR 码可让其内容快速被解码,是目前日本最流行的二维空间条码,常见于日本、韩国等。

二维码的使用将给出版物带来一次革命,对阅读者来说,它使阅读不再局限于印刷品,使信息从印刷品上得到延伸;对出版发行者来说,它让出版物站在了互联网的统一面,提升了竞争力,使读者更充分地享受互联网所带来的益处。在此,介绍一篇有二维码的论文如下。

编写有微视频力学教材的过程和体会

庄表中*,1)　王惠明*　马景槐†　李振华*　魏佳**

*(浙江大学航空航天学院, 杭州 310027)

†(江苏理工学院材料工程学院, 江苏常州 213001)

**(防灾科技学院防灾工程系, 河北三河 065201)

摘要 由高等教育出版社于 2015 年出版的《工程力学的应用、演示和实验》是一本"新形态"教材. "新形态"是指纸质教材与数字课程一体化, 书中有同类教材所没有的新概念、新技术与装置、新实例, 而且给不易用文字表述或因篇幅所限无法纳入书本的重要内容, 配置二维码, 让读者可以用智能手机"扫一扫"观看基础力学知识在重大工程、高端产品中应用的微视频, 使知识在学习过程中看得见、又摸得着, 让学生在体会到基础力学知识非常有用的同时也能感受到创新就在身边等.

关键词 理论力学, 材料力学, 工程力学实验, 二维码, 实验报告, 新形态教材

中图分类号: O31, O39　文献标识码: A

doi: 10.6052/1000-0879-15-187

引言

读书就一定要有书 (教材), 教材必须与时俱进, 应该不断地把科技发展的一些相关新内容引入教材, 有助于培养卓越工程师等拔尖人才和实现万众创新.

回顾历史, 表述学习的工具和收集资源的方式在不断更新. 20 世纪 80 年代之前主要靠印刷的纸质书本和各种期刊, 一般是由作者提供精心完成的图文并茂形式的稿件, 编辑出版部门完成稿件修改后再用铅字排版, 同时对图片进行拍照、蚀刻、制成铅制的印章, 然后将这些图嵌入到合适位置, 再打样及几次校样后, 才可以上印刷机一大张地印刷, 之后再折叠、装订、切边成册.

20 世纪 90 年代, 音响制品、录相技术问世后,

开始有电子出版物, 先后有录相带、录音带, 之后又前进一大步出现激光碟片 (也称光盘). 数码技术出现又催生了优盘和移动硬盘, 这样, 播放器或电脑就可以生动地传播知识、并且是五彩的、动态的.

进入创新期 21 世纪的结构调整和转型升级年代, 网络技术的高速发展, 音像、图片、模拟动画、微视频等也可以应用于出版物上实现一体化设计, 称为"新形态"教材, 即在纸质教材中嵌入二维码 (如图 1(a), 图 1(b)), 读者用智能手机 (也可以用装摄像头的电脑), 通过点击微信 → 发现 → 扫一扫 → 点击看到微视频, 即可见用文字不易叙述清楚的资料, 用色彩、声音或动画 (或瞬时) 等形式传播知识. 还可以从与本书配套的数字课程资源 (发布在高等教育出版社课程网站), 登录网站后根据小狗图标 (见图 1(c)) 可以"一对多"地找到更多的学习内容, 从而实现教材的多媒体化[1].

配视频前-6　　配视频前-8　　实例素材:
低速、低空飞　智能的试件量　相关概念的其
行器与动量矩　测系统　　　他视频和图片
偶　　　　　　　　　　　　等资源.

(a)　　　　　(b)　　　　　(c)

图 1

本文于 2015-07-06 收到.

1) E-mail: bzzhuang@aliyun.com

引用格式: 庄表中, 王惠明, 马景槐等. 编写有微视频力学教材的过程和体会. 力学与实践, 2016, 38(1): 72-74

Zhuang Biaozhong, Wang Huiming, Ma Jinghuai, et al. The development of a teaching kit for mechanics with microvideos. Mechanics in Engineering, 2016, 38(1): 72-74

1 有微视频力学教材电子稿的编制过程

(1) 第一步，要抓住各种契机收集素材

理论力学和材料力学两门课程都是技术基础课，在重大工程和中、高端产品中均有应用，抓住各种契机（如：电视上的科技报导；试验场所的各种装置和实验过程；创新产品的研制和使用；网上等），随时用数码摄相机拍取视频并进行剪切和配音，这是一个常态化的工作，是重要资源的收集工作，资料足够多，才可供选择。

(2) 第二步，把要写的教材按主题和基本目录开始编写

首先继承现有的精品教材[2-5]，进行与时俱进地修改、补充和升级，编写方法与传统的一样。为了实现"新形态"，在编著过程中应在合适位置上标出图形记号或二维码图标等，底部注上编号与内容，如图1所示。

(3) 第三步，专门制作与书稿各章对应的PPT光盘

我们编制的PPT有16G，每章每节的编号与书稿上对应，这些图、彩照和视频可以让网络部门的排版者在数字平台上进行组合，把每个特定的二维码放入书稿。这样，编辑者就可以进行整理、修饰和进一步地排版，就成为"新形态"教材的电子稿。之后，进入全自动印刷机，输出就是装订成册的书本了。

2 用二维码看微视频的实例

以下是书中一些代表性的实例，见图2，逐个地扫一扫二维码，让您感受"新形态"教材的魅力，体会互联网+教材的新颖和时尚。

3 本书的特色

本书的特色是"新"，与现有教材相比有：

(1) 新概念。如：变长度可控二力杆件，随意平衡，桁架中的桁架，相位差与滞后时间，动量偶，动量矩偶，一个半自由度，负泊松比，累积损伤等概念，强度与刚度的反问题等。

(2) 新技术与新装置。如：悬吊、数码相机与CAD (computer aided design) 技术三结合求重心，动刚度试验，数字、记忆、储存、识别、分析系统求不可见轴产品的转速，动滑动摩擦因数测试与光电门的应用，纳米压痕测材料硬度、弹性模量和断裂韧性等，智能的试件尺寸量测系统，微秒计及应用，调谐减振试验系统，电阻应变片应用于各种传感器，元件、产品的各种(拉、压、扭、冲、疲劳)力学特

配图片1-10
皮星级卫星测转动惯量

配视频1-19
理论力学多功能实验台

配视频2-2
拖把操作

配视频3-11
鞋套机使用过程

配视频4-4
串接电机转子进行动不平衡试验

配视频5-4
ZME-ⅡA型的实验方法

配视频5-13
用数字记忆示波器分析信号

配视频6-3
输电线模型自激振动实验

配视频7-11
动刚度试验机测试减振垫特性

配视频8-2
大巴与高铁车厢玻璃需标出易击碎点

配视频8-15
橡胶的力学性能测试

配视频9-4
防灾科技学院材料力学拉压试验

配视频9-39
冲击试验机

配视频9-33
铸铁试件扭转过程

配视频8-17
隔震支座特性测试

配视频9-48
各种材料疲劳试验机和产品疲劳试验机

配视频10-10
弯曲与扭转组合的应力测试

配视频11-7
杭州湾大桥上梁的安装过程

图2

性试验，多种环境振动与可靠性、实用性试验装置

等.

(3) 新实例. 如: 高铁输电系统中的静力平衡实例, 气弹簧在随意平衡系统中的应用, 开窗与储物床四连杆机构, 体育用品中的力学分析与测试并应用于产品性能升级, 将切变模量 G 比压缩模量 E 小得多的特性应用于高铁轨道减振器和高级运动鞋, 动量矩定理在飞行器中的应用包括姿态控制, 若干力学概念和原理在魔术中的应用等.

书中有理论力学演示 38 个, 理论力学实验 11 个, 材料力学演示 3 个, 材料力学实验 10 个, 动画和视频 366 个.

4 这种书适用的读者广泛

(1) 对大学生或研究生

基础力学中许多概念与原理是抽象的, 无法直接看到、感觉到或接触到.

本书提供的实验内容、方法和技能, 既有文字的介绍, 也有看得见、在动的或应用的视频, 使概念容易接受且效率高和效果好. 这些感知的素材既验证了相关的力学理论, 又启示许多科学方法的新应用技巧, 多思、多用、多练可体会到各行各业中都有广阔的创新空间.

(2) 对教师

本书提供了许多以前没有的力学新概念、新试验和与时俱进的应用实例, 教师可把动画和视频下载应用到自己的教学课件中, 使课堂教学更加生动, 与仅用语言讲课相比可明显提高教学效果.

(3) 对工程师、科技人员和企业家

本书适当地引入了研究工作, 再结合相关的网络新内容和新动向, 让他们在重温大学课程知识的同时提高对力学概念的更深入理解, 启示新产品的开发和研制.

现在正是鼓励大众创业和万众创新的热潮, 此书会提供更多的信息, 让基础力学在衣、食、住、行、娱乐、体育、生产、生活、教育、科研等各个领域, 启示人们创业、创新. 本书附参考文献 71 篇, 可供读者查找原始的科研成果和研究、实验方法.

参 考 文 献

1 庄表中, 王惠明, 马景槐等. 工程力学的应用、演示和实验. 北京: 高等教育出版社, 2015
2 庄表中, 王惠明. 应用理论力学实验. 北京: 高等教育出版社, 2009
3 刘鸿文, 吕荣坤. 材料力学实验. 北京: 高等教育出版社, 2006
4 刘延柱. 趣味刚体动力学. 北京: 高等教育出版社, 2008
5 庄表中, 李欣业, 徐铭陶. 工程动力学——振动与控制 (DVD). 北京: 机械工业出版社, 2010

(责任编辑: 胡 漫)

5.8 结论

结论本应该是论文正文的组成部分, 但由于其重要性特别突出, 且其文字短而简明, 内容上又有自己的相对独立性, 因此, 也可把它看成是科技论文构成的一个组成项目.

结论是论文要点的归纳和提高, 因此结论既不是观察和实验的结果, 也不是正文讨论部分的各种意见的简单合并和重复. 只有那些经过充分论证, 能断定无误的观点, 才能写入结论中. 如果研究工作尚不能导出结论时, 不要写入结论.

结论是整个研究过程的结晶, 是全篇论文的精髓. 结论写作要十分严谨. 结论的语句应像法律条文那样, 严谨而可靠, 不能有第二种解释. 不要用 "大概"、"可能" 一类的模糊性词语. 解决了什么问题, 得出了什么规律, 存在什么问题, 应该是非分明地作出回答. 写结论时, 对结论的结果应进一步思考, 使认识深化; 可以用别人已有的结论、方法作进一步验证和比较; 要防止由于主观片面而作出绝对肯定或绝对否定的结论; 结论可以引用一些关键的数字, 但不宜过多; 不要在结论中重复讨论的细节, 不要评述有争议的各种观点.

在结论的撰写中，应该注意以下三点。

(1) 精练准确

结论要写得精练、完整、准确。内容较多的论文，可以将结论要点一一列出，其结论可以按研究结果的重要性依次排列，分项写出序号进行叙述。每项自成一段，几句甚至一句均可，切忌烦琐、冗长。不必写"才疏学浅、水平有限"等客套话，亦不必写达到了"国内先进水平"或"世界先进水平"等自我评价的言语。结论部分有时还包括作者的建议，例如，下一步研究工作的设想，仪器设备将如何改进，遗留什么问题尚待解决等。

(2) 总结提高

结论的内容不仅仅是作者对实验结果和观察所得的各种数据材料，是经过去粗取精、由表及里的处理和综合分析后，提炼出典型的论据，构成若干概念和判断，而且是经过逻辑推理后形成的最终的、总体的论点，并作出的恰当的评价。因此，结论使研究由感性认识上升到理性认识。它以正文的论述为基础，但较正文的表述更精练、更集中、更典型、更有价值。

(3) 前后呼应

在一些科技论文中，存在着开头讲一码事，收尾讲另一码事的现象，缺乏前后呼应。如在引言中提出了论文的主旨和目的，但却未在结语（或结论）中说明目的的实现的情况，得出了什么规律，解决了哪些理论的和实际的问题；在引言中谈到历史背景和前人的工作，但在结语（或结论）中却未说明对前人或他人有关问题做了哪些检验，哪些与本文研究结果一致，哪些不一致，作者做了哪些修改、补充、发展、证实或否定，还有哪些未解决的遗留问题等。因此，科技论文的写作也不妨学一下文学作品讲究首尾呼应的技巧。

5.9 附录

附录是论文内容的组成部分之一，是正文的注译和补充。但在期刊上发表的论文，在最后有附录的并不常见。也就是说，附录并非是科技论文构成的必需部分。应该说，可要可不要的附录以不列出为宜，在合适处作简短的相关说明即可。但在一些完整的、篇幅庞大、相关符号等较多的学位论文中，应列出附录。

所谓附录，是指论文中不便收录的研究资料、数据图表、修订说明及译名对照表等，可作为附件附于文末，以供读者查考和参阅。

附录主要内容有：不同专业常用术语的缩写，度量衡单位符号，数理化及生物等学科中使用的各种符号，化合物及仪器设备代号，实验测得的原始重要数据，有代表性的计算实例的有关数据、图谱等资料，重要的公式推导、计算框图，主要设备的技术性能，建议阅读的参考文献题录以及不便于写入正文又与正文十分密切的有重要参考价值的材料等。其作用是给同行提供有启发性的专业知识，帮助一般读者更好地掌握和理解正文内容。

归纳起来，下列内容可以作为作为附录编于报告、论文后。

① 为了整篇报告、论文材料的完整，但编入正文又有损于编排的条理和逻辑性。这一类材料包括比正文更为详尽的信息、研究方法和技术更深入的叙述，建议可以阅读的参考文献题录，对了解正文内容有用的补充信息等。

② 由于篇幅过大或取材于复制品而不便于编入正文的材料。

③ 不便于编入正文的罕见珍贵资料。

④ 对一般读者并非必要阅读，但对本专业同行却有参考价值的资料。

⑤ 某些重要的原始数据、数学推导、计算程序、框图、结构图、注释、统计表、计算机打印输出件等。

附录与正文连续编制页码。每一附录的各种序号的编排必须科学、合理。

每一附录均另页起。如报告、论文分装几册，凡属于某一册的附录，应置于该册正文之后。

对于大型的论文报告集，附录部分内容庞大时，也可另编成册。

5.10 致谢

5.10.1 致谢的要点

一部科技论著的完成，必然要得到多方面的帮助。对于在工作中给予帮助的人员（如参加过部分工作、承担过某些任务、提出过有益的建议或给予过某些指导的同志与集体等），应在文章的开始或结尾部分书面致谢。

致谢针对的是提供实质性帮助和做出过贡献的单位和个人。例如参加过部分工作，承担过某项测试任务，对工作提出过技术协助或有益建议，指导过某部分工作，提供过费用、实验材料、试样、加工样品，论文采用的数据、照片、图表，借用过主要仪器、设备，帮助绘制插图、统计等协作单位和个人，可分别表示感谢。在致谢一节中对被感谢者可以直书其姓名，也可加上教授、高级工程师、研究员、博士等专业技术职务（职称），以示尊敬。

致谢的言辞应该恳切，实事求是，而不是单纯的客套。在致谢中避免滥用感谢而拉关系、有意"攀附名流"。

5.10.2 致谢对象

在研究工作和撰写论文的过程中，在得到他人帮助后，应表示对他人的尊重和谢意，应在论文后面致谢。

那么，怎样把握感谢的对象呢？在国家标准局公布的GB 7713—87《科学技术报告、学位论文和学术论文的编写格式》中明文规定，下列五种情况者可以在正文后致谢：

① 国家科学基金、资助研究工作的奖学金基金、合同单位、资助或支持的企业、组织或个人；

② 协助完成研究工作和提供便利条件的组织或个人；

③ 在研究工作中提出建议和提供帮助的人；

④ 给予转载和引用权的资料、图片、文献、研究思想和设想的所有者；

⑤ 其他应感谢的组织或个人。

归纳起来，感谢对象主要有两类。一类是在经费上给予支持的；另一类是在技术上、方法上、条件、资料、信息等工作方面给予支持帮助的。除此之外不在致谢之列。例如，在感情上给予关心、在生活上给予帮助、在精神上给予支持者，均不在致谢之列内。

有许多致谢写得简短、中肯而实事求是，是很不错的。例如：The author is indebted to Dr. Male for suggesting the use of the method of Regression Equation to simplify the proof and to the MEC LTD for finacial support. （本文作者感谢孟耳博士，由于他建议使用回归方程的方法，简化了证明，感谢MEC有限公司在经费上的支持。）

当然，以上是科技论文后所附致谢的惯用方法。倘若是学位论文，由于其篇幅巨大，洋洋数百页，工作系统且创新性强，包含着完成论文过程中所付出的尽人皆知的艰辛。在这样的情况下，致谢中对于导师的感激，或是对父母、学长在完成工作过程中给予的支持，或是对年轻夫妻一方身负家庭重担，全力以赴支持对方顺利完成学业，便情不自禁地在致谢中动之以情，对感情上、生活上给予支持者致以敬意，表达在完成学业、授予学位之日，犹如昔时金榜题名之时，在这样的论文致谢中，可不强调删去感情方面的谢词，但宜实、宜简练，切忌以此来渲染自己的荣耀。

5.11 参考文献

5.11.1 概述

首先，应解释一下什么叫参考文献？

按照国家标准局1987年发布的《中华人民共和国国家标准GB 7714—2005

〈文后参考文献著录规则〉》，关于名词、术语一节所作的定义称：文后参考文献（简称参考文献）是指为撰写（或编辑）论著而引用的有关图书资料。

非科技人员，特别是某些社会科学工作者，常会对所用"文献"二字不解，认为自古以来只有文史巨著才谓之文献，例如马列文献等。其实，文献一词原为"有关典章制度的文字资料"之意，后专指有历史价值或参考价值的图书资料。如元代杨维桢《送僧归日本》诗云"我欲东夷访文献，归来中土校全经"；鲁迅在《书信集·致曹白》中"不过这原是一点文献，并非入门书"；徐迟的《哥德巴赫猜想》"由于这些研究员的坚持，数学研究所继续订购世界各国的文献资料"等。因此，参考文献是引证的图书资料的惯用词，不必存在把普通资料称作文献有自我拔高的顾虑。

科学有继承性，研究成果绝大部分是前人工作的开展和继续，所以学术论文必然要引用参考文献。

学术论文后需要列出参考文献，其主要目的是：一为反映出真实的科学依据，便于查阅原始资料中的有关内容；二是体现严肃的科学态度，分清是自己的观点或成果还是别人的观点或成果，以对前人的科学成果表示尊重；三是有利于缩短论文的篇幅，并表明论文的科学依据。上面已经提及，我国国家标准局已发布 GB 7714—87《文后参考文献著录规则》，但是由于科技的发展，特别是随着电子文书的快速普及，2005 年 3 月 23 日，国家质量监督检验检疫总局和中国标准化管委会又发布了 GB/T 7714—2005《文后参考文献著录规则》，代替 GB/T 7714—1987。这一标准非等效采用了国际标准 ISO 690 和 TSO 690-2，规定了各个学科、各种类型出版物的文后参考文献的著录项目、著录顺序、著录用的符号、各个著录项目的著录方法以及参考文献在正文中的标注法。这是一个专供著者和编辑用于著录文后参考文献的国家标准。由于很多作者不了解、不熟悉 GB/T 7714—2005，往往导致文后参考文献著录和文中引用参考文献的不规范性，如缺少著录项目、颠倒著录顺序、文中不按照文后参考文献著录顺序引用等。为避免出现此类问题，应参照 GB/T 7714—2005 中的有关规定，统一参考文献的著录规则。

新标准与旧标准相比较，主要的修改之处在于：

第一，依据 ISO-2：1997《信息与文献 参考文献 第 2 部分：电子文献部分》增加了电子文献的著录规则。

第二，明确规定著录用符号为前置符，规范了标志符号的使用方法。

第三，解决了多次引用同一作者的同一文献的著录问题，规定了著录方法，即引文页码放在正文中，文献表中不再重复著录页码。

第四，删去了专著和连续出版物中选择性项目文献数量、丛编项、附注项、文献标准编号。

第五，不要求著录主要责任者的责任。

第六，对若干著录用符号做了修改，主要是：

a. 用"//"代替". 见:"或". In:";

b. 起讫页码和起讫序号间用半字线"-"代替"~";

c. 专著析出页码前用":代替.";

d. 其他题名信息如图书的副题名、卷号、册次、大学学报的"××版"等前用":";

e. 期刊的合期号间采用"/",不用"-"或",";

f. 每条参考文献的结尾可用"。";

g. 参考文献表中每条文献的序号上需加"[ ]"等。

那么,科技论著中通常引证的参考文献出自何处呢?参考文献的来源主要有两大类:一类称为常规性文献资料源,另一类则称为特殊性文献资料源。

常规性参考文献资料源主要有:

① 期刊(Journal);

② 书籍(Book);

③ 工具书(Handbook);

④ 会议录和资料汇编(Proceedings, edited-collections);

⑤ 技术报告(Technical report);

⑥ 专利(Patent);

⑦ 档案资料(Deposited document);

⑧ 学位论文(Dissertation);

⑨ 其他(Others)。

特殊性参考文献资料源主要有:

① 新闻、报刊(News & Newspaper);

② 电影、电视节目解说词(Caption in movie or television);

③ 广告(Advertisement);

④ 私人通信(Private letter);

⑤ 录音带、录像带、VCD等(Video cassette tape & VCD);

⑥ 其他(Others)。

近年来,电子文献的作用和地位越来越重要,作为参考文献的电子文献资料源主要有:

数据库(database)

计算机程序(computer program)

电子公告(electronic bulletin board)

磁带(magnetic)

磁盘(disk)

光盘(CD)

联机网络(online)

应当注意，以纸张为载体的文献在引做参考文献时不必注明其载体类型；而对于非纸张型载体的电子文献，当被引用为参考文献时需在参考文献类型标识中同时标明其载体类型。例如，电子文献类型与载体类型标识基本格式应该以单码或双码标识的形式表述为［文献类型标识/载体类型标识］：

［DB/OL］——联机网上数据库（database online）；

［DB/MT］——磁带数据库（database on magnetic tape）；

［M/CD］——光盘图书（monograph on CD ROM）；

［CP/DK］——磁盘软件（computer program on disk）；

5.11.2 参考文献标注方法

在不规范的一些著作、作品中，或在一些以传统形式书写的文章著作或报告中，往往仅在文后列出参考文献书目，而没有固定的、科学的标注方法。其实，科技论文中参考文献的标注，不仅已构成论文的一个组成部分，且对于标注方法也有严格的规定。

在此所谓的文献，实际上是指记录有知识的各种载体。而为了准确、简要地表明记录文献的不同类型的种种载体，常常标有文献类型代码和文献载体代码。所谓文献类型代码，指代表文献类型的标记符号；而所谓文献载体代码，指代表文献载体的标记符号。这类代码通常有以一个英文字母来表示的，称为单字码，有时使用两个汉语拼音来表示，称为双字码。由于目前常用的文献类型很多，至少有二、三十种之多。现将文献类型代码列表介绍如下（表5-1）。

表 5-1 文献类型代码表

序号	文献名称	文献简称	文献单字代码	文献双字代码
1	专著	著	M	ZZ
2	报纸	报	N	BZ
3	期刊	刊	J	QK
4	会议录	会	C	HY
5	汇编	汇	G	HB
6	学位论文	学	D	XL
7	科技报告	告	R	BG
8	技术标准	标	S	JB
9	专利文献	专	P	ZL
10	产品样本	样	X	YB
11	参考工具资料	参	K	CG
12	检索工具	检	W	JG
13	图表	图	Q	TB
14	古籍	古	O	GJ

国家标准局规定,科技论文的参考文献标注方法有顺序编码制和"著者-出版年"制两种。

(1) 顺序编码制

所谓顺序编码制是所引列的参考文献以在文中出现的先后为序进行编码,在引示文献处的右上角列出文献顺序数,并以方括号引示。在论文后的参考文献项目中,按连续的顺序引述文献著录的内容,示例如下。

顺序编码制

正文与引文:

……

关于主题法的起源众说不一。国内有人认为"主题法检索体系的形成和发展开始于1856年英国克雷斯塔多罗(Crestadoro)的《图书馆编制目录技术》一书","国外最早采用主题法来组织目录索引的是杜威十进分类法的相关主题索引……"[23],也有人认为"美国的贝加逊·富兰克林出借图书馆第一个使用了主题法"[24]。

国外对主题目录发展历史的一些研究表明,主题法的产生与索引的编制有着密切的关系。美国学者布萨(R. Busa)认为,"可能早在七、八世纪就已经有了圣经语句的索引"[25]。美国惠蒂认为,附有按字母顺序排列的索引的手稿,至早在十四世纪才出现[26]。由于西文中以词而不以字母为单位,所以这种圣经语词索引可以说是一种从内容方面进行查找的主题索引的雏形。目前符合公认标准的最古老的索引是1247年英国雨果编的《圣经重要语词索引》[27]。

……

参考文献:

……

23 刘湘生. 关于我国主题法和分类法检索体系标准化的浅见[J]. 北图通讯, 1980 (2): 19-23.

24 杨沛霆, 赵连城. 建立检索系统的几个问题(初稿). 北京: 中国科技情报研究所, 1963.

25 Borko H, Charles L B. Indexing concept and methods [M]. New York: Academic Press, 1978.

26 武汉大学图书馆系编. 目录学研究资料汇辑[G]//第四分册外国目录学. 武汉: 武汉大学图书馆学系, 1980. 173~178.

27 Pettee J. Subject headings: the history and theory of the alphabetical subject approach to books [M]. New York: Wilson, 1946.

引用多篇文献时,只需将各篇文献的序号在方括号内全部列出,各序号间用",",如遇连续序号,可标注起止序号。

例: 裴伟[83,570]提出……

莫拉德对稳定区的节理格式的研究[255~256]。

在国外的科技著作中,也有文中所引列的参考文献不是按文中出现的先后为序编码的，而是根据英文字母顺序按照参考文献的第一作者姓氏首字母的先后进行编排，确定编码号后再标注在文中。由于这种参考文献标注方法与中国正式发布的标准不一，为此作者不予推荐此方法。

(2) "著者-出版年"制

这种标注方法在科技论文中实际使用较少。但该法是我国国家标准中规定的"文后参考文献著录规则（GB 7714—87）"的一种，必须予以介绍。其标注方法示例如下。

正文与引文：

……

关于主题法的起源众说不一。国内有人认为"主题法检索体系的形成和发展开始于1856年英国克雷斯塔多罗（Crestadoro）的《图书馆编制目录技术》一书"，"国外最早采用主题法来组织目录索引的是杜威十进分类法的相关主题索引……"（刘湘生 1980）。也有人认为"美国的贝加逊·富兰克林出借图书馆第一个使用了主题法"（杨沛霆 1963）。

国外对主题目录发展历史的一些研究表明，主题法的产生与索引的编制有着密切的关系。美国学者布萨（R. Busa）认为，"可能早在七、八世纪就已经有了圣经语句的索引"（Borko 1978）。美国惠蒂认为，附有按字母顺序排列的索引的手稿，至早在十四世纪才出现（武汉大学图书馆学系 1980）。由于西文中以词而不以字母为单位，所以这种圣经语词索引可以说是一种从内容方面进行查找的主题索引的雏形。目前符合公认标准的最古老的索引是1247年英国雨果编的《圣经重要语词索引》（Pettee 1946）。

……

参考文献：

……

刘湘生.1980.关于我国主题法和分类法检索体系标准化的浅见 [J].北图通讯，（2）：19-23.

……

武汉大学图书馆学系编.1980.目录学研究资料汇辑 [G]//第四分册外国目录学.武汉：武汉大学图书馆学系.173-178.

杨沛霆，赵连城.1963.建立检索系统的几个问题（初稿）.北京：中国科技情报研究所.

……

Borko H, Charles L B. 1978. Indexing concept and methods [M]. New York: Academic Press.

……

Pettee J. 1946. Subject headings: the history and theory of the alphabetical subject approach to books [M]. New York: Wilson.

……

参考文献表采用"著者-出版年"制组织时，参考文献表中的各篇文献首先按文种集中,可分为中文、日文、西文、俄文、其他文种五部分,然后按著者字顺和出版年排列。

5.11.3 参考文献的著录项目和著录格式

在介绍参考文献著录规则时,会接触到许多术语或专用名词,如什么叫著录项目、什么叫著录格式等,都必须说清楚。所谓著录项目,是指在每一条参考文献的构成中,需由许多项内容组合在一起,才能完整地表达出该条参考文献的提示要求。其中包括哪些项目是必不可省略的,哪些项目是可供选择或可省略的等。所谓著录格式,是指构成参考文献的各个著录项目编写顺序及规范的表述方法。不同种类参考文献的著录项目和著录格式略有不同。现分别将国家标准规定的有关专著、连续出版物、专利文献、专著中析出的文献以及连续出版物中析出的文献的要求,分别说明及举例说明之。

(1) 专著

专著是指以单行本或多卷册形式在限定期限内出版的非连续出版物,包括图书、古籍、学位论文、技术报告、会议文集、汇编、多卷书、丛书等。其著录项目及格式为:

[序号]主要责任者.题名:其他题名信息[文献类型标志(电子文献必备,其他文献任选)].其他责任者(任选).版本项.出版地:出版者,出版年:引文页码[引用日期(联机文献必备,其他电子文献任选)].获取和访问路径(联机文献必备).

在此,列举不同类型的示例如下:

[1] 广西壮族自治区林业厅.广西自然保护区[M].北京:中国林业出版社,1993.

[2] 霍斯尼.谷物科学与工艺学原理[M].李庆龙译.第2版.北京:中国食品出版社,1989:15-20.

[3] 孙玉文.汉语变调构词研究[D].北京:北京大学出版社,2000.

[4] 王夫之.宋论[M].刻本.金陵:曾氏,1865(清同治四年).

[5] 赵耀东.新时代的工业工程师[M/OL].台北:天下文化出版社.1998[1998-09-26]. http://www.ie.nthu.edu.tw/info/ie.newie.htm.

[6] 全国信息与文献工作标准化技术委员会出版物格式分委员会.GB/T 12450-2001 图书书名页[S].北京:中国标准出版社,2002.

[7] 全国出版专业职业资格考试办公室.全国出版专业职业资格考试辅导教材:出版专业理论与实务·中级[M].上海:上海辞书出版社,2004:299-307.

[8] World Health Organization. Factors regulating the immune response: report of WHO scientific group [R]. Geneva: WHO, 1970.

[9] Peebles P Z Jr. Probability, random variable, and random signal rinciples [M]. 4th ed. New York: McGraw Hill, 2001.

(2) 连续出版物

连续出版物是指具有统一题名、印有编号或年月顺序号、定期或不定期在无限期内连续出版、发行的出版物。包括期刊、报纸、年鉴、年刊、指南、学会报告丛刊和会刊、连续出版的专著丛书和会议录等,但不包括在一个预定有限期内以连续分册形式出版的著作。其著录项目及格式为:

[序号]主要责任者. 文献题名[J]. 刊名,出版年份,卷号(期号):起止页码等,其示例如下:

[1] 袁庆龙,候文义. Ni-P 合金镀层组织形貌及显微硬度研究[J]. 太原理工大学学报,2001,32(1):51-53.

[2] 陶仁骥. 密码学与数学[J]. 自然杂志,1984,7(7):527.

[3] 亚洲地质图编目组. 亚洲地层与地质历史概述[J]. 地质学报,1978,3:104-208.

[4] Des Marais D J,Strauss H,Summons R E,et al. Carbon isotope evidence for the stepwise oxidation of the Proterozoic environment[J]. Nature,1992,359:605-609.

[5] Hewitt J A. Technical services in 1983[J]. Library Resource services,1984,28(3):205-218.

(3) 专利文献

通常,专利文献是指包含已经申请或被确认为发现、发明、实用新型和工业品外观设计的研究、设计、开发和试验成果的有关资料,以及保护发明人、专利所有人及工业品外观设计和实用新型注册证书持有人权利的有关资料的已出版或未出版的文件(或其摘要)的总称,是参考文献中的一类重要参考资料。作为参考文献时,其著录项目及格式为:

[1] 刘加林. 多功能一次性压舌板:中国,92214985.2[P]. 1993-04-14.

[2] 河北绿洲生态环境科技有限公司. 一种荒漠化地区生态植被综合培育种植方法:中国,01129210.5[P/OL]. 2001-10-24[2002-05-28]. http://211.152.9.47/sipoasp/zlijs/hyjs-yx-new? recid=01129210.5& leixin.

[3] Hasegawa,Toshiyuki,Yoshida,et al. Paper coating composition[P]. EP 0634524. 1995-01-18.

[4] 仲前昌夫,佐藤寿昭. 感光性树脂[P]. 日本,特开平09-26667. 1997-01-28.

[5] Yamaguchi K,Hayashi A. Plant growth promotor and productionthereof[P]. Jpn,Jp1290606. 1999-11-22.

[6] 厦门大学. 二烷氨基乙醇羧酸酯的制备方法[P]. 中国发明专利,CN1073429. 1993-06-23.

(4) 技术标准文献

所谓技术标准文献是指按规定程序制订,经公认权威机构(主管机关)批准的一整套在特定范围(领域)内必须执行的规格、规则、技术要求等规范性文献,简称标准。作为参考文献时,其著录项目及格式为:

[1] ISO 1210-1982,塑料——小试样接触火焰法测定塑料燃烧性[S]

[2] GB 2410-80,透明塑料透光率及雾度实验方法[S]

(5) 报纸

报纸是一类重要的信息源,以报纸报道内容作为参考文献时,其著录项目为:报纸作者. 题名[N]. 报纸名. 出版日期(版次)。其著录格式为:

[1] 陈志平. 减灾设计研究新动态 [N]. 科技日报, 1997-12-12 (5).

(6) 电子文献

电子文献是以数字方式将图、文、声、像等信息储存在磁、光、电介质上, 通过计算机、网络或相关设备使用的记录有知识内容或艺术内容的文献信息资源, 包括电子书刊、数据库、电子公告等, 由于电子文献在现代科学技术中的重要地位, 其使用频率越来越高。这类文献的著录项目和著录格式为:

[1] 万锦柔. 中国大学学报论文文摘 (1983-1993) [DB/CD]. 北京: 中国百科全书出版社, 1996.

[2] 萧钰. 出版业信息化迈入快车道 [EB/OL]. (2001-12-19) [2002-04-15]. http://www.creader.com/news/20011219/200112190019.html

[3] Christine M. Plant physiology: plant biology in the Genome Era [J/OL]. Science, 1998, 281: 331-332 [1998-09-23]. http://www.sciencemag.org/cgi/collection/anatmorp.

[4] Metcalf S W. The Tort Hall air emission study [C/OL]//The International Congress on Hazardous Waste, Atlanta Marriott Marquis Hotel, Atlanta, Georgia, June 5-8, 1995: impact on human and ecological health [1998-09-22]. http://atsdrl.atsdr.cdc.gov: 8080/cong95.html.

[5] Turcotte D L. Fractals and chaos in geology and geophysics [M/OL]. New York: Cambridge University Press, 1992 [1998-09-23]. http://www.seg.org/reviews/mccorm30.html.

[6] Scitor Corporation. Project scheduler [CP/DK]. Sunnyvale, Calif.: Scitor Corporation, c1983.

5.11.4 关于缩写

缩写,主要是指用外文标注参考文献时,为简化词条的拼写而使用的简略方法。但缩写的要求很规范,必须符合规定。

著者、编者以及以姓名命名的出版者,其姓全部著录,而名可以缩写为首字母。如用首字母无法识别该人名时,则宜用全名。

出版项中附在出版地之后的州县、省名、国名等以及作为限定语的机关团体名称可照公认的方法缩写。

期刊刊名的缩写应按照 ISO 4—1984《文献工作——期刊刊名缩写的国际规则》的规定执行。

(1) 词缩写

同样的缩写不能用于无关的词。

例如: Ind

适合于 Industry 或 Industrial, 但不适合于 Indian, Indiana, Indigency 或 Indigo。由于习惯用法,构成人名或地名的两个无关词可以用同样的缩写,这是例外情况。

例如:

完整刊名: Wall Street Journal

　　　　　　Saint Louis Quarterly
缩写刊名：Wall St. J.
　　　　　　St. Louis Q.
不同的缩写不准用于同样的词。
例如：International
正确的：Int.
错误的：Intern.
　　　　　Int'l

（2）刊名缩写

在刊名缩写的后面，在括号中标出出版地点的缩写，以区别相同的刊名缩写或说明短的和可能有歧义的刊名缩写。出版地点可以是一个国家的名称、一个国家的一个行政区域（例如，州、省、行政区、县）或一个城市，在这种情况下，应以一个最适当的词出现。一般地讲，除非同样的大单位出版的刊名用同样的刊名缩写，否则应优先标出大单位而不是小单位，在这种情况下，应当使用最明确的地点。

例如：Annales de Physique　　Annals of Physics
正确的：Ann. Phys.（Fr.）　　正确的：Ann. Phys.（US）
错误的：Ann. Phys.

如果地点名称不便区别互相抵触的缩写，若用出版单位名称更适合于识别，就应当用出版单位名称，按照这个国际标准的规则来缩写，以代替地点名称作为附加标志。

当有关的词的缩写出现在 ISO/R 833 中时，用或不用大写字母或标点符号，或者用保留某些刊名或不缩写的词，不能区别同样的刊名缩写。

（3）简称、首字母组、字母代号

刊名中的简称，首字母组合或字母代号，在刊名的缩写格式中应原封不动地保留，而且应当全部使用大写字母。这样一个简称或首字母组合是表示一个组织的名称时，刊名缩写的特征和解释是需要的，拟订此简称或首字母组合的含义，其缩写应当符合国际标准的规则，即应当用编辑单位名称，在括号中附加在刊名上。

例如：AEG Mitteilungen（Allgemeine Elektricitats-Gesellschaft）
正确的：AEG Mitt（Allg. Elek. Ges.）
错误的：AEG（Allg. Elek. Ges.）Mitt

就组织名称而论，它们的简称、首字母或字母代号为人熟知时，上述规则是不必使用的。

（4）分册和丛书

当一出版物以名称、号码或字母来区分很多分册或丛刊形式时，要包括缩写中的区别特征。属类词的缩写，像部分、分册、丛刊等，如果它们对识别是不必需的，就不必在刊名缩写中保留。

例如：Annales Scientifiques de l'Univeristé de Besancon，Céologie

正确的：Ann. Sci. Univ. Besancon，Cèol.

错误的：Ann. Sci. Univ. Besancon

Annales Scientifiques de l'Université de Beesancon，Physique

正确的：Ann. Sci. Univ. Besancon，Phys

错误的：Ann. Sci. Univ. Besancon

Journal of Botany Section A

正确的：J. Bot., A

J. Bot., Sect. A

错误的：J. Bot.

除主刊名缩写之外二级刊名的缩写是不需要的，有关分册可用号码或字母来区别。

例如：

完整刊名：Journal of Polymer Science，Part A-l Polymer Chemistry

缩写刊名：J. Polym. Sci., A-l

5.12 论文示例及解析

5.12.1 示例论文背景介绍

本章已经逐一讨论了科技论文的写作方法及其要点，为此，我们选择一篇发表在国际纯粹与应用化学杂志 Talanta 上的论文为示例，来对照一下其写作特色及其规范性，以加深理解。

Talanta 是由英国 Elsevier Science 出版集团出版的国际性学术期刊，ISSN：0039-9140（印刷版）、1873-3573（电子版），是公认的高质量分析化学综合性期刊，主要以发表理论与应用分析化学及分析化学领域内各分支的原创性研究论文为宗旨，特别关注基础研究和新仪器仪表领域的原创性研究论文，包括物理、无机及有机化学检测仪器和化学传感器方面的研究成果，对新的电子技术进展及其应用，以及在临床化学、环境分析、地球化学和材料科学与工程等方面的原创性研究论文更为鼓励。

Talanta 为月刊，是 SCI 收录核心刊源，2015 年的影响因子 3.545。近年来，该期刊每年收到的投稿数均超过 3000 篇，其中来自中国（包括中国大陆和香港、台湾、澳门地区）的稿件约占总投稿数的 1/4，稿件录用率为 30% 左右。

现把论文示例的全文刊录如下。

Talanta 55 (2001) 163–169

www.elsevier.com/locate/talanta

Spectrofluorimetric determination of copper(II) by its static quenching effect on the fluorescence of 4,5-dihydroxy-1,3-benzenedisulfonic acid

Hye-Seon Kim, Hee-Seon Choi

Department of Chemistry, The University of Suwon, P.O. Box 77, Suwon, 445-743, South Korea

Received 16 January 2001; received in revised form 29 March 2001; accepted 30 March 2001

Abstract

A spectrofluorimetric method has been developed for the determination of trace Cu(II) in real samples with 4,5-dihydroxy-1,3-benzenedisulfonic acid (Tiron) as a fluorimetric reporter. Tiron is very soluble in water and is a good fluorimetric reagent. However, as Tiron was complexed with Cu(II), the fluorescence intensity decreased proportionally to the concentration of Cu(II) by a static quenching effect. The excitation wavelength and the fluorescence wavelength of Tiron were 294 and 350 nm, respectively, as it was caused by a quenching effect from Cu(II) at pH 8.0. The highest sensitivity was shown at Tiron concentration of 5.0×10^{-5} M. To enhance the quenching effect, the Cu(II)–Tiron complex solution was heated up to 80°C for 90 min. As for Cu(II), the interference by Co(II) was very serious, which was eliminated by oxalate ion. The linear response to Cu(II) was shown at the concentration range between 5.0×10^{-7} and 1.0×10^{-5} M. With this proposed method, the detection limit of Cu(II) was $3.83(\pm 0.09) \times 10^{-7}$ M. Recoveries of Cu(II) in the diluted brass samples and the stream water samples were almost 100%. Based on results from the experiment, this proposed technique could be applied to the practical determination of Cu(II) in real samples. © 2001 Elsevier Science B.V. All rights reserved.

Keywords: 4,5-Dihydroxy-1,3-benzenedisulfonic acid (Tiron); Copper; Quenching effect; Brass; Stream water

1. Introduction

With spectrophotometry, electroanalytical chemistry, chromatography and radioactive analysis, many new and modified techniques that can be used to determine metal ions in real samples have been studied. While these methods have some pros and cons, spectrofluorometry has merit in a sense that it is more sensitive, convenient, and simpler than other techniques.

Spectrofluorometry was used as follows; to intensify the fluorescence to combine fluorophore and metal ions for determining metal ions [1–3]; to determine metal ions in micellar medium [4,5]; to investigate the fluorescence of ternary complex [6,7]; to determine the metal ions and some biological materials in real samples [8–10], and so on.

* Corresponding author. Fax: +82-31-2229385.
  E-mail address: choihs@mail.suwon.ac.kr (H.-S. Choi).

0039-9140/01/$ - see front matter © 2001 Elsevier Science B.V. All rights reserved.
PII: S0039-9140(01)00405-2

Metal ions have often been determined with the technique that enhances the fluorescence intensity of fluorophore bound with metal ions by their concentrations. With the complexing agent, the fluorophore, combined with metal ion to form complex, the rigidity of fluorophore increased, and it resulted in increased quantum yield of fluorescence. In contrast, the quenching effect has also been used to determine metal ion where fluorescence intensity of fluorophore decreases as the concentration of metal ion increases. The fluorescence quenching method has been used for the determinations of organic materials [11,12], metal ions [13–16], inorganic anion [17] and biological materials [18].

The 4,5-dihydroxy-1,3-benzenedisulfonic acid (Tiron) has been used as a doping species in ion selective electrode [19], as an activator for catalytic reaction [20,21], as a color-developing reagent for separated metal ions [22,23] and as a complexing agent in the determination of DNA and RNA by fluorescence quenching [24]. Tiron, an excellent fluorophore, combines with Cu(II) to form water-soluble chelate. But Cu(II)–Tiron complex does not fluoresce.

In this study, Tiron as fluorophore was used to determine Cu(II) by static quenching phenomenon.

2. Experimental

2.1. Reagents and solution

The 4,5-dihydroxy-1,3-benzenedisulfonic acid (Tiron), manufactured by Aldrich Co., was used without further purification and with appropriate concentration whenever necessary. Standard Cu(II) stock solution was made 1.0×10^{-3} M by preparing from copper(II) nitrate (Aldrich Co.). Buffer solution of pH 8.0 was prepared by pH meter with 0.025 M sodium tetraborate and 0.1 M HCl. All chemicals used were of analytical and reagent grade, while the deionized water by a Barnstead catridge deionization system (Barnstead Co.) was used throughout all experimental procedures.

2.2. Apparatus

Perkin–Elmer model LS-50 spectrofluorometer was used to measure the fluorescence of Tiron. Both spectral bandwidths of excitation and fluorescence spectra were 2.5 nm. All fluorescence measurements were accomplished in 1 cm quartz cell without removing the oxygen in the sample because spectral difference was not observed on deaeration with N_2. A GBC model 903 flame atomic absorption spectrometer and a HP 4500 ICP/MS spectrometer were also used to determine Cu(II) in real samples. To adjust the pH, a Bantex model 300A digital pH meter with a combined calomel and glass electrode was used.

2.3. Calibration curve

After the aliquots of Cu(II) stock solution were each placed in several 10 ml volumetric flasks for the concentration of Cu(II) ranging from 1.0×10^{-7} to 1.0×10^{-5} M, 5.0 ml of pH 8.0 borate buffer solution and 1.0 ml of 5.0×10^{-4} M Tiron were added, filling deionized water to the mark. These solutions were heated up to 80°C in waterbath for 90 min, cooled down to room temperature and used to measure fluorescence intensity at 294 nm of excitation wavelength and at 350 nm of fluorescence wavelength.

2.4. Recovery yields and determinations of Cu(II) in the diluted brass samples and the stream water

A 0.500 g brass sample cleaned by acetone and deionized water was taken into the 250 ml beaker, added by 10 ml of 6M HNO_3, heated in fumehood to dissolve the brass sample completely, cooled down to the room temperature, and diluted to 1000 ml in a volumetric flask. Plus, 1.0 ml of this brass solution was transferred to a 1000 ml volumetric flask, and diluted by filling to the mark to get 5.0×10^{-5}% (w/v) brass sample. Suwon stream water was used after the suspended matters or particles were filtered out by glass filter (1-G-4). To investigate the recovery yield of Cu(II) in a diluted brass sample, three 3.0 ml brass samples of 5.0×10^{-5}% were transferred to one of each 10 ml volumetric flask, and then 0.0, 1.0 and 1.5 ml of 1.0×10^{-5} M Cu(II) standard solution were added to each flask, followed by the procedures which are same as calibration curve procedures. For stream water, the experimental procedures were same as those of diluted brass samples.

3. Results and discussion

3.1. Excitation and fluorescence spectra of Tiron

The excitation spectra and the fluorescence spectra of 5.0×10^{-5} M Tiron in various concentrations of Cu(II) are shown in Fig. 1. It was found that fluorescence intensity of excitation ($\lambda_{ex} = 294$ nm) and fluorescence ($\lambda_f = 350$ nm) spectra decreased, as the concentration of Cu(II) increased. It was thought to be because static quenching occurred quantitatively in a given concentration range of Cu(II) as Cu(II)-Tiron complex was formed. It was also observed under experiment that fluorescence intensity of Tiron fluctuated in some degree (R.S.D. = 2.0%), causing large relative errors in determination of analytes. However, the fluctuation of fluorescence intensity of Tiron decreased by 10 times (R.S.D. = 0.2%) when Cu(II) was contained in Tiron solution. While both fluorescence intensities of Tiron only and Tiron in Cu(II) solution decreased slowly in time, the difference between these fluorescence intensities remained constant, which meant that the decreased amount of fluorescence intensity might be equal if measured at any time. However, it was necessary that fluorescence should be measured after waiting for a while because fluorescence intensity somewhat fluctuated if its fluorescence was measured as soon as the Tiron solution was prepared.

3.2. Concentration of Tiron

Fig. 2 shows how fluorescence intensity of Tiron changed by the concentration of Tiron in a given concentration range of Cu(II). Since the curve with the steepest decrease of fluorescence intensity by a given concentration range of Cu(II), that is, the highest value of slope, represented the highest sensitivity, it was investigated what concentration of Tiron had the highest slope. When the concentration of Tiron was 5.0×10^{-5} M, its

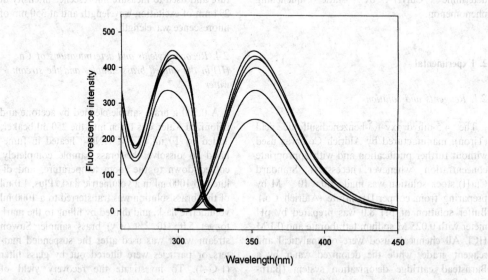

Fig. 1. Excitation and emission spectra of Tiron (5.0×10^{-5} M) as the concentration of Cu^{2+}. Concentrations of Cu^{2+} from top spectrum were 0.0, 5.0×10^{-7}, 1.0×10^{-6}, 3.0×10^{-6}, 6.0×10^{-6} and 1.0×10^{-5} M, respectively.

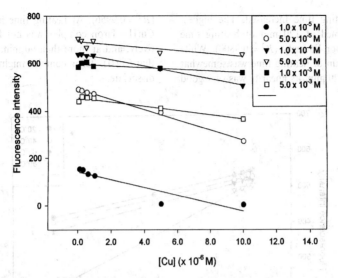

Fig. 2. Effect of the concentration of Tiron on the fluorescence quenching curves of Tiron in the presence of Cu(II).

slope was the highest, and its linearity was good ($R^2 = 0.9971$). It was inferred that at lower concentrations of Tiron the slope was gentle because Tiron was not quantitatively complexed in a given concentration range of Cu(II). Also, it was supposed that at higher concentrations of Tiron the relative magnitude of quenching effect by Cu(II) compared with the lower concentration of Tiron decreased as the traction of Tiron that could be complexed with Cu(II) was lower.

3.3. pH

Since various buffer solutions, i.e. different electrolytes were used to adjust the pH, the excitation wavelength and the fluorescence wavelength might change. Particularly, fluorescence intensity could be altered because the Tiron complex-forming ability in Cu(II) solution was dependent on pH. So, pH should be controlled to be optimum value. It was investigated how fluorescence intensity of Tiron in a given concentration of Cu(II) solution would change. The steepest slope that represented the highest decreasing effect of fluorescence intensity was shown at pH 8.0. At lower pH, as the oxygen atom in chelating site of Tiron had more affinity power with proton at higher concentration of proton, Tiron could not play a role as ligand well to complex with Cu(II). At higher pH, as Cu(II)–Tiron complexation was competed with copper hydroxide precipitation, the slower slope was shown.

3.4. Temperature

As temperature is an important factor in Cu(II)–Tiron complex formation, it was investigated at room temperature how the fluorescence intensity of Tiron in a given concentration range of Cu(II) decreased when heating to various temperatures during 90 min, and its results were shown in Fig. 3. In temperature experiment, Cu(II)–Tiron complex was formed more quantitatively as the temperature was higher, e.g. at 80°C.

3.5. Heating time

Tiron and Cu(II) should be heated to form a stable complex quantitatively and rapidly at a given temperature for appropriate time. Fig. 4 shows that the fluorescence intensity of Tiron decreased in a given concentration range of Cu(II) at 80°C as heating time increased. The highest slope was obtained at 120 min of heating time with its very poor linearity ($R^2 = 0.9800$). While its slope at 90 min of heating time was somewhat slower than at 120 min, its linearity was very good ($R^2 = 0.9956$). At heating time less than 90 min, Cu(II)–Tiron complex was not formed quantitatively, and at more than 90 min, it was supposed that Cu(II)–Tiron complex might be unstable and dissociate.

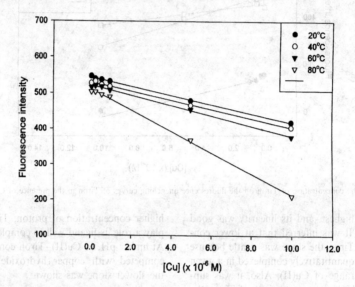

Fig. 3. Fluorescence quenching curves of Tiron in Cu(II) solution at various temperatures.

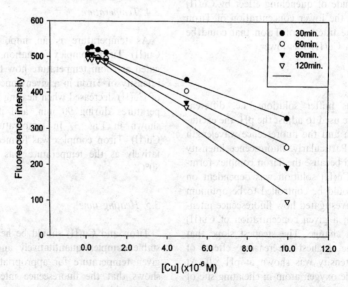

Fig. 4. Effect of heating time on the fluorescence quenching curves of Tiron in the presence of Cu(II).

Table 1
Tolerance limits[a] of interfering species for the determination of Cu(II) (1.0×10^{-6} M) in 5.0×10^{-5} M Tiron solution

Mole ratio[b]	Interfering species
500	NH_4^+, NO_3^-, Mg^{2+}, F^-, SO_4^{2-}, HCO_3^-
	Cl^-, Na^+, K^+, HPO_4^{2-}, I^-, NH_3
250	
100	Ca^{2+}
50	Al^{3+}, Ni^{2+}
30	
10	Fe^{3+} Cd^{2+}, Zn^{2+}
5	Pb^{2+}
3	Co^{2+}

[a] Tolerance limit is the maximum concentration in which there is less than 3% effect on fluorescence intensity.
[b] Mole ratio of interfering species to Cu(II).

3.6. Surfactants

Although it was expected that the quenching effects decreased by external conversion at high viscosity of micellar medium, it might also be expected that the static quenching effect increased by more stable complex forming in micellar medium. To obtain more efficient quenching effect, various surfactants, such as cetyltrimethylammonium bromide as cationic, sodium dodecylsulfate as anionic, and Triton X-100 and Tween 80 as nonionic surfactants were used. Comparison of the decreasing magnitudes of fluorescence intensity showed less difference for two cases of 'in no micellar medium' and 'in micellar medium'. Despite the increased slope in 0.1% Tween 80 medium, it was difficult to use since the fluorescence wavelength of Tiron was overlapped by that of Tween 80. It was supposed that its enhanced slope was due to self-quenching of Tween 80. Thus, it was known that the more efficient decreasing effect of fluorescence intensity of Tiron in micellar medium could not occur.

3.7. Interference

The interfering effects were investigated which might be caused by other metal ions that can form good complex with Tiron such as Fe(III), Al(III), Cd(II), Co(II), Ni(II), Pb(II), and Zn(II), various species like I^- and NH_3 that can combine with Cu(II), the analyte ion, and probable species such as NO_3^-, NH_4^+, Mg^{2+}, Na^+, Cl^-, and Ca^{2+} that can exist in real samples. To observe the interfering effect on the determination of Cu(II), the fluorescence intensity of Tiron was measured after the probable interfering ions were added to 1.0×10^{-6} M Cu(II) and 5.0×10^{-5} M Tiron solution by 1, 3, 5, 10, 30, 50, 100, 250 and 500 times mole of Cu(II). Tolerance limits on these species were investigated on the fluorescence intensity of 5.0×10^{-5} M Tiron solution containing 1.0×10^{-6} M Cu(II) at maximum amount corresponding to 3% relative error, and were shown in Table 1. Co(II) interfered with, but the interfering effect by Co(II) was completely eliminated by adding sodium oxalate 20 times moles of Tiron.

Table 2
Analytical data of Cu(II) in real samples

Real samples	Spiked (M)	Measured (M)				Recovery (%)
		Other methods[a]	R.S.D. (%)	This method[b]	R.S.D. (%)	
Stream water	0.00	1.68×10^{-6}	2.3	1.65×10^{-6}	2.8	
	1.00×10^{-6}			2.68×10^{-6}	2.7	103
	1.50×10^{-6}			3.12×10^{-6}	3.2	98
Brass sample	0.00	5.22×10^{-6}	1.5	5.18×10^{-6}	3.6	
	1.00×10^{-6}			6.15×10^{-6}	3.2	97
	1.50×10^{-6}			6.62×10^{-5}	2.9	96

[a] ICP/MS data on stream waters and FAAS data on brass samples.
[b] These values were averaged from seven stream water and seven brass samples.

3.8. Application to brass sample and stream water

A calibration curve was constructed at optimum conditions according to experimental procedure in Section 2.3. The linear response range of Cu(II) was 5.0×10^{-7} M–1.0×10^{-5} M. The correlation coefficient of 0.9948 showed that this calibration curve had good linearity. The detection limit [25] was $3.83(\pm 0.09) \times 10^{-7}$ M. With a given amount of Cu(II) spiked in diluted brass sample and stream water, recovery yields were determined using this calibration curve, listed in Table 2, and were found to be nearly 100%. Cu(II) in diluted brass sample and stream water was also determined by flame atomic absorption spectrometry and ICP/MS spectrometry. Results from these techniques were also included in Table 2 and at the 95% confidence level, no difference between results from the proposed and reference methods had been established. Therefore, this proposed technique could be applied to the determination of Cu(II) in real samples.

References

[1] R.D. Bautista, A.I. Jimiénez, F. Jiménez, J.J. Arias, Talanta 43 (1996) 421.
[2] S. Nalini, T.V. Ramakrishna, Talanta 43 (1996) 1437.
[3] F.H. Hernandez, J.M. Escriche, Analyst 109 (1984) 1585.
[4] T. Taketatsu, Talanta 29 (1982) 397.
[5] F.H. Hernandez, J.M. Escriche, M.T.G. Andieu, Talanta 33 (1986) 537.
[6] P.R. Haddad, P.W. Alexander, L.E. Smyihe, Talanta 23 (1976) 275.
[7] P.C. Ioannou, E.S. Lianidou, D.G. Konstantianos, Anal. Chim. Acta 300 (1995) 237.
[8] C.C. Blanco, A.M.G. Campana, F.A. Barrero, M.R. Ceba, Talanta 42 (1995) 1037.
[9] A. Pal, N.R. Jana, T.K. Sau, M. Bandyopadhyay, T. Pal, Anal. Comm. 33 (1996) 315.
[10] Z. Jiang, X. Liu, A. Liang, Anal. Chim. Acta 346 (1997) 249.
[11] J.H. Ayala, A.M. Afonso, V. González-Diaz, Microchem. J. 60 (1998) 101.
[12] A.L. Hunt, J.F. Alder, Anal. Chim. Acta 387 (1999) 207.
[13] T.M.A. Razek, S. Spear, S.S.M. Hassen, M.A. Arnold, Talanta 48 (1999) 269.
[14] K Cha, K. Park, Talanta 46 (1998) 1567.
[15] N. Jie, Q. Zhang, Y. Yang, X. Huang, Talanta 46 (1998) 215.
[16] B. Juskowiak, Anal. Chim. Acta 320 (1996) 115.
[17] N. Jie, D. Yang, Q. Jiang, Q. Zhang, L. Wei, Microchem. J. 62 (1999) 371.
[18] C.Q. Ma, K.A. Li, S.Y. Tong, Anal. Chim. Acta 333 (1996) 83.
[19] J. Migdalski, T. Blaz, A. Lewenstam, Anal. Chim. Acta 322 (1996) 141.
[20] T. Fujimoto, N. Teshima, M. Kurhara, S. Nakano, T. Kawashima, Talanta 49 (1999) 1091.
[21] J. Gao, X. Zhang, W. Yang, B. Zhao, J. Hon, J. Kang, Talanta 51 (2000) 447.
[22] M. Busch, A. Seubert, Anal. Chim. Acta 399 (1999) 223.
[23] J.F. van Staden, H. du Plessis, R.E. Taljaard, Anal. Chim. Acta 357 (1997) 141.
[24] Y. Zhao, D. Wang, X. Guo, J. Xu, Anal. Chim. Acta 353 (1997) 329.
[25] D.A. Skoog, F.J. Holler, T.A. Nieman, Principles of Instrumental Analysis, 5th edn, Saunders College Publishing, 1998, p. 13.

5.12.2 示例论文解说

首先，让我们来看一下其论文前置部分的写作方法和特点。

该论文的前置部分与本书讲述的要求吻合，即由标题、作者署名、作者单位标注、论文摘要和关键词五部分组成。

在该论文的标题中，列出了该研究论文使用的方法、原理、发色试剂和测定对象等要素，标题简洁、清楚、准确。

论文的作者有二人，共同署名，准确、清楚。

由于论文的两位作者是同一个单位，故标注比较简单，不必分别标注。文中列出了两位作者所在大学名称、系，邮政信箱编号、邮政编码和国名，表述准确，符合规范要求。同时，按照出版刊物的要求，以脚注的形式，加注通讯联系人的传真号和电子邮箱地址。

按照该出版刊物的传统，加注出收稿日期、修订稿收到日期和接受稿件日期，这是许多正规刊物必须标注的事项，由此可见，该刊物自收稿到经过修改至正式受理并发表的周期仅数星期，这是许多投稿者看重之处。

论文摘要是论文的前置部分中重要的组成部分，要求完整地反映出论文内容中表达的核心信息，而又必须控制文字的篇幅，不同的刊物常常还会具体规定文字篇幅。本论文的摘要在内容表述和篇幅控制两方面均比较均衡。

该论文共选列了5个关键词，分别选自标题中的试剂、测定对象（Copper）和方法特征（Quenching effect），另两个则选自论文中方法的使用对象黄铜（Brass）和溪水（Stream water），通常，许多作者或许不会选择这两个词作为关键词，但是，关键词的功能之一是为了编制索引而列出的，考虑到该分析方法的推广应用，把这两个词作为关键词是有其合理性的。

该论文的正文部分，同样由引言、实验、结果与讨论三大部分组成。在此，分别就其写作形式加以讨论之。

首先，第一部分的引言从介绍真实样品中金属离子的现代分析方法进展情况说起，介绍了该领域内的研究动态，但这些方法都各有其利弊，进而切入主题介绍当有络合剂存在并与金属离子形成络合物时形成的荧光猝灭效应，可作为测定金属离子的现代分析方法依据。这样的写作方式方法，是许多科技论文引言部分值得参考的形式。

其次，本论文的第二部分即实验部分，是论文核心依据的交代。这部分分别阐述了实验过程和实验方法中使用的试剂和溶液，仪器，标准曲线，以及真实样品黄铜和天然水中测定铜结果的重现率等。在试剂和溶液部分中，交代了试剂的生产公司、标准溶液的制备方法等，叙述严谨、完整。同样，在仪器环节中，不仅交代了仪器的主要特征等要素，并报告了光度测定时使用1cm石英皿等，可谓仔细而严谨。在标准曲线环节中，叙述了标准曲线的制作方法，包括被测金属$Cu(II)$的浓度范围、工作曲线制备时溶液的加热温度和时间等，均简要、明确。而在真实样品黄铜和天然水中测定铜结果的重现率部分中，则又再一次交代实验操作的过程，其实，这部分的文字是可以叙述得更简洁些的。

本论文的第三部分即结果与讨论是本论文最重要的内容。在这部分里叙述了使用上述实验操作方法完成了钛试剂的激发光谱和荧光光谱；钛试剂浓度的影响；pH的影响；温度影响；加热时间的影响；表面活性剂的影响和干扰因素的影响等7部分内容。并分别以图示的形式及列表的形式作出介绍，这样的表述方式既简明扼要，又有说服力，是科技论文写作中最常用的方式，值得推荐和模仿、学习。

最后，参考文献是本论文的结尾部分，也是科技论文不可缺少的部分，本论文共列出了25条参考文献，这些参考文献的表现形式与5.11.2中叙述的要求并不完全一致。这是因为本书是按照我国科技论文写作的国家标准来叙述的，而Talanta有其自己的要求。例如，Talanta并不要求在每条文献中列出引用文献的论文题目，也不要求以［M］或［J］来标注文献的性质等。尽管如此，这些参考文献表述的要素，还是相一致的。

习题与思考题

1. 一般性的科技论文通常由哪些项目构成？
2. 论文标题的确定应注意哪些要点？
3. 科技论文为什么要署名，署名与致谢有何不同？
4. 论文署名的原则是什么？
5. 作者工作单位的标述原则和方法是什么？
6. 什么叫关键词，关键词如何确定？
7. 关键词一般从何处提取，提取关键词应注意什么？
8. 科技论文的正文通常由哪些部分构成？
9. 在写作科技论文的结论时，应注意哪些要点？
10. 科技论文后所附的致谢，通常是出于何种需要？
11. 什么叫参考文献？
12. 请简述标注参考文献的原则和方法？

6 科技论文中的技术问题

科技论文的撰写与其他文体作品的创作不同,它的撰写仅用汉语文字表述尚不够准确与科学,需要辅以相应的专业性的科学表述手段。例如,数学中的表达式,物理学中的符号与公式,化学和生物学中的分子式、结构式和方程式,以及科学实验和应用科学表述中的示意图、流程图、框图及各种表格,它们所表述的科学内涵常常是难以用文字来简捷而准确描述的。上述的各种类别的表述方法,又常常不是作者为了表达的方便,而是严格的科学的"语言"。使用这些"语言"表述,有十分规范的方式方法,甚至有的由国家标准局作出统一的、必须遵循的标准,有的也已经约定俗成。有时如若违背这种定式,会造成读者不能准确地理解原文的意思,或不便吸收前人的经验。对这些在撰写科技论文时应该注意的种种技术性问题,择其重要的在此做出介绍。

6.1 专业技术语言

科技论文要表达出作者的创造性成果,进行学术交流,当然离不开语言文字的使用。一般来说,科技论文写作中不仅需要准确使用本民族通用的自然语言的文字表述,而且也离不开专业技术语言的使用。这些被称为专业技术语言的概念,随着计算机技术的迅速普及,愈来愈被人们所知晓和熟悉,例如从早期计算机课程中的BASIC语言到C语言等。其实专业技术语言远非在计算机领域中特有,在科学技术的各个专业中,都有自己规范的专业技术语言,这类语言形式简明、内涵丰富、形象直观、科学规范。用文字难以表达清楚的多种因素的复杂关系,用专业技术语言则能较清楚地表达出来。

在此所述的专业技术语言,一般不用文字表达,而是以算式、等式、表达式、方程式、结构式、符号、框图、程序等形式来表示。例如,在数学中,常常会使用公式、算式或方程式。

示例1 $$W(N_1) = H_{0,1} + \int_{\tau^{-1}}^{-\tau^{-1}+1} L_a^r e^{-2\pi i a N_1} da$$

$$= R(N_0) + \int_{\tau^{-1}}^{-\tau^{-1}+1} L_a^r e^{-2\pi i a N_1} da + O(P^{r-n-v}) \quad (1)$$

示例 2
$$f(x, y) = f(0, 0) + \frac{1}{1!}\left(x\frac{\partial}{\partial x} + y\frac{\partial}{\partial y}\right)f(0, 0)$$

$$+ \frac{1}{2!}\left(x\frac{\partial}{\partial x} + y\frac{\partial}{\partial y}\right)^2 f(0, 0) + \cdots$$

$$+ \frac{1}{n!}\left(x\frac{\partial}{\partial x} + y\frac{\partial}{\partial y}\right)^n f(0, 0) + \cdots \quad (2)$$

示例 3
$$-\frac{8\mu}{Nz}\frac{\partial}{\partial S}\ln Q = -\left[\left(1 + \sum_1^4 z_v\right) - \frac{2\mu}{z}\right]\ln\frac{\theta_a(1-\theta_\beta)}{\theta_\beta(1-\theta_a)}$$

$$+ \ln\frac{\lambda_a}{\lambda_\beta} - z_1\ln\frac{\epsilon_1}{\zeta_1} + \sum z_v\ln\frac{\epsilon_v}{\zeta_v} = 0 \quad (3)$$

在使用数学式作为专业技术语言来表述时，特别要注意转行的写法，其要求如下。

① 在等号（或其他相同符号）处转行时，要尽可能对齐（像示例 3 中等号前公式较长时例外），例如示例 1。

② 如果式中有"＝"号转行，亦有"＋"、"－"号转行时，"＋"、"－"号的转行必须比"＝"缩一格，例如示例 2。

③ 式子较长，转一行又转一行的，则可居中写（但转行多的必须上下对齐），例如：

$$Q_a \ll \sqrt{U_0\left(\frac{P_0}{q}+1\right)q^\varepsilon P_0 P_0^n}$$

$$\ll U_0 P_0 \sqrt{\frac{P_0^n}{U_0}\left(\frac{1}{q}+\frac{1}{P_0}\right)}q^{\frac{\varepsilon}{2}}$$

$$\ll U_0 V P_0^{\frac{1-v}{12}-\frac{1}{4}} N^\varepsilon$$

如果遇到一行写不下的式子需要转行时，不能任意乱转，尤其是像 $\int$、$\sum$、$\prod$、$\iint$、$\sum\sum$、$\frac{d}{dx}$、$\frac{\partial}{\partial x}$、$\sin$ 等运算符号，不能与其后面的被运算对象分拆，例如：

$$S_n(x,r) = \frac{1}{\pi}\int_\sigma r(t)D_n(t-x)dt = \frac{1}{\pi}\cdots$$

不能转成：

$$S_n(x,r) = \frac{1}{\pi}\int_\sigma$$

$$r(t)Dn(t-x)dt = \frac{1}{\pi}\cdots$$

又如：
$$\frac{1}{A}\sum_{j=1}^{n}\alpha_{hi}\sum_{k=1}^{n}b_k A_{ki}=\frac{1}{A}\sum_{k=1}^{n}\sum_{j=1}^{n}b_k\alpha_{hj}A_{kj}$$

不能转成：
$$\frac{1}{A}\sum_{j=1}^{n}\alpha_{hj}\sum_{k=1}^{n}b_k A_{kj}=\frac{1}{A}\sum_{k=1}^{n}$$
$$\sum_{j=1}^{n}b_k\alpha_{hj}A_{kj}$$

④ 积分号后式子过长，而此式又非多项式（即无＋、－号者），可在适当的因子中转行，如选在括号前转行，例如：
$$f_0(\theta)=k_n^{-1}\sum(2l+1)\left[\int_0^{\infty}\left(\frac{1}{2}\pi k_n r\right)^{\frac{1}{2}jl+\frac{1}{2}}(k_n r)\left(-\frac{A}{r^2}\right)F_{0,l}(r)\mathrm{d}r\right]$$

可写成：
$$f_0(\theta)=k_n^{-1}\sum(2l+1)\left[\int_0^{\infty}\left(\frac{1}{2}\pi k_n r\right)^{\frac{1}{2}jl+\frac{1}{2}}\right.$$
$$\left.\times(k_n r)\left(-\frac{A}{r^2}\right)F_{0,l}(r)\mathrm{d}r\right]$$

注意这里在 $(k_n r)$ 因子前转行。再如：
$$f_0(\theta)=\int_0^{\infty}j_{r+1}(k_n r)F_{0,l',g'}(r)r^{-1}\mathrm{d}r\int Y_{l'+1,g'-m}Y_{im}(\hat{r})Y_{l'g'}(\hat{r})\mathrm{d}r$$

若一定要转行，可在积分号前转行，写成：
$$f_0(\theta)=\int_0^{\infty}j_{r+1}(k_n r)F_{0,l',g'}(r)r^{-1}\mathrm{d}r$$
$$\times\int Y_{l'+1,g'-m}Y_{im}(\hat{r})Y_{l'g'}(\hat{r})\mathrm{d}r$$

注意第二行是依上行式子长度一半处写，并需用"×"号连接，不要用"·"号。

⑤ 分式的分子或分母太长，一行写不下时，可按下列两种情况处理。

a. 如分子分母都是多项式，则可在"＋"、"－"号处各自转行，转行处加"→"、"←"符号。例如：
$$\frac{W_n(j\omega)+W_{n+1}(j\omega)+W_{n+2}(j\omega)+W_{n+3}(j\omega)+W_{n+4}(j\omega)}{\int_{x_0}^{x}\mathrm{d}x+\iint e^{-m_1^x}x(\mathrm{d}x)^2+\iiint e^{-m_1^x}x(\mathrm{d}x)^3}$$

可改写成：
$$\frac{W_n(j\omega)+W_{n+1}(j\omega)+}{\int_{x_0}^{x}\mathrm{d}x+\iint e^{-m_1^x}x(\mathrm{d}x)^2+}\rightarrow$$
$$\leftarrow\frac{+W_{n+2}(j\omega)+W_{n+3}(j\omega)+W_{n+4}(j\omega)}{+\iiint e^{-m_1^x}x(\mathrm{d}x)^3}$$

这里用的转行符号"→"、"←",若在项末和项首以"+"号来代替也可。

b. 如分子分母都非多项式,则可在某些因子间各自转行;但不能在运算符号与被运算对象之间分拆转行,或在同一表达式各部分之间分拆。例如:

$$R_{111}(A_{11}) = \frac{\frac{k_{18}}{\pi A_{111}}(\sin A_{111} \sin\omega t)\int_0^{\frac{2\pi}{\omega}}\sin\omega t\,d\omega t}{(\alpha_\lambda,\alpha_ч-\alpha_\lambda,Б)2\pi\int_0^\infty P_\lambda f(\vartheta)I_\lambda,D(\vartheta)\cos\theta\sin\theta\,d\vartheta}$$

可改成:

$$R_{111}(A_{11}) = \frac{\frac{k_{18}}{\pi A_{111}}(\sin A_{111}\sin\omega t)}{(\alpha_\lambda,\alpha_ч-\alpha_\lambda,Б)2\pi}$$

$$\times\frac{\int_0^{\frac{2\pi}{\omega}}\sin\omega t\,d\omega t}{\int_0^\infty P_\lambda f(\vartheta)I_\lambda,D(\vartheta)\cos\theta\sin\theta\,d\vartheta}$$

注意:分子中($\sin A_{111}\sin\omega t$)不能分拆,$\int_0^{\frac{2\pi}{\omega}}\sin\omega t\,d\omega t$ 不能分拆,这些是运算符号与运算对象之间的关系;分母中($\alpha_\lambda,\alpha_ч-\alpha_\lambda,Б$)不能分拆,$P_\lambda f(\vartheta)$不能分拆,$[I_\lambda,D(\vartheta)]$不能分拆,它们是同一表达式之间的不能分拆部分。

此外,在科技论文中,常会使用各种符号。不同的符号在不同专业中均有特定的科学内涵,必须正确使用。现将各专业中常用的符号及所表示的意义介绍如下。

(一) 数 学

(1) 代数(附群论)

± 加减
∓ 减加
= 等于
≡ 恒等于
≠、≭ 不等于
≢ 不恒等于
≐、≑、≒、≓、≈、≅、≌ 近似等于(符号≌、≅有时也作"全等"解)
≃、≌ 近似于
∽ 相似于,等价于
∝、~ 比例于
△ 相当于
≫ 甚大于
≪ 甚小于
e 自然对数的底
∞ 无限大

$\cdots$　省略

$p!$　p 的阶乘

$n!!$　所有不超过 n 的奇偶性相同的自然数乘积，如 $8!!=8,6,4,2$

$\angle$、$\measuredangle$、$\angle$　角

$\triangle$　三角形

ab、$a\times b$、$a\cdot b$　a 乘以 b

$\bar{a}$、$<a>$　a 的平均值

$\sqrt{a}$、$a^{\frac{1}{2}}$　a 的平方根

$f(x)$、$F(x)$、$\phi(x)$　x 的函数

$|z|$　z 的绝对值，模数

z^*、$\bar{z}$、conj$z$　共轭数

C_n^r、$\binom{r}{n}$、nC_r、$\left\{\begin{matrix}n\\r\end{matrix}\right\}$、$C_r^n$ 或 $C(n,r)$　组合

$P(B/A)$　事件 A 出现的条件下事件 B 的条件概率

$M\xi$　ξ 的数学期望

$M(\xi/A)$　ξ 关于 A 的条件数学期望

$[a_{ij}]$　行列式，它的第 i 行 j 列元素为 a_{ij}

$[a_{ij}]$、$[A_{ij}]$、$\|a_{ij}\|$ 或 (a_{ij})　矩阵，它的第 i 行 j 列元素为 a_{ij}

$\Lambda f=f$，$\alpha: x\to y$ 或 $y=(x)$　α、Λ、α 等字母是映象(映照)的符号，集 S 映入集 T，S 中每一 x 在集 T 上有唯一的一个 y 与之相映的规律叫由 S 到 T 的映象

$f|X_0$　约束映象

$a: x \rightleftharpoons y$　一对一映象，一一对应映象或同构

$f^{-1}(M)$　原象（叫集 M 在映象 f 之下的原象）

F^E　由 E 到 F 中一切映象的全体

$g\cdot f=\varphi$　φ 叫做复合映象

$[G:H]$　子群 H 在群 G 上的指数

$G\wr H$　环节乘

$A_i\triangleleft A_{i-1}$　A_i 是 A_{i-1} 的正规子群

r_+、R_+　有理群或实群的加法群

$Z(p^\infty)$　阿尔贝群

$\chi(a)$　特征标

$V_{G\to K}(g)$ 或 $V(g)$　元素 g 的转移，元素 g 的变换

$\prod$　自由积

$[x,y]$　闭区间

$\{x,y\}$　由 x,y 所生成的置换群

$Q\xrightarrow{P_1}R$　透视性（以 P_1 为中心，平面 π_1 上的一任意点 Q 映射到平面 π_2 上的一点 R）

$x\cdot m\cdot b$　三元运算

(2) 数　论

$\|A\|$　A 的模数（范数）

a/b　　因子号，a 除得尽 b

$a \nmid b$　　非因子号，a 除不尽 b

$a \geqq b$　　（整数）a 含因子 b

$a \equiv b$　（mod m）同余式：$a-b$ 为 m 之倍数

$a \not\equiv b$　（mod m）$a-b$ 不为 m 之倍数

$[\alpha]$　　不超过 α 之最大整数

$\{\alpha\}$　　α 之分数部分

$\langle\alpha\rangle$　　α 和它最靠近之整数之距离

$p^u \| a$　　$p^u | a$，但 $p^{u+1} \nmid a$（p^u 除得尽 a，但 p^{u+1} 除不尽 a）

$\prod\limits_{\nu=1}^{n} a_\nu = a_1 a_2 \cdots a_n$、$\sum\limits_{\nu=1}^{n} a_\nu = a_1 + a_2 + \cdots + a_n$、$\prod\limits_{d|m} a_d$ 及 $\sum\limits_{d|m} a_d$ 均表示 d 过 m 之所有不同因子

$(n|p)$、$\left(\dfrac{n}{p}\right)$　　Legendre 符号

$\left(\dfrac{n}{m}\right)$　　Jacobi 符号

ind n　　n 之指数

(z_1, z_2, z_3, z_4)　　四点 z_1, z_2, z_3, z_4 的交比

ALB　　二方阵 A、B 左结合

$T_n(x)$　　Tchebycheff 多项式（n 阶）

$Ce_n(x)$、$Se_n(x)$　　Nathieu 函数

f　　广义函数序列 φ 的弱极限

$[a_0, a_1, \cdots, a_N]$ 或 $a_0 + \dfrac{1}{a_1} + \dfrac{1}{a_2} + \cdots + \dfrac{1}{a_N}$　　有限连分数

$\dfrac{p_n}{q_n} = [a_0, a_1, \cdots, a_n]$　　其第 n 个渐近分数

$S(\alpha) = \alpha^{(1)} + \alpha^{(2)} + \cdots + \alpha^{(n)}$　　α 之迹

$N(\alpha) = \alpha^{(1)} \alpha^{(2)} \cdots \alpha^{(n)}$　　α 之距

$\Delta(\alpha_1, \cdots, \alpha_n)$　　$\alpha_1, \cdots, \alpha_n$ 之判别式

$\Delta = \Delta R(\vartheta)$　　代数数域 $R(\vartheta)$ 之整底之判别式

（3）数 学 分 析

Δ　　差分算子

δ　　均差算子

∇　　递差算子

$[a, b)$、$[a, b, [$　　半开区间

$\{a_n\}$、$[a_n]$、(a_n)　　序列 $a_1, a_2, \cdots, a_n$

$\sum\limits_{1}^{n}$ 或 $\sum\limits_{i=1}^{n}$　　1 至 n 各整数的积

$\sum$　　求和

$\prod\limits_{1}^{n}$ 或 $\prod\limits_{i=1}^{n}$　　1 至 n 各整数的积

$\lim\limits_{x \to a} y = b$ 或 $\lim\limits_{x=a} y = b$　　当 x 趋近 a 时 y 的极限是 b

$\longrightarrow$　　趋向于，趋近于

$\overline{\lim}$、lim sup　上限极限值

$\underline{\lim}$、lim inf　下限极限值

$f(a+0)$、$f(a+)$、$\lim\limits_{x \downarrow a} f(x)$ 或 $\lim\limits_{x \to a+} f(x)$　　$f(x)$ 的右极限

$f(a-0)$、$f(a-)$、$\lim\limits_{x \uparrow a} f(x)$ 或 $\lim\limits_{x \to a-} f(x)$　　$f(x)$ 的左极限

$\dfrac{d^n y}{dx^n}$、$y^{(n)}$、$f^{(n)}(x)$、D_{xy}^n　　y 对 x 的 n 次导数

$\partial_x u$、$\dfrac{\partial u}{\partial x}$、$u_x$、$f_x$、$f'_x(x, y)$、$f_x(x, y)$、$D_x u$　偏导

☐　达朗贝微分算子

$\nabla \varphi$ 或 $\mathrm{grad}\varphi$　φ 的梯度

$\nabla \cdot a$ 或 $\mathrm{div}\, a$　a 的散度

$\nabla \times a$ 或 Curl of a、curl a、rot a　旋度

∇^2 或 Δ　拉普拉斯算符

$\int$　积分号

$\int f(x)dx$　积分表达式

$\int_a^b f(x)dx$　定积分

$\oint$　环积分、线性全积分

$\oiint$　闭路面积分

$\oint$　有方向的闭路线积分

$x_n \sim y_n$　极限 $x_n/y_n = 1$，渐近相等

$\begin{bmatrix} ij \\ k \end{bmatrix}$、$[ij, k]$、$C_{ij}^k$、$\Gamma_{ijk}$　Christoffel 符号

(p/q_i)　表在 p 中以 q_i 代 p_i 而得的局势

$\otimes$　张量乘积

(4) 数理逻辑、集论、拓扑、抽象空间

$\ni$　如此，则

$\ominus p$、$\sim p$、$-p$、$\bar{p}$、p'、$\neg p$　不是 p、非 p、否定

$p \wedge q$、$p \cdot q$、$p \& q$　理论积，p 和 q 二者皆…、p 和 q、"及"

$p \vee q$、$p \vee q$　理论和，p 和 q 中至少有一个、p 或 q、"或"

$p \backslash q$、p/q　非 p 和 q 两者同时成立、非 p 或非 q

$p \downarrow q$、$p \triangle q$　即非 p 又非 q

$E_{x, y}$　存在 x、y，则…

E_x、$\hat{x}$、C_x、$[x]$　x 合于 1 后面的条件，如 $\{x | x \in R \quad x > 5\}$ 意即 x 属于 R，以实数 R 作考虑问题的出发点根据大于 5 这一性质，可以由 R 中界定出一子集

$x \notin M$、$x \overline{\in} M$　x 不属于 M 集，用于元素（小写）与集（大写字母）之间

$\not\supset$、$\not\subset$、$\not\supseteq$　不包含

$\subsetneqq$　包含于不等于

$\sim M$、$C(M)$、$\overline{M}$、$\hat{M}$　余集

$M-N$、$M\sim N$、$M\setminus N$　差，M中去掉属于N的元，所剩下的叫M中N的余集

A^+　后继集合

$M\sim N$　所有MN的集都能一一对应

$A_n\uparrow A$　表示$A_1\subseteq A_2\subseteq A_3\cdots\subseteq A_n$且$A=\bigcup\limits_{n}^{\infty}A_n$

$A_n\downarrow A$　表示$A_1\supseteq A_2\supseteq A_3\cdots\supseteq A_n$且$\bigcap\limits_{n=1}^{\infty}A_n$

$\aleph$　Aleph 希伯来文第一个字母，代表自然数集的势

$\vee$-集　序集叫结封

$\wedge$-集　交封

$\times$　直积号

$|$　条件线，上下限线，因子线

$\mathring{A}$　集A的一切内点所成的集叫A的内部

$\text{Ext}(A)$　集A的外点的集叫A的外部

$\text{Fr}(A)$　A的缘点全体叫A的缘

$\dot{B}$　表示集B的开核（即含在B中的最大开集）

$\overline{M}$　M的闭包，M的一切附着点所组成的集叫M的闭包

$\overline{A}=E$　A叫稠集

$\overline{CA}=E$　A叫缘性集

$C\overline{A}=E$　A叫疏稀集

（主要依据 G. James：Mathematical Dictionary）

（二）物　理　学

α　平面角，角加速度，线胀系数，极化率，吸收因数，精细结构常数，内变换系数

α_T　热扩散因数

β　平面角，v/c，指数函数中的$1/kT$，玻尔磁子

Γ　级宽度

γ　平面角，表面张力，体胀系数，比热容之比，极化率，电导率，回转磁比率

γ_B　活度系数

Δ　质量盈余

δ　损失角，耗散因数

ε　分子吸引能，电容率

ε_0　真空的电容率

ε_r　相对电容率

η　黏滞度，效率

Θ　热力学温度（绝对温度），特性温度

k　压缩系数，比热之比，消光系数

λ　波长，热导率，响度级，衰变常数，蜕变常数

λ_C　康普顿波长

μ　约化质量，焦耳·汤姆孙系数，磁导率，电磁矩，粒子的磁矩，线吸收系数，化学势

μ'　电磁矩

μ_0 真空的磁导率
μ_a 原子吸收系数
μ_B 玻尔磁子
μ_e 电子的磁矩
μ_l 线吸收系数
μ_m 质量吸收系数
μ_N 核磁子
μ_n 中子的磁矩
μ_D 质子的磁矩
μ_r 相对磁导率
ν 频率,运动黏滞率,实物的数量
ν_B B 的化学计量数
ξ 反应程度
Π 渗透压
ρ 密度,电荷密度,电阻率,反射因数
Σ 宏观截面
σ 波数,正胁强,表面张力,面电荷密度,电导率,截面
τ 切胁强,透射因数,平均寿命
Φ 电势,磁通量,光通量
Φ_e 辐射通量
B 磁感应,电纳
B 磁感应
b 宽度,碰撞参量
C 电容
C_p, C_V 摩尔热容
c 速度,真空中光速,声速
$\bar{c}$ 平均速度
c^* 最可几速率
c_B 物质 B 的物质的量浓度
c_g 群速度
c_l 纵波速度
c_p, c_V 比热容
c_t 横波速度
$c, (c_x, c_y, c_z)$ 分子速度矢量及其分量
c_0 平均速度
D 扩散系数,电位移
D_T 热扩散系数
D 电位移
d 直径,相对密度
E 弹性模量,能量,电场,光照度,电场强度
E_e 辐照度
E_k 动能

E_D 势能

E 电场

e 正电子电荷

F 力，亥姆霍兹函数，自由能，超精细量子数，法拉第常数

F 力

f 摩擦系数，频率，敛集率，滚动摩擦系数

$f(c)$ 速度分布函数

G 重量，引力常数，切变模量，吉布斯函数，电导

G_m 磁导

g 重力加速度，g-因数，渗透系数

g_n 标准重力加速度

H 哈密顿函数，玻耳兹曼函数，焓，磁场强度

H 磁场

h 高度，普朗克常数

I 转动惯量，电流，发光强度，核自旋量子数，离子强度，焓

I_e 辐射强度

J 转动惯量，电流密度，总角动量量子数，转动量子数

J 电流密度，磁极化强度

j 磁偶极矩

j_i 总角动量量子数

j 磁偶极矩

K 体积弹性模量，转动量子数，平衡恒量

K_T 热扩散比

k 圆波数，玻耳兹曼常数，滚动摩擦系数

L 路程，拉格朗日函数，阿佛伽德罗常数，自感，光亮度，轨道角动量量子数

l 长度，平均自由程

l_i 轨道角动量量子数

M 力矩，磁化强度，互感，发光度，原子核质量，原子质量，磁量子数

M_r 相对分子质量

M_B 物质 B 的摩尔质量

M_e 辐射度

M_N 原子核质量

M 力矩，磁化强度

m 质量，分子质量，电磁矩，相数，电子质量，原子质量，溶液的摩尔浓度

m 电磁矩

N 分子数，匝数，中子数

N_A 阿佛伽德罗常数

n 分子的数密度，折射率，主量子数，实物的数量

n_i 主量子数

P 功率，介质极化强度，辐射通量，声能通量，质子数，压力

P 介质极化强度

p 动量，压强，广义动量，电偶极矩

p　　动量，电偶极矩

$\boldsymbol{p},(p_x,p_y,p_z)$　　分子动量矢量及其分量

Q　　配分函数，热量，电量，光量，四极矩，反应能，蜕变能

Q_e　　辐射能量

q　　广义坐标

R　　摩尔气体常数，电阻，核半径，线射程

R_1　　线射程

R_∞　　里德伯常数

r　　半径，溶液的摩尔比，汽化热

r_e　　电子半径

$r,(x,y,z)$　　分子位置矢量及其分量

S　　面积，熵，坡印廷矢量，自旋量子数，线阻止本领

S_a　　原子阻止本领

S_l　　线阻止本领

$\boldsymbol{S}$　　坡印廷矢量

s　　路程

s_i　　自旋量子数

T　　周期，动能，热力学温度（绝对温度）

$t_{\frac{1}{2}}$　　半衰期

t　　时间，温度

U　　能量，内能

U_e　　电位差

u　　速度，电位差

$\dot{u}$　　最可几速率

$\boldsymbol{u},(u_x,u_y,u_z)$　　分子速度矢量及其分量

$u_0,(\bar{u})$　　平均速度

V　　体积，势能，电势

V_{ij}　　分子 i 与分子 j 间的作用能

v　　速度，振动量子数

W　　功，质量

w_B　　物质 B 的质量分数

X　　电抗

x_B　　物质 B 的摩尔分数

Y　　导纳

Z　　配分函数，阻抗，原子序数，质子数

z　　离子的电荷数

z_B　　物质 B 的活度

（三）化　　学

$=$　　双键

$\equiv$　　叁键

$\longrightarrow$　　反应（化学方程和核反应方程）

( )　活度（配合物）

[ ]　浓度（配合物）

—　　离子键（如 Na^+—Cl^-）

—，∶　共价键（如 CO_2 可表示为 O∶∶C∶∶O）

……　在结构式中表示结合不紧密，亦可表示为键在这儿断裂

～　　高能键（在结构式中）

→　　配位键（如硝酸根离子可表示为 $O-N\genfrac{}{}{0pt}{}{\nearrow O}{\searrow O}$）

（四）植　物　学

♂　　雄性

♀　　雌性

×　　杂交，杂交植物

+　　接枝杂种

?　　表示鉴定者对其所鉴定的植物尚有疑问

（五）地植物学

soc.　植株地上部分密集，形成背景

cop^3.　植株的数量很多

cop^2.　植株的数量多

cop^1.　植株的数量相当多

sp.　植株的数量少，分散

sol.　植株的数量很少，甚稀疏

un.　仅一株

（六）动　物　学

♂　　雄性

♀　　雌性

☿　　中性

○　　雌雄不明

×　　杂交，杂交动物

⚰　　去势公畜

6.2　数字的使用

根据中华人民共和国国家标准 GB/T 15835—1995《出版物上数字用法的规定》要求，凡在科技出版物中涉及数字（包括时间、长度、质量、面积、容积等量值和数字代码）使用汉字和阿拉伯数字时，务必按照相关标准执行，自然科学和工

程技术出版物亦应使用该标准，并可制定专业性细则。

6.2.1 汉字数字的用法

在科技论文中，量的描述要比任何形式的文字作品都多，意义更重大。因此，数字的运用更加重要。在下列情况时，必须使用汉字数字。

根据规定的要求，凡是定型的词、词组、成语、惯用语、缩略语或具有修辞色彩的词语中作为语素的数字，必须使用汉字。例如：一律，一方面，二倍体，三叶虫，星期五，四氧化三铁，"十二五"计划，五局三胜制等。

中国干支纪年和夏历月日，以及中国清代和清代以前的历史纪年、各民族的非公历纪年，这类纪年不应与公历月日混用，并应采用阿拉伯数字括注公历。例如：腊月二十三日；丙寅年十月十五日；八月十五中秋节；秦文公四十四年（公元前722年）；藏历阳木龙年八月二十六日（1964年10月1日）；日本庆应三年（1867年）等。

凡是含有月日简称表示事件、节日和其他意义的词组，如果涉及一月、十一月、十二月，应用间隔号"·"将表示月和日的数字隔开，并外加引号，避免歧义。涉及其他月份时，不用间隔号，是否使用引号，视事件的知名度而定。例如："一·二八"事变（1月28日）、"一二·九"运动（12月9日）、五四运动、五一国际劳动节等。

凡是整数一至十，如果不是出现在具有统计意义的一组数字中，可以用汉字，但要照顾到上下文，求得局部体例上的一致。例如一个人、三册书、四种产品、六条意见、五个百分点等。

凡是相邻的两个数字并列连用表示概数，必须使用汉字，连用的两个数字之间不得用顿号"、"隔开。例如二三米、一两个小时、三五天、三四个月、十三四吨、四十五六岁、七八十种、二三百架次、一千七八百元、五六万套等。

凡是带有"几"字的数字表示约数，必须使用汉字。例如几千米、十几天、一百几十次、几十万分之一等。

凡是用"多"、"余"、"左右"、"上下"、"约"等表示的约数一般用汉字。如果文中出现一组具有统计和比较意义的数字，其中既有精确数字，也有用"多"、"余"等表示的约数时，为表示局部体例上的一致，其约数也可以使用阿拉伯数字。例如这次会议举行全国性评奖十余次，获奖作品有一千多件。参加会议的约三千名代表，三分之二是有成就的中青年。另外，在三十个省、自治区、直辖市还设有分会等等。

6.2.2 阿拉伯数字的用法

在科技论文中，凡数字或是汉字数字前面的数字，要用阿拉伯数字来表示。如统计表中的数值，包括正负整数、小数、百分比、分数、比例等，必须使用阿拉伯数字。例如：48，302，－125.03，34.05％，63％～68％，1/4，2/5，1∶500等等。

是否使用阿拉伯数字或是汉字数字，有时并没有明确的规定，如年月日、物理量、非物理量、代号中的数字，目前体例尚不统一。对这种情形，要求凡是可以使用阿拉伯数字而且又很得体的地方，特别是当所表示的数目比较准确时，均应使用阿拉伯数字。遇特殊情形，或者为避免歧解，可以灵活变通，但全篇体例应相对统一。例如时间（世纪、年代、年、月、日、时刻），要求使用阿拉伯数字的情况是公历世纪、年代、年、月、日等。例如：公元前8世纪、20世纪、80年代、公元前440年、公元7年、2009年10月1日等。

应该注意，年份一般不能用缩写。如1990年不应简作"九〇年"或"90年"。引文著录、行文注释、表格、索引、年表等，年月日的标记可按GB/T 7408—2005中的扩展格式。如：2009年9月30日和2009年10月1日可分别写作2009-09-30和2009-10-01，但是仍读作2009年9月30日、2009年10月1日。年月日之间使用半字线"-"。当月和日是个位数时，在十位上加"0"。

关于时间中的时、分、秒，通常用数字表示，例如：4时；15时40分（即下午3点40分）；14时12分36秒等。必要时，可按GB/T 7408—94中的扩展格式，即采用每日24小时计时制，时、分、秒的分隔符为居中冒号"∶"。例如：04∶00（4时）；15∶40（15时40分）；14∶12∶36（14时12分36秒）等。

凡是物理量量值必须用阿拉伯数字，并正确使用法定计量单位。小学和初中教科书、非专业科技书刊的计量单位可使用中文符号。例如：8736.80km（8736.80千米）；600g（600克）；100～150kg（100～150千克）；12.5m²（12.5平方米）等。再如外形尺寸是400mm×200mm×300mm（400毫米×200毫米×300毫米）；34～39℃（34～39摄氏度）；0.59A（0.59安〔培〕）等。

一般情况下的非物理量应使用阿拉伯数字。如21.35元；45.6万元；270美元；290亿英镑；48岁；11个月；1480人；4.6万册；600幅图画；550名代表等。再如：截至1984年9月，我国高等学校有新闻系6个，新闻专业7个，新闻班1个，新闻教育专职教员274人，在校学生1516人等。

多位整数与小数，应该使用阿拉伯数字书写，并要求注意多位整数和小数的分节。专业性科技出版物的分节法是：从小数点起，向左和向右每三位数字一组，组间空四分之一个汉字的位置（二分之一个阿拉伯数字）的位置。例如：2748456；3.14159265等。非专业性科技出版物如排版留四分空有困难，可仍采用传统的以千分撇","分节的方法。小数部分不分节。四位以内的整数也可以不分节。

关于尾数有多个"0"的整数数值的写法，按照专业性科技出版物根据GB 8170—87关于数值修约的规则处理，非科技出版物中的数值一般可以"万"、"亿"作单位。例如三亿四千五百万可写成345,000,000，也可以写成34,500万或3.45亿，但一般不得写作3亿4千5百万。

数值巨大的精确数字，为了便于定位读数或移行，作为特例可以同时使用"亿、万"作单位。例如：我国1982年人口普查人数为10亿817万5288人；1990年人口普查人数为11亿3368万2501人等。

凡是一个用阿拉伯数字书写的数值应避免断开移行。阿拉伯数字书写的数值在表示数值的范围时，使用波浪式连接号"～"。例如：150～200 千米，－36～－8℃，2500～3000 元等。

关于文件编号、证件号码和其他序号，应该用阿拉伯数字表示。序数词即使是多位数也不能分节。例如：国家标准 GB 2312—80；国办发［2007］9 号文件；国内统一刊号 CN 11-1399；85 号汽油；维生素 B_{12}；HP-3000 型电子计算机等。

关于使用引文标注时，标注中的版次、卷次、页码等，除古籍应与所据版本一致外，一般均使用阿拉伯数字。例如：李四光：《地壳构造与地壳运动》，载《中国科学》，1973（4），400-429。

在科技论文中，叙述数值的增加或减少时，也必须遵循正确的表示方法。数字的增加可用倍数或百分数表示。例如：

增加为过去的 2 倍——过去为 1，现在为 2；

增加到过去的 2 倍——过去为 1，现在为 2；

增加了 2 倍——过去为 1，现在为 3；

增加 2 倍——过去为 1，现在为 3；

增加 30%——过去是 100，现在是 130，即过去是 1，现在是 1.3。

数字的减少只能用百分数或分数表示。例如：

降低到 30%——过去是 100，现在是 30，即过去是 1，现在是 0.3；

降低了 30%——过去是 100，现在是 70，即过去是 1，现在是 0.7；

减少了 3/4——过去是 1，现在是 0.25。

不能用"降低×倍"或"减少×倍"，只能用"降低百分之几"或"减少几分之几"的提法。

表示空间大小以相乘数值书写。例如：

外形尺寸　　　　120mm×15mm×80mm

不允许写作　　　120×15×80mm

6.3　图和表的制作

6.3.1　图的制作

图表是科技论文写作中常用的辅助手段。数据、成果用表、图来表示，更为醒目。因此，科技论文作者普遍在论文中采用图表，使读者便于掌握重点，了解变化，对比异同。

表和图的作用大同小异。表的特点是列举可供运用、运算、对比的具体数值材料；而图的特点则是显示表格难以表达的各项材料之间的相互关系和变化趋势。作者可根据论文需要来运用它们。

在图的制作中，应明确以下几点。

① 要列出图序和图题 科技论文中的插图可辅助描绘难以用文字表达的内容。为了简化图面、突出主题，这种描绘通常多是示意性的。

但为了与论文内容相呼应，在图的下方应按图的出现顺序编号，称为图序；并在图序后给出图的标题，称为图题。图题力求简明扼要，不能啰嗦。

② 要给出标值 标值是指坐标轴上标注的计量值。通常以数值标注，并应说明计量单位。如果坐标轴仅表示定性变量，没有具体变量，则要在坐标轴顶端按变量增大方向画箭头示意。

③ 加注文字说明 如果在使用图题后尚不足以表述清楚时，可对图中内容加注文字说明。但说明力求简明，内容要与正文中叙述相一致。

6.3.2 表的制作

科技论文中出现的表格，大致有无线表、归类表、卡线表三种。

（1）无线表

适用于列出项目少，内容简单之处。制作时要注意项目的分类和计量单位，不要将计量单位与表内数据混在一起。例如：

长度	长度	长度/m
9 ⎫	9 米 ⎫	9 ⎫
8 ⎬ 错，缺计	8 米 ⎬ 错，单位	8 ⎬ 对
8 ⎬ 量单位	8 米 ⎬ 与数据混	8 ⎭
10 ⎭	10 米 ⎭ 在一起	10

项目相同的内容应归并一起。例如：

最大长度/米	最小长度/米
10	6
12	7
11	6

长度/米	
最 大	最 小
10	6
12	7
11	6

此表显得笨拙，难读，因为有重复，同时占据的篇幅也多。

此表较好，将项目和单位都归并到最高度，使读者一眼就看出关系来。

"米"可改用符号"m"，以节省篇幅。

在各项目之下不要重复很多相同数据。可画箭头代替，便于读者更快的了解。
例如：

长度/m	长度/m		长度/m	
5	5		5	
5	"		↑	
5	"			
5	"			
不用 5	不用 "	不要使用		多于三个
5	"	" " 符	5	的相同数
6	6	号，易致	6	值时，使
5	5	混乱。	5	用箭头。
6	6		6	
6	"		↓	
6	"			
6	"			
6	"		6	

（2）归类表
在表示隶属关系的多层次事项时采用，只需用横线、竖线或括号把文字连贯起来。
例如：

```
                    ×××
            ×××{       {×××
                    ×××
    ×××{
                    ×××
            ×××{       {×××
                    ×××
```

（3）卡线表
这是实际上应用最广泛的一类表格。其主要组成部分及形式可表示如下：
在制作表格时，每表均要列出表序和表题，即使只有一个表格，也要有表序和表题，不能省略。

表序　表格的组成部分

纵项项目	项　目	项　目	大　　项		项目栏
			项　目	项　目	
	表　内　大　项				表列内容
	表　内　大　项				

同时，每一个表格都必须在论文中引用。就是说，必须用"见表1"之类的话呼应，然后马上就要将表1插入文内（大型表格不适于放在文中的则可例外，在文中引用后，表格放在论文最后）。引用表格要按顺序，先引用的表标作表1，次引

用的表标作表 2，依此类推。

此外，当表格要由一页转到另一页时，项目栏和纵项项目要重复，使读者不需翻页即可了解每一页表格内容。各页的表号也要重复，但表的名称不需要重复。如"续表 1"，就足够了。

最后，应该指出，表格的制作是十分科学的，凡是相同项目要归并一起，做到同一栏目只加注一项，而力求避免重复。例如：

错误的格式

表 1 模式 A 和 B 的试验结果

试验编号	模式 A		
	变量（单位）	变量（单位）	变量（单位）
1			
2			
3			
4			
模式 B			
1			
2			
3			
4			

表内大项夹杂在项目栏中，项目不能通贯全表。
表内大项不能切断纵项栏。

正确的格式

表 1 模式 A 和 B 的试验结果

试验编号	变量（单位）	变量（单位）	变量（单位）
	模式 A		
1			
2			
3			
4			
	模式 B		
1			
2			
3			
4			

项目栏内各项目贯穿全表。
表内大项位置正确。

习题与思考题

1. 在科技论文撰写中所谓的专业技术语言指的是什么？试举例说明之。
2. 科技论文中数学式转行时应注意什么？
3. 科技论文中，汉字数字使用时要注意什么？
4. 一个长的数字表述时，常使用三位分节法。请问，何谓三位分节法？
5. 什么叫无线表，在科技论文中，哪些情况下适用无线表？
6. 何谓卡线表？制作卡线表应注意什么？
7. 请解释以下名词：
   图序 图题 图注 图文

7 毕业论文（设计）浅说

7.1 撰写毕业论文（设计）的目的和意义

在论述高等学校学生撰写毕业论文的目的之前，必须审视一下高校的办学任务是什么？对此，不妨引述先后任重庆大学和浙江大学校长、现任北京大学校长林建华的论述："一个公司要生存，所有的工作都必须围绕提高产品的质量，以适应市场的需求；现在我们大学里应该树立一种意识，大学的第一责任、最重要的使命是把学生培养好。如果培养的学生社会觉得没用，就像企业生产出来的废品一样，产品是废品或者说不对路的产品，没有销路的产品，那企业的生命力也将令人担忧。"林建华在另一次演讲中细数了中国大学职能的改变，从传授知识、培养绅士，到发现新知、发明新技术，再到运用技术、服务社会。大学的职能经历了多次变革，"纵使大学的职能经历万般演变，但根本使命始终是培养人才。"在他看来，学校的工作要以学生为本，学校应当调动一切资源，努力为学生提供最好的教育服务。林建华认为，创新创业教育本身就是大学教育很重要的一个组成部分。

因此，高等学校在教学计划中安排学生撰写毕业论文（毕业设计）有两个目的，一是通过撰写毕业论文对学生的知识及其能力进行全面考核；二是在学生的学习课程即将结束之时，按照学生的实际情况，安排一次独立完成的学术研究基本功的训练，以培养学生综合运用所学知识独立分析问题和解决问题的能力，为以后走上社会、服务社会打下良好的基础。当前，很多现实领域里出现的问题需要有创意的青年一代去解决，例如我国的交通拥堵、医疗体系改革、经济转型发展，这些都需要有创新能力的人去改变，因此创新教育是非常重要的。但是，传统课程及教材的改革是一个渐进的过程，而毕业论文（毕业设计）的安排则可以更快、更实际地开展起来，并取得立竿见影的效果。

对于学生个人而言，在高等学校学习的最后阶段，常常并不理解学校的良苦用心，不能以充分的精力和时间来完成毕业论文（毕业设计）的撰写任务，甚至会失去良好机会。按照我们从教的经验来说，教师无疑需要帮助学生解决"要我写"还是"我要写"的根本问题。在网络和信息得到充分应用的当今时代，要完成一篇"假"论文来充数是不困难的，但是这样做的最大危害是欺骗了自己。那么，为什么要认真地去写好、做好毕业论文（毕业设计）呢？大致有三条理由：第一，当你即将步入社会之时，必须做好缜密思考和充分准备，脚踏实地去面对未来。社会是一个大熔炉，既会给人太多的诱惑，又会给人太多的挑战，而最终的答案恰恰掌握在自己手中。惟有珍惜实实在在的机会，才能获得真真切切的回报；第二，在进行毕业论文（毕业设计）选题之时，其实也是选择自己的就业、创业方向和未来之路，这时，老师可能是你最可信赖的引路人，最了解你和最肯帮助你的人，因为只有老师对自己的学生最真心、最无私，老师是最愿意做出无私帮助的，而此时此刻，又是你最缺乏经验、最迷茫和最需要获得指导的时刻，因此，完成好毕业论文，是机不可失、失不再来的机会；第三，毕业论文（毕业设计）的完成，是步入社会前探讨专业技术及业务知识与未来工作岗位上如何适应的机会，如果认为自己应该有一番抱负的话，那么完成好毕业论文是自己初试牛刀的好时机，既可以借机向老师、同学求教，又可以展示和发挥自己在专业上的学习成果，此时花费了一分的投入，未来将会有十分的回报。

那么，何谓毕业论文或毕业设计呢？毕业论文的特点是什么？毕业论文应该如何选题？如何完成呢？在启动毕业论文写作之时，这都是必须了解的问题。只有这样才能比较准确地理解和掌握毕业论文写作的基本要求。

通常所称的毕业论文指的是大学本科生在毕业前必须完成的论文或毕业设计等的总称。关于毕业论文的概念，可以简单地解释如下。

根据《中华人民共和国学位条例》和《中华人民共和国学位条例暂行实施办法》的规定，高等学校本科毕业生在完成教学计划所规定的各项要求后，其课程学习和毕业论文，包括毕业设计和其他毕业实践环节的成绩表明确实已经比较好地掌握了本专业的基础理论或专门知识和基本技能，并且有从事科学研究工作和负担专门技术工作的初步能力的，经审核准予毕业，授予学士学位。那么，什么是毕业论文？哪些是上述文中所指的毕业设计和其他毕业实践环节？各高等院校根据不同专业的培养目标，在学生完成规定必须要掌握的基础知识和基础理论的同时，也要对学生进行各种技能训练和培养。为了更好地了解和检查学生的水平和能力，从一年级到三年级，学生除了在学校学习基础知识和基础理论之外，还要接受学年论文和毕业论文的训练，为将来更好地深造、更好地研究打下好的基础。因此，毕业论文是考察学生的专业知识和基本技能的一个综合性的作业。在学生完成毕业论文的过程中，可培养他们从事科学研究工作和负担专门技术工作的初步能力。如果基础课程和毕业论文都完成的话，学校及教育部就可以授予学位。

所谓毕业设计是指工科类专业的毕业班学生，结合工程实际的课题需要所进行的方案论证。论证时应进行技术经济分析，其内容通常包括三个部分：技术可行性分析、经济合理性分析以及综合评价与比较、择优。毕业设计通常包括的工程图纸应严格贯彻执行《技术制图与机械制图》国家标准；工程设计类的工程绘图折合成A0号图纸不少于3张；鼓励并逐步要求毕业生学会应用计算机进行设计、计算与绘图；工科类专业的软件类毕业设计内容除毕业设计说明书外，软件文档还应包括：有效程序软盘和源程序清单，软件设计说明书，软件使用说明书，软件测试分析报告和项目开发总结等。对计算机程序的结果要进行测试验证，答辩委员会根据设计方案、计算结果、演示情况和答辩水平给出成绩。

与毕业论文的要求一样，毕业设计的目的是：

① 通过毕业实践环节，帮助学生巩固和综合运用所学的基本理论和专业知识；

② 训练和提高学生进行调查研究、收集和整理资料、分析论证和完成论文或毕业设计的能力；

③ 提高学生运用所学知识进行设计、计算和解决实际问题的综合能力。

撰写毕业论文、完成毕业设计是在校大学生最后一次知识的全面检验，是对学生基本知识、基本理论和基本技能掌握程度和应用知识解决实际问题能力的一次总测试。大学生在学习期间，虽然按照教学计划完成了公共课、基础课、专业课以及选修课程等的学习，通过了考试或考查，但考查的是学生对本门学科所学知识的掌握程度和理解程度。毕业论文则不同，它不是单一地对学生进行某一学科已学知识的考核，而是着重考查学生运用所学知识对实际问题进行解决和研究的能力。

关于学校对于毕业论文（设计）的基本要求，也可简要地叙述如下。

完成论文的独立性 毕业论文（设计）必须由高等院校应届毕业生独立完成，每个学生必须自行完成论文的撰写。具体地说，毕业论文（设计）原则上要求一人一题，若由同一指导教师指导两名以上学生的毕业论文（设计）时，则不同学生要各有侧重，论文题目不能相同或雷同，要突出各自研究的主题。

论文论述的学术性 由于毕业论文（设计）是学生在完成学校规定的全部专业课程的基础上，由学院统一组织，教师具体指导下学生独立完成的实践性环节，内容必须是在领悟专业理论和相关知识的基础上，根据专业培养目标，坚持理论联系实际原则，独立收集文献资料，研究问题，综合运用所学知识和技能，巩固和扩展专业知识水平，完成写作任务。毕业论文（设计）可训练和评价学生的理论水平、专业知识、实践能力、思维能力和表达才能，可为今后在专业岗位上发挥自己的作用作准备。

毕业论文的内容力求有新意，即论文论述的问题要有所创新，要比文献论述的内容有所突破和提高，或能提出积极的建议、思路和对策等，以体现论文的学术性。

表述形式的规范性 毕业论文（设计）的写作还应该符合表述形式上的要求，即表述形式方面的规范性。前面几章中已经讲述了科技论文在表述形式上的规范性，毕业论文的写作可以参照这些要求进行。同时，毕业论文或毕业设计说明书还需要按照学校要求的统一格式、使用统一封面，全部用计算机打印（A4 打印纸，通常要求标题使用小三号字并要居中，正文使用五号字，中、英文摘要使用小五号字打印等）。

由于毕业论文、毕业设计说明书及设计图纸在通过论文答辩后通常将交由各有关单位资料室保管，因此，本科毕业生的毕业论文（设计）还有装订成册的要求，论文编排的顺序及格式通常为：①封面；②任务书；③目录（论文全部章节标题及页码）；④正文（包括中、英文摘要与关键词、参考文献等）；⑤指导教师评议表；⑥阅卷教师评议表；⑦答辩小组评议表；⑧封底等。

7.2 毕业论文（设计）的写作要求

毕业论文是有特定要求和明确审定标准的论文，对论文的选题、论点、论述方法、论述依据、论文的框架结构、语言表述等都有明确的规定。毕业论文也被称为毕业生在毕业前和专家进行的学术对话。所以，论文的陈述不要平铺直叙地介绍论文的内容，而应该注重介绍自己为什么要写这篇论文、自己的创新点和论文的局限性及不足等。由于撰写毕业论文的时间有限，加上种种客观条件的限制，撰写的毕业论文不可能尽善尽美，因此，对于不同的学生完成的毕业论文的写作，应该有一个恰如其分的评价。

一般来说，各个高校都制定了评价毕业论文水平的量化标准，通常按照论文的水平将其分为优秀、良好、中等、及格和不及格五个等级，不同等级的具体标准大致如下。

优秀

① 论文选题具有重大理论意义，有重要实用价值，能按时独立完成毕业论文（设计）任务书所规定的全部内容，具有较强的综合分析问题和解决问题的能力，并表现出某些独到的见解或创造性。

② 毕业论文、毕业设计说明书和设计图完备，内容正确、新颖、完整，并有一定深度，概念清楚、数据可靠、文字通顺、图表齐全、整洁、标准。

③ 在规定的答辩时间内能简明扼要地作出报告，对于提出的问题回答准确，表述清晰、正确。

良好

① 能按时独立完成毕业论文（设计）任务书所规定的全部内容，具有较强的综合分析问题和解决问题的能力。

② 毕业论文、毕业设计说明书和设计图完备，内容正确、新颖、完整，并有一定深度，概念清楚、数据可靠、文字通顺、图表齐全、整洁、标准。

③ 在规定的答辩时间内能简明扼要地作出报告，并能正确回答问题。

中等

① 能按时独立完成毕业论文（设计）任务书所规定的全部内容，具有较强的综合分析问题和解决问题的能力。

② 毕业论文（设计）说明书和设计图完备，内容正确，图表齐全并符合标准。

③ 对毕业论文（设计）讲述清楚，基本上能正确回答问题。

及格

① 基本达到毕业论文（设计）任务书所规定的要求，在非主要问题上出现一些错误。

② 毕业论文（设计）说明书内容基本完备，内容基本正确，图表齐备并符合标准。

③ 对毕业论文（设计）讲述基本清楚，经启发后能正确回答问题。

不及格

① 未能达到毕业论文（设计）任务书所规定的基本要求，毕业论文（设计）中有原则性错误。

② 毕业论文（设计）说明书和设计图概念不清，图表不全，不符合标准。

③ 对毕业论文（设计）内容讲述不清，经启发后仍不能正确回答问题。

为了帮助毕业生在实践环节和论文写作时能达到如上要求，特别应该明确并注意如下问题。

毕业论文（设计）的论点必须明确，同时，只有论文（设计）的论点新颖，论文才可能达到优秀的水平。

毕业论文（设计）的主题必须突出，无论分几个方面说明，都要始终围绕中心主题来进行。

毕业论文（设计）的叙述中必须论据充分，完整。所列举的材料要贴切，前人的评论、争论、以前和现在对这些论题所研究的结果均可以作为论据。

毕业论文（设计）的论述必须思路清晰，论文（设计）的文章结构要合理。

毕业论文（设计）的文字不必华丽，但表述要清楚明了。少用修辞手法，文章风格要质朴、清楚。

毕业论文（设计）的写作要规范。论点的提出要有依据；注释、引文要严格按照论文写作规范和标准加注。

7.3 毕业论文（设计）的选题指导

毕业论文（设计）的选题至关重要，选题是一个复杂而十分有意义的过程，是对自己以往学习的一个完整反思的过程。要认真回顾近年来自己对哪些内容学有心得、印象更深、更有兴趣，哪些领域的研究，探讨对自己未来走向社会更有用，以做好就业的准备。

通常，除有少数学生希望自主选题之外，有经验的指导教师都会提供一定数量的、适合本科毕业论文（设计）的课题供学生选择。在确定课题时，应以选择中、小型课题为主，以保证学生在一定的时间范围内，经过努力能基本完成所选课题的任务。允许几个学生共同选做同一个课题，但每个学生必须各自独立完成属于自己任务范围内的选题。决不能随便选一个题目由一个学生完成，而让其他人照抄、照搬来对付。

凡事开头难，毕业论文（设计）的选题是学生最为烦恼的难题之一，但又是不能回避的现实。因此，应该有信心完成选题的任务。

一般来说，毕业论文（设计）的选题可以按照以下几种方法进行。

一是学生自我选题，并征求指导老师的意见后确定论文的题目。学生自我选题的原则如下。

结合学生的学习专长自选题目 有些学生在大学学习期间，对某一方面学有心得，并有钻研或有所专长，希望能有机会自行选题并立题研究，在征得指导老师的同意后，可以立题研究。

依据学生的家庭或社会背景选题 有些学生希望结合家庭或社会背景的特殊情况自行选题并立题研究，在征得指导老师的同意后，可以立题研究。

结合学生就业方向自选题目 有些学生在论文研究开始前已联系好毕业后的工作单位，而工作单位又要求学生做某方面的项目研究，或已交给学生某方面的课题，经过指导教师认可，认为可以做出合格的毕业论文，则可做这方面题目。在这种情况下，学生积极性高，责任心也较强，能学以致用，一般论文的质量也比较好。

二是在老师指导下帮助学生选择课题。许多有科研项目的老师通常愿意从项目中选取本科生能完成的模块或分割成小的子课题，交给学生作为毕业论文来进行，然后以一定的形式写成论文。由于老师熟悉项目，项目又有实用背景，一般而言，多数学生经过努力都能完成。但有些科研项目太难，或涉及保密内容，或本科生不容易完成，在这种情况下，教师可能会让已确定保送为研究生，或确定留校的学生做这类题目。

三是教师根据社会需求选择题目。例如，院系根据教学、科研工作的需要，有的老师会指导学生分别来做社会需求的题目或其子课题的工作，这类工作有可能开始时还不很成熟,经过努力后,一般会比较顺利,成为有效的论文选题方法。有的工作甚至还要经过下一届本科生毕业实践的改进,才可以付之使用。有一些对路的、有用户支持的,以及可能将这类工作进一步发展为新成果、新产品的选题,特别容易得到学生和社会的欢迎。

在毕业论文的指导过程中,老师应该充分发挥热情和活力,帮助学生找到自己的兴趣点,设立清晰的研究目标,在遇到困难时要和学生一起去解决等。因此,在论文指导过程中,老师自己应该成为"创客",只有自己对创新活动有深入的体验,才能更好地帮助学生把毕业论文(设计)的创新内涵充分地发挥出来。

为了培养学生的创新精神和实践能力,迎接未来的挑战。具有现实意义的论文题目大致有以下三个来源:

一是跟踪学科发展和国内外科技创新研究热点进行选题,对社会经济发展和建设事业中急需解决的理论和实践问题进行研究论述,毕业论文的选题过程是指导学生熟悉社会、了解社会的过程,只有这样,才能真正地发挥热情和活力,选择好贴切社会实际的论文选题。例如:

  城市交通拥堵的因素分析及建议
  海洋微藻作为生物柴油生产新型能源的思考
  关于小型风力发电几种推广模式的可能性
  卫星遥感技术支持下的钱塘江出海口湿地层结构特征
  屠宰废水生物处理的效果研究
  利用体细胞变异筛选玉米耐盐突变体的研究等。

二是学生所在家乡和在工作实践中遇到的理论和现实问题,其中特别是与生态、环境相关的问题,如:

  关于居住楼层选择引起的思考
  ——各楼层噪声和尘埃分布规律探索
  外来入侵植物——加拿大一枝黄花生物学特性及传入中国风险研究与对策
  车内空气质量知多少
  ——××市载人交通工具空气质量对人体健康的分析
  家庭装修材料中的有害物质对几种昆虫行为影响的观察等等。

三是作者本人在学习、生活或工作实践中提出来的理论和现实问题。如:

  食品适宜贮藏温度简易判断法
  家庭下水管道堵塞时使用的几种化学疏通方案
  家用无线遥控门铃的电路设计
  家庭卧室及客厅照明灯自动感应开关的设计等等。

在思考论文选题时,应特别考虑以下三原则:

小而深入的原则,题目不宜大,但文章力求完整;
创新性原则,不一定要求题目别出心裁,但文章内容要有新意;

实用性和可操作性原则，力求能解决实际问题。

在毕业论文及毕业设计实践环节进行中，始终要要求学生有较高的素养，并要求学生具有谦虚的品德和求新的观念。在撰写毕业论文过程中，学生是主体，但与有关导师及实习调研单位仍存在教学关系。学生应虚心聆听学校和实习调研单位导师的指导，学生还应树立求新观念，去接受新知识、新事物，力求毕业论文是能反映时代要求的研究项目和应用项目。

7.4 毕业论文（设计）的准备

毕业论文的写作准备，大致包括材料准备、研究准备和写作准备三部分。

所谓材料准备，主要是指材料的收集和处理。

收集材料其实也是一个思考的过程，要带着问题进行，要有明确的针对性。收集材料的过程是完成论文文献准备的重要过程，一般来说，在阅读文献的基础上，要求写成文献综述，其内容主要是介绍与自己论题相关的成果有哪些重要的观点，以概括前人的观点，这是论文的有机组成部分，通常放在论文的第一部分来写。

所谓研究准备，是指在文献检索和调研的基础上，在完成文献综述前后，大致可以形成自己的观点，确定研究内容、研究思路和所采取的研究方法，并在老师的指导下进行课题的研究工作。这时应注意观察课题研究中的每个细节、现象和相关数据，及时地做出完整记录，并运用自己已学到的理论知识，以透过现象看本质地得出合理的研究结论，作为论文写作的第一手素材。

所谓写作准备，是指在初步完成研究工作的同时，开始拟订论文写作的提纲，确定论文内容与提纲之间的逻辑关系，这些关系的把握对论文写作的质量有着直接关系，在把收集到的材料和通过研究工作得到的第一手素材整理成文时，必须凝聚眼光、集中思路，论文的见解和观点要尽可能的客观、公允。在研究工作初步完成之后，要尽早尽快地开始初稿的写作工作。初稿的写作宜趁热打铁一气呵成，在完成初稿后，可以停下过几天然后再进行修改，论文最后的修改和定稿要放慢速度，要仔细地斟酌、推敲，不要心急，匆促成稿，前人的经验和教训告诫我们，急于成稿往往是写不成好文章来的，必须引以为戒。

7.5 毕业论文（设计）的答辩准备

毕业论文的最后形式是通过论文的答辩，一般是由学校聘请相关专家组成论文答辩委员会，在对毕业生提交的毕业论文评阅后，再进行论文答辩。在毕业论文答辩时，通过学生的口述及对答辩委员会委员们所提问题作出的答复，来考核学生的专业素质和工作能力、口头表达能力及应变能力；从而对学生知识面的宽、窄及对所学知识的理解程度作出判断；就该课题的发展前景和学生的研究思路、研究方向进行交流，并在此基础上对学生毕业论文的成绩做出合理的评价。

上述的毕业答辩由答辩委员会组织并主持，答辩委员由系主任或系学术委员会负责聘请，委员会设主席一人，秘书一人（亦可由主席兼任），一般由3~5名专家组成，成员需是讲师、副教授、教授或工程师、高级工程师，其中，至少一人具有高级职称。

答辩委员会的主要职责是：审阅毕业论文的书面材料；对学生的答辩资格给予认定；组织并主持论文的答辩；讨论并确定最后成绩及评语。

学生在答辩进行前应做好准备，在答辩进行时应注意的事项主要是：

在参加答辩前应拟好将要宣读的毕业论文要点，做好相关图、表或幻灯片、powerpoint等准备工作；

介绍论文要点内容时应突出表达自己的创新之处，凡是老师们已经明了的内容可以简要介绍，以节省时间；

论文要点介绍后，必须在听清楚老师提出的问题后再作答，在没有领会问题的意思时，可以请老师重复一遍，力求不出差错；

论文答辩中如果自己的回答被误解时，应该尽力争辩；

在论文答辩时，自始至终应注意礼貌，不应有不礼貌的任何行为举措。

在论文答辩完成后，学生最关心的是对自己毕业论文或毕业设计的评价，对于毕业论文、毕业设计和论文答辩的评价，各高等院校大致有相似的标准。

论文质量的评价 关于论文研究背景的综述是否简练完整，有见解；论文立论是否正确、论述是否充分、结论是否严谨合理；实验方法是否正确，分析、处理问题是否科学；文字是否通顺，技术用语是否准确，符号是否统一、编号是否齐全、书写是否工整规范。图表是否完整、整洁、正确；设计（论文）是否有应用价值。

论文工作量的评价 研究工作量是否饱满，研究的难度是否较大。

论文创新点的评价 论文论述的内容是否有重要的独特见解；对前人工作有无改进或突破，论述的内容是否有一定的应用价值。

论文答辩的评价 论文介绍的思路是否清晰；语言表达是否准确，概念是否清楚，论点是否正确；实验方法是否科学，分析归纳是否合理；结论是否严谨；回答问题是否有理论根据，基本概念是否清楚。主要问题回答是否准确、深入，对论文（设计）的应用价值是否作出了合理的介绍。

依据以上的标准，学生应该可以估计出教师对自己论文（设计）的评价。

习题与思考题

1. 何谓毕业论文？为什么大学本科毕业生在毕业前需要设置毕业论文写作（设计）这一环节？
2. 完成毕业论文、毕业设计的基本要求是什么？
3. 完成毕业论文、毕业设计的独立性的主要意思是什么？
4. 毕业论文、毕业设计的选题过程大概有几种确定的方式？
5. 面对即将开始的毕业论文、毕业设计环节，你大致会选择怎样的途径来确定选题？
6. 毕业论文、毕业设计的写作准备大致有几方面？
7. 毕业论文、毕业设计的写作主要应该注意的是什么？
8. 毕业论文、毕业设计的初稿完成后，怎样进行修改为好？
9. 什么叫毕业论文、毕业设计答辩？
10. 在毕业论文、毕业设计的答辩前，应做好哪些准备？

工程硕士专业学位论文概论

8.1 工程硕士专业学位研究生浅说

8.1.1 工程硕士教育的发展背景

工程硕士专业学位是与工程领域任职资格相关的专业性学位,它与工学硕士学位不同,又有相似之处,只是各有侧重。设置工程硕士专业学位、培养工程硕士标志着我国工科学位与研究生教育在制度建设、教学改革和办学模式改革等方面都取得了较大进展,开拓了新的发展方向;也是在社会经济发展和整个高等教育改革的大视野中认识、完善和不断推进工程硕士专业学位教育的重要举措。

随着世界经济一体化趋势的推进,使得各国之间的竞争特别是在科技、经济领域内的竞争激烈。在当前的经济竞争之中,以综合国力的竞争为特色,本质上是科技的竞争,是人才的竞争。我国实行的改革开放政策和建立社会主义市场经济体制的改革,一方面使我国的经济已纳入世界经济发展和竞争的大循环,另一方面也使我国的企业由传统生产型企业转变为生产经营型企业,企业为加快技术进步和产品开发,对人才的需求呈现出需求迫切、重心上移和规格多样化的特点。但是,我国工矿企业和工程建设单位,特别是大中型企业的高层次人才数量不足,科技人员年龄老化等问题日益突出,造成这种局面的原因虽然是多方面的,但与我国以往的工科研究生教育、学位类型和培养目标都比较单一,并且不同程度地存在着重理论研究、轻工程实践的传统观念相关,在相当程度上制约了这些问题的顺利解决。因此可以说,随着经济和社会的不断发展,工科研究生教育面临着很重要的挑战。

在 20 世纪 90 年代,我国面对上述挑战,并在考察和借鉴西方发达国家的工科研究生教育制度的基础上,开始设置了我国的工程硕士专业学位培养体制。发达国家在普遍设置学术型硕士和博士学位的同时,大都设置面向工程实践类型的学位和十分具体的培养计划,如美国的工程硕士计划、欧洲一些国家的文凭工程师制度和英国的大学-企业研究生联合培养计划等，都是发端于科学技术的不断进步和工业界的强烈需求，并在这种需求推动下完成的。为了适应我国企业需要、丰富工科研究生培养类型和规格，国务院学位委员会继 1996 年批准设立工程硕士之后，2012 年 3 月 8 日正式批准设立工程博士学位，我国从启动工程类型研究生的培养试点工作开始至今，已经积累了宝贵经验。并为我国科技、经济的快速发展做出了巨大贡献。

8.1.2　工程硕士教育催化"中国制造"的质变

应该看到，随着当前世界进入互联网＋、人工智能时代，创新发展已经成为包括我国在内的许多国家的发展战略。从我国设置工程硕士专业学位教育体制至今，在二十年左右的时间里，一批批工程技术人员、管理工作者和企业家从社会走进高等学校，又从高等学校走向了社会。这一过程几乎与我国经济社会快速发展同向而行，造就了"中国制造"和我国城市化进程的巨大变化。虽然我们无法寻找到它们之间直接的量化关系，但是，工程硕士专业学位教育的开展为我国经济社会的快速发展增添了可贵的正能量是无需怀疑的。"中国制造"的扬名天下已被认可，在此不妨以浙江省中部交易着 170 多万种小商品的"中国义乌小商品城"为例，其产品外向度达 65％以上，销往全球 219 个国家和地区，年出口标准货柜 65 万个。有 1.3 万名外商常驻义乌，2011 年，义乌获国家批准成为国家级国际贸易试点城市，俗称"贸易特区"，或许，从这些描述之中，可以感受到"中国制造"概念的某种印象了吧。

应该说，"中国制造"的出现及"中国制造"走向成功的因素绝不是单一的，但一定与我国坚持"科教兴国"战略和推行诸如工程硕士专业学位教育等种种举措密不可分。当然，我们不会停留在"中国制造"阶段而不再前进，除"中国制造"外，随着工程硕士专业学位及工程博士学位教育进程的扩大，在诸如"中国速度"、"中国智造"、"中国质造"方面也都已经开始，并将越来越成熟、成功。我国坚持走新型工业化道路，正在发展成为世界制造业和加工业中心，在调整和优化产业结构、提升工业产品档次的质量、增强综合竞争能力等方面，对先进制造等专业高层次应用型人才需求非常旺盛。随着新技术不断涌现，以微电子技术、信息技术为基础，以计算机、通信、网络、自动化为主体的产业发展迅猛，渗透力强，应用面广，对应用电子等工程专业高层次应用型专门人才需求量很大。因此，我国教育学科专业结构必须适应这一变化的趋势。据报道称，美国商务部在 2013 年 7 月正式发布了《创新与创业型大学：聚焦高等教育创新和创业》报告，其主题便是促进学生的创新和创业，支持大学科技成果转化与校企合作。同样，我国的工程硕士专业学位以及工程博士学位教育，也将必定会以创新模式来推进高层次应用型专门人才的培养。我们期待，我国正在推进的工程硕士专业学位以及工程博士学位教育一定会取得更显著的成功。

关于工程硕士专业学位研究生的培养目标、培养要求、培养方式及学位论文

（设计）等安排，教育部于1999年初，委托全国工程硕士专业学位教育指导委员会为促进在职攻读工程硕士专业学位研究生在入学要求、培养方式、学位授予等环节的规范化，确保培养质量，专门制订出《在职攻读工程硕士专业学位研究生培养方案的指导意见》，供各培养单位执行参考。

培养目标：工程硕士专业学位是与工程领域任职资格相联系的专业性学位，侧重于工程应用，着重培养应用型、复合型高层次工程技术和工程管理人才。

工程硕士专业学位研究生的培养要求是：

① 获得者应具备良好的政治素质、职业道德和创业精神，积极为我国经济建设和社会发展服务。

② 工程硕士专业学位获得者应掌握所从事工程领域的坚实的基础理论和宽广的专业知识；掌握解决工程问题的先进技术方法和现代技术手段；具有创新意识和独立担负工程技术或工程管理工作的能力。

③ 掌握一门外国语。

工程硕士专业学位研究生的入学要求是：

① 工程硕士专业学位研究生的招收对象主要为：取得学士学位后，从事3年或3年以上工程实践工作，经所在单位推荐的优秀在职人员。

② 报考人员须参加攻读工程硕士专业学位的入学考试。考试科目为外语、数学和专业综合考试。专业综合考试的重点是考核考生解决工程实际问题的能力。

关于培养方式及学习年限，具体安排是：

① 在职攻读工程硕士专业学位的研究生，采取进校不离岗的方式。课程学习实行学分制，但要求在校学习的时间累计不少于6个月。

② 学位论文由校内具有工程实践经验的导师与工矿企业或工程部门内经单位推荐的业务水平高、责任心强的具有高级技术职称的人员联合指导。来自企业的导师由学校按程序办理聘任手续。

③ 攻读工程硕士专业学位的学习年限最长不超过5年。

对课程设置及学分的要求是：

① 工程硕士专业学位的课程应针对工程特点和企业需求按工程领域设置。教学内容应具有宽广性和综合性，反映当代工程科学技术发展前沿。其中外语课程的要求是比较熟练地阅读本领域的外文资料；数学课程的要求是掌握解决工程实际问题的数学方法；专业课程应强调本领域的新技术、新方法和新工艺的学习与实践。

② 攻读工程硕士专业学位的研究生，至少要获得32学分。

③ 课程设置框架及必修环节：必修课程的学分不得少于17学分，其中政治理论课2学分；外国语（含基础部分和专业部分）5学分；基础理论类课程4学分；专业基础和专业类课程（不少于4门）10学分。

选修课程不少于3门计11学分，包括计算机应用类课程；经济、管理、法律和环境保护类课程；行业发展概论类课程和其他相关学科课程等。

除选修课程，另设的必修环节，其内容包括开题报告、论文工作中期报告等。

关于工程硕士专业学位研究生学位论文（设计）的要求是：

学位论文的选题应直接来源于生产实际或者具有明确的生产背景和应用价值，可以是一个完整的工程项目策划、工程设计项目或技术改造项目，可以是技术攻关研究专题，可以是新工艺、新设备、新材料、新产品的研制与开发。论文选题应有一定的技术难度、先进性和工作量，能体现作者综合运用科学理论、方法和技术手段解决工程实际问题的能力。

学位论文的形式包括研究论文和工程设计两类。

学位论文或工程设计评审与答辩：学位论文的评审应着重审核作者综合运用科学理论、方法和技术手段解决工程实际问题的能力；审核学位论文工作的技术难度和工作量；审核其解决工程实际问题的新思想、新方法和新进展；审核其新工艺、新技术和新设计的先进性和实用性；审核其创造的经济效益和社会效益。

攻读工程硕士专业学位研究生必须完成培养方案中规定的所有环节，成绩合格，方可申请参加学位论文答辩。

学位论文应有两位专家评阅，答辩委员会应由三至五位专家组成（其中至少有两位专家不是学位论文作者的导师）；评阅人和答辩委员会成员中均应有来自工矿企业或工程部门的具有高级专业技术职务的专家。

至于工程硕士专业学位的授予程序，凡通过课程考试取得规定学分并通过学位论文答辩的研究生，由培养单位学位评定委员会审核批准授予工程硕士专业学位。

8.2 工程硕士学位论文的准备过程

8.2.1 工程硕士研究生学位论文的准备工作

培养工程硕士的指导思想是为贯彻、实施科学发展观和可持续发展战略服务，促进科技、教育、经济与社会发展的紧密结合，为我国大中型企业培养和输送高层次工程技术和工程管理人才，增强我国企业实力和市场竞争能力。因此，按照这一指导思想，工程硕士学位论文的选题应直接来源于生产实际或具有明确的工程背景和应用价值，研究的内容可以是一个完整的工程技术项目或其中一部分。也就是说，实施这一教育的目的是为了培养研究生的能力，提高研究生的科学技术素质。而这种能力和科技素质的培养，虽然也结合使用课程教育的方式，但更重要的教育方式是结合学位论文完成的方式来进行的。而课程教育的方式既是完成学位论文的基础和铺垫，也是完成学位论文的积极和必要准备。

学位论文的完成，几乎是贯穿于工程硕士专业学位教育的全过程。学位论文（设计）工作是工程硕士生培养过程中必不可少的一环。通过学位论文（设计）的实践过程，可使工程硕士生得到全面的训练，巩固和深化所学的理论知识，拓宽知识面，培养独立运用所学基础理论与专业知识解决工程实际问题的能力，以利于自己为国家和所在企业的发展做出贡献。并且，学位论文的质量和水平的评价，也将等同于对该研究生的评价。因此，每一位接受工程硕士专业学位教育的研究生如果希望把自己的学位论文完成得更好、更出色，则需要努力做好完成学位论文的准备工作，包括思想认识上的准备和完成学位论文的各个环节的准备工作。

学位论文的完成，大致包括以下几个环节。

(1) 选题

应该指出，选题与以后所写作的论文题目既有关系，但并非一定是一回事。论文题目是在选题基础上拟定的，是选题的高度概括，但选题及写作不应受论文题目的限制，有时在写作过程中，选题未变，论文题目却可能几经修改变动，选题是完成学位论文写作关键的第一步，直接关系论文的质量。在确定选题时，大致要注意以下几点：

① 要认真思考选题的意义，包括该选题对解决工程实际问题的意义、明确的工程应用背景和应用价值，完成该选题的研究之后可能产生的社会效益和经济效益等；

② 要结合工程硕士专业学位教育与自己的工作实际，根据自己所熟悉的专业和研究兴趣，适当选择有理论和实践意义的课题；

③ 选题要明确，研究的选题要新颖，有新意，主题宜小不宜大，要能比较好地反映出自己的创新点；

④ 选题要立足于文献资料完整调研的基础上，文献调研既可了解别人对这个问题的研究达到了什么程度，以说明自己工作的意义和价值，也可以借鉴别人对这个问题的研究成果，把自己的工作做得更加完美，只有这样，才能做到所谓的"知己知彼，百战不殆"。

(2) 研究方案的设计

研究方案的设计是在选题确定之后，进一步提出问题并计划出解决问题的初步方案，以便使论文的研究和写作顺利进行。研究方案设计的构建并完成，对整个工程硕士专业学位论文的完成，起着重要作用。通常的工程硕士专业学位论文研究方案的设计应包括以下几方面：

① 专业设计　是根据选题的需要及现有的技术条件所提出的研究方案。所谓的专业设计，更多的是偏重于怎样说清楚该方案在学科理论指导下是可行的；

② 工程设计　为了实现本研究的研究目的，在工程技术上将是如何来运行的，这就是研究方案在技术上的可行性论证。现代工程设计包括使用统计学的方法来完成对所提出的实验数据作统计学处理方案，这种设计对含有实验对比样本的工程论文的写作尤为重要；

③ 写作设计 是为拟定提纲与执笔写作所考虑的初步方案。总之，写作设计是工程技术性的科研和论文写作的"蓝图"，离开完整的写作设计方案，将无法出色地完成工作。

（3）实验与实践

从事工程设计和研究的工程硕士专业学位论文或工程设计报告的论文撰写，与工程设计相关的实验或观察是极其重要的一步，它既是获得客观结果以引出正确结论的基本过程，也是积累论文资料准备写作的重要途径。实验是根据研究目的，利用各种物质手段（实验仪器、实践观察等），探索客观规律的方法；观察则是为了揭示现象背后的原因及其规律而有意识地对工程现象加以考察。二者的主要作用都在于搜集科学事实，获得科研的感性材料，发展和检验科学理论。二者的区别在于"观察是搜集工程现象所提供的东西，而实验则是从工程现象中提取它所愿望的东西。"因此，不管进行实验还是工程观察，都要详细认真，以各种事实为依据，并在工作中做好各种记录。有些工程硕士专业学位论文的撰写并不一定要进行实验或工程观察，但必要的社会实践活动仍是不可缺少的，只有将实践中得来的素材上升到理论，才有可能获得有价值的成果。

（4）文献资料搜集与处理

文献资料是构成论文的基础。因此，在选题确定前后，作者要对国内外文献资料的分析与综述做到心中有数。并在确定选题、进行设计以及必要的实践与实验之后，进一步做好资料的搜集与处理工作，这是为论文写作所做的必要准备。

论文的资料可分为第一手资料与第二手资料两类。前者也称为第一性资料或直接资料，是指论文作者亲自参与设计计算、实验、研究或观察记录下来的材料，都属于这类资料；后者也称为第二性资料或间接资料，是指有关专业或专题文献资料，主要靠平时的学习积累。在获得足够资料的基础上，还要进行加工处理，使之系统化和条理化，便于应用。对于论文写作来说，这两类资料都是必不可少的，要恰当地将它们运用到论文写作中去，注意区别主次，特别对于文献资料要在充分消化吸收的基础上适当引用。当然，对于第一手资料的运用也要做到真实、准确、无误。

（5）准备拟写论文提纲

准备好论文的提纲，对以后完成整个论文的撰写工作来说是十分重要的。拟写论文提纲也是论文写作过程中的重要一步，可以说从此进入正式的写作阶段。首先，要对学术论文的基本形式（常用格式）有一概括了解，并根据自己掌握的资料考虑论文的构成形式。对于初学论文写作者可以参考本书前面论述的论文类型和写作要领，做到心中有数；其次，要对掌握的资料做进一步的研究，通盘考虑众多材料的取舍和运用，做到论点突出，论据可靠，论证有力，各部分内容衔接得体。最后，要考虑论文提纲的详略程度。论文提纲可分为粗纲和细纲两种，前者只是提示各部分要点，不涉及整个材料和论文的展开，对于有经验的论文作者可以采用。但对初学论文写作者来说，最好拟一个比较详细的写作提纲，不但提出论文各部分要点，而且对其中所涉及的材料和材料的详略安排以及各部分之间的相互关系等都有所反映，写作时即可得心应手。

8.2.2 工程硕士学位论文的开题报告和中期检查

8.2.2.1 开题报告

一个正规的科研项目或研究课题，为了论证其研究的意义和方法的可行性，在构思课题时，通常都需要做好开题报告。所谓开题报告是指开题者对研究课题的文字说明材料，是由选题者把自己所构思的课题的概况向立项申请单位、资金赞助单位或指导者及专家、学者进行报告、陈述，征求他们对研究课题的意见、建议并进行评议，确定是否批准这一选题。在此，开题报告作为对工程硕士学位论文研究生正规培养的一个重要环节，也是以后审查学生论文完整性、科学性的依据材料之一。

开题报告通常由选题名称；选择该课题的目的、意义和必要性；国内、外对类似课题的研究现状；本课题研究的重点与主要研究方法、研究计划及参考文献等五大部分构成。经指导教师审定并提出审定意见后才算完成立题过程。

一般来说，工程硕士研究生的开题定于入学后的第三学期，或在第四学期的头一个月内完成。

工程硕士研究生开题的程序通常为：

① 导师及研究方向的确定 工程硕士生应在第三学期结束之前提出本人所拟订的研究方向及第二导师人选，并将课题研究的初步内容及第二导师的人选报系工程硕士办公室。在主管老师的指导下，经工程硕士生与校内研究生导师双向选择来确定第一导师。

② 材料准备 在导师的指导下确定研究方向，通过查阅文献、收集资料和调查研究确定研究课题。在此基础上，填写学校研究生院的《工程硕士学位论文开题报告登记表》。

在撰写开题报告时，应比较详细地陈述如下内容：

研究背景或立项意义（介绍国内外同类工作的进展情况）；

研究（或工作）目标；

研究的关键工程技术难点；

目前尚存在的问题；

研究计划和进度；

参考文献目录：撰写一篇与开题内容相关的综述性文章，在文章中必须引用不得少于20篇参考文献。

关于开题报告的审查，可以由所在学院的工程教育中心组织进行，只有在通过认可之后，选题方可被认为确定，并开始正式进行论文的整体工作。如果学生无法在规定时间内完成开题报告，则应该向学院工程教育中心提出申请，说明推迟完成的原因，无故推迟完成开题报告，学院将对学生作延期毕业处理。

8.2.2.2 工程硕士学位论文的中期检查

工程硕士学位论文的中期检查是学校或培养单位监督、检查研究生在完成论文期间的综合应用基础理论、专业知识、科学方法和技术手段分析和解决工程实际问题水平的重要监控方法。通常，所有研究生应在毕业论文答辩前三至六个月向学院工程教育中心和学位论文指导教师提交学位论文中期进展报告，由学院工程教育中心负责检查。所有研究生应在毕业论文答辩前两个月向学位论文指导教师提交学位论文初稿。一般来说，如学位论文中期检查未获通过，学校有权推迟相关研究生的答辩时间。

我国的许多学校规定，假如研究生的论文进展延迟，导师和研究生应及时向学院工程教育中心汇报并寻求解决方法。由于研究生本人原因造成答辩延误，将会影响研究生的毕业时间和学位的授予时间。

在完成工程硕士学位论文中期检查的过程中，许多学校已经积累了宝贵经验，把这一工作做得十分正规化、规范化。例如，许多学校都规范性地设计了"工程硕士专业学位论文中期质量检查记录表"或"工程硕士学位论文中期检查报告表"，或进行宏观监控、或按照量化方法作出定量计分的管理。在此把某学校的检查记录表举例如下。

××××大学工程硕士专业学位论文中期质量检查记录表

论文类型：工程设计类

学生姓名		研究方向		
学院		工程领域		
校内导师姓名		导师职务（职称）		
企业导师姓名		导师职务（职称）		
论文题目				
检查项目	检查内容		满分	实际得分
选题	解决工程实际问题，明确的工程应用背景和应用价值		10分	
文献综述	对国内外文献资料的分析与综述水平		10分	
技术难度与工作量	一定的技术难度，论文实际工作量不少于一年		20分	
设计内容与方法	设计方案合理，设计结构正确，设计依据详实可靠，设计方法体现一定的先进性。附录完整		20分	
知识水平	综合应用基础理论、专业知识、科学方法和技术手段分析和解决工程实际问题的水平		20分	
成果评价	新颖性、先进性、实用性。经济效益和社会效益		10分	
论文写作	概念清晰、结构合理、层次分明、文理通顺，符合有关标准规范		10分	
合计				分
专家评语：				
			专家签名：	

注：满分100分，60分及格

××××大学工程硕士专业学位论文中期质量检查记录表

论文类型：研究论文类

学生姓名		研究方向	
学院		工程领域	
校内导师姓名		导师职务（职称）	
企业导师姓名		导师职务（职称）	
论文题目			
检查项目	检查内容	满分	实际得分
选题	解决工程实际问题，明确的工程应用背景和应用价值	10分	
文献综述	对国内外文献资料阅读量、分析与综述水平	10分	
技术难度与工作量	一定的技术难度，论文实际工作量不少于一年	20分	
技术的先进性	先进技术方法和现代技术手段的运用；新思想、新方法、新工艺、新材料的应用	15分	
理论水平	理论推导、分析的严密性和完整性；综合运用基础理论和专业知识解决实际问题水平	15分	
成果效益	论文成果的经济效益和社会效益；论文成果的学术贡献	15分	
创新性或独立见解	创新性成果或独立见解	5分	
论文写作	论文的系统性、逻辑性、图文规范性和写作水平	10分	
合计			分
专家评语：			
			专家签名：

注：满分100分，60分及格

8.3 工程硕士学位论文的写作要求

8.3.1 概述

工程硕士学位论文（设计）一般应包括：文献阅读、选题调研及其报告撰写、理论分析、实践研究（或工程设计与实施、技术改造与开发等）以及论文（设计报告）撰写与论文答辩等环节。其中有的环节可视选题与实际要求不同有所取舍。

学位论文（设计）的写作要求应包括：在双导师指导下由工程硕士生独立完成；学位论文（设计）应具一定的系统性与完整性；应能体现研究与撰写者应用所学科学理论、方法和技术手段解决工程技术或工程管理实际问题的能力。

为确保学位论文（设计）质量，学位论文（设计）必须有一定的工作量。用于完成学位论文（或工程设计与实施）工作的实际时间一般不得少于一年半。选题的准备工作在第三学期着手进行，最迟至第四学期应提交选题报告与论文工作计划。

我国的国家工程硕士专业学位教育指导委员会十分重视工程硕士专业学位论文的质量。2000年，指导委员会委托有关单位进行专题研究，并在总结试点经验的基础上，对工程硕士专业学位论文基本要求进行了进一步完善。经指导委员会2005年工作会议研究，决定制定了"工程硕士专业学位论文基本要求（试行）"，并发至各培养单位和各工程领域教育单位参照执行。

8.3.2　论文选题的基本要求

工程硕士专业学位的论文基本要求是：工程硕士专业学位论文选题应直接来源于生产实际或具有明确的工程背景，其研究成果要有实际应用价值，论文拟解决的问题要有一定的技术难度和工作量，论文要具有一定的理论深度和先进性。

具体可从以下几个方面选取：
① 技术攻关、技术改造、技术推广与应用；
② 新工艺、新材料、新产品、新设备的研制与开发；
③ 引进、消化、吸收和应用国外先进技术项目；
④ 应用基础性研究、预研专题；
⑤ 一个较为完整的工程技术项目或工程管理项目的规划或研究；
⑥ 工程设计与实施。

8.3.3　论文形式的基本要求

工程硕士专业学位论文的形式，可以是工程设计或研究论文。但是，不管是工程设计或研究论文，都要求其内容应包括以下主要部分：
① 中英文摘要；
② 关键词；
③ 独立完成与诚信声明；
④ 选题的依据与意义；
⑤ 国内外文献资料综述；
⑥ 论文主体部分（研究内容、设计方案、分析计算、实验研究等）；

⑦ 结论；
⑧ 参考文献；
⑨ 必要的附录（包括企业应用证明、项目鉴定报告、获奖成果证书、设计图纸、程序源代码、论文发表等）；
⑩ 致谢。

8.3.4 论文内容要求

① 文献综述应对选题所涉及的工程技术问题或研究课题的国内外状况有清晰的描述与分析。

② 综合运用基础理论、科学方法、专业知识和技术手段对所解决的工程实际问题进行分析研究，并能在某方面提出独立见解。

③ 论文工作应有明确的工程应用背景，有一定的技术难度或理论深度，论文成果具有先进性和实用性。

④ 论文工作应在导师指导下独立完成，论文工作量饱满，一般应至少有一学年的论文工作时间。

⑤ 论文写作要求概念清晰、结构合理、层次分明、文理通顺、版式规范。
对不同领域或形式的论文另要求如下。

① 工程设计类论文，应以解决生产或工程实际问题为重点，设计方案正确，布局及设计结构合理，数据准确，设计符合行业标准，技术文档齐全，设计结果投入了实施或通过了相关业务部门的评估。

② 技术研究或技术改造类（包括应用基础研究、应用研究、预先研究、实验研究、系统研究等）项目论文，综合应用基础理论与专业知识，分析过程正确，实验方法科学，实验结果可信，论文成果具有先进性和实用性。

③ 工程软件或应用软件为主要内容的论文，要求需求分析合理，总体设计正确，程序编制及文档规范，并通过测试或可进行现场演示。

④ 侧重于工程管理的论文，应有明确的工程应用背景，研究成果应具有一定经济或社会效益，统计或收集的数据可靠、充分，理论建模和分析方法科学正确。

8.3.5 论文形式的规范要求

（1）论文封面的制作要求
学位论文封面用纸通常使用云彩纸。许多学校对工程硕士专业学位论文封面用纸的颜色也有所要求。如博士论文与硕士论文封面的颜色有所区别。
论文封面制作要求为，封面内容（封一）如下：
学校代码

学号（以学生证上的学号为准）
学校名称
学位论文的类别
论文题目（30个汉字以内）
院系名称
专业（即领域名称）
著作者姓名
指导教师（姓名和职称）
完成日期（用阿拉伯数字）
论文封面（封一）要求严格按标准样本制作。
论文封面（封底）须打印并签署"论文独创性声明"和"论文使用授权声明"。
论文书脊上印论文题目、作者姓名、学校或单位名。

（2）论文内容编排要求

虽然在工程硕士专业学位论文的字数上并没有明确的要求，其篇幅的大小可根据实际情况确定，但通常要求在2万字以上。

论文的排版形式有明确的要求：论文必须统一按Word格式以A4纸（"页面设置"按Word默认值）编排、打印、制作。正文内容的字体：宋体。字号：小4号。字符间距：标准。行距：20磅。

论文的撰写格式为：

目录
中文摘要（关键词）
英文摘要（关键词）
引言（前言）
正文
附录
参考文献
后记（致谢等内容）

8.4 论文的答辩和发表

8.4.1 论文答辩

在工程硕士专业学位论文（设计）按时基本完成后，应由所在学科、专业点安排有关教师并会同双导师进行审核，并聘请3名以上同行专家对论文进行预评审，提出修改意见。在学位论文（设计）经修改全部完成并经研究生院培养办审批后，方可进行正式评阅与答辩。

为严格工程硕士研究生培养，作为专业学位论文正式送审评阅与答辩的先决条件，工程硕士研究生应提交如下之一：能反映自身独立从事本职业务和技术工作能力的有关材料（原件及其复印件，原件供审核用）；在公开（或内部）正式出版刊物上发表的与本职业务与技术工作有关的论文或文章（刊物级别与数量不限）；或获奖证书（性质、级别与次数不限）。

① 答辩申请　研究生在完成学位论文后，持开题报告、导师指导论文记录、学位论文、导师对该论文的评语以及是否同意申请答辩的意见、在省级以上学术刊物上发表的与学位论文内容有关的学术论文，向所在学校提出论文答辩的申请。经研究生院主任签字同意后上报校研究生院。

研究生院有权对工程硕士学位论文进行抽查外审，并提出意见。

② 论文答辩　学校在审查研究生的学位论文并认为符合论文答辩的要求，并送交相关的专家评阅后，聘请相关的专家组成论文答辩委员会。论文评阅人与答辩委员会组成人员中均应安排有来自工矿企业或工程建设部门且具有高级专业技术职务（专业相同或相近的）的专家参加。论文评阅人应不少于3人（双导师不参加），其中2人应为校外专家，且论文作者本单位的专家不超过1人。答辩委员会不少于5人（双导师不参加），其中2人应为校外专家（要求同上）。答辩委员会主任原则上应由校外专家担任。学位论文评阅人和答辩委员会成员中必须有一人是实际工作单位中具有高级专业技术职务非申请人所在单位的专家、学者。通常申请人的导师不担任论文评阅人和答辩委员。

答辩时间每人不少于60分钟，其中学员报告不少于20分钟。

8.4.2　论文的评价标准

在论文答辩前，参加答辩的研究生最为关心的是专家们将会如何评价自己的论文，为此而感到紧张。其实，尽管不同研究生的工程硕士学位论文在内容和形式上各不相同，但对于论文的评价，却有着比较规范的标准。在此，举例如下：

表1　工程硕士专业学位论文评价指标体系（工程设计类）

评价项目	评 价 要 素	满分	得分
选题(A1)	解决工程实际问题,明确的工程应用背景和应用价值	10	
文献综述(A2)	对国内外文献资料的分析与综述水平	10	
技术难度与工作量(A3)	一定的技术难度,论文实际工作量不少于一年半	20	
设计内容与方法(A4)	设计方案合理,设计结构正确,设计依据翔实、可靠,设计方法体现一定的先进性。附表完整	20	

续表

评价项目	评 价 要 素	满分	得分
知识水平(A5)	综合运用基础理论、专业知识、科学方法和技术手段分析和解决工程实际问题的水平	20	
成果评价(A6)	新颖性、先进性、实用性；经济效益和社会效益	10	
论文写作(A7)	概念清晰、结构合理、层次分明、文理通顺、版式规范	10	
总成绩	A＝A1＋A2＋A3＋A4＋A5＋A6＋A7		

表 2　工程硕士专业学位论文评价指标体系（研究论文类）

评价项目	评 价 要 素	满分	得分
选题(A1)	解决工程实际问题，明确的工程应用背景和应用价值	10	
文献综述(A2)	对国内外文献资料的阅读量、分析与综述水平	10	
技术难度与工作量(A3)	一定的技术难度，论文实际工作量不少于一年半	20	
技术的先进性(A4)	先进技术方法和现代技术手段的运用；新思想、新方法、新工艺、新材料的应用	15	
理论水平(A5)	理论推导、分析的严密性和完整性；综合运用基础理论和专业知识解决工程实际问题的水平	15	
成果效益(A6)	论文成果的经济效益和社会效益；论文成果的学术贡献	15	
创新性或独立见解(A7)	创新性成果或独立见解	5	
论文写作(A8)	论文的系统性、逻辑性、图文规范性和写作水平	10	
总成绩	A＝A1＋A2＋A3＋A4＋A5＋A6＋A7＋A8		

8.4.3　学位论文的发表

有些学校要求工程硕士专业学位研究生在工程硕士论文答辩前须在下述刊物或会议上以第一作者的身份发表至少一篇学术论文（以录用通知为准），并要求该论文必须加注本单位名称，否则无效。

① 刊物　关于论文发表的所在刊物，有些学校也有明确的要求。例如，规定必须是本专业或本学科的专业技术性核心刊物、学报及国外同类学科的所有期刊，或工程硕士研究生所在行业的核心刊物等。

② 会议　在国际会议上宣读或发表的文章。

8.4.4　学位授予

按照规定，工程硕士专业学位研究生按培养方案要求，取得规定学分，通过学位论文（设计）答辩后，由校学位评定委员会审议通过并授予工程硕士学位。即工程硕士专业学位在修满规定的学分后,在职攻读工程硕士学位研究生在双导师(学校和企业)或导师组的指导下,结合本企业工作实际,边工作边撰写学位论文。撰写学位论文时间不少于一年。学位论文经答辩通过后,按在职人员攻读工程硕士专业学位的有关规定授予工程硕士学位。

习题与思考题

1. 什么是工程硕士专业学位?什么是工程硕士专业学位研究生?
2. 工程硕士专业学位研究生的培养目标是什么?
3. 我国对工程硕士专业学位研究生的培养有何要求?
4. 国家对工程硕士专业学位研究生的培养方式有何规定?
5. 为什么说学位论文的完成过程贯穿于工程硕士专业学位教育的全过程之中?
6. 什么是工程硕士专业学位论文的开题报告?开题报告应如何进行?
7. 什么是工程硕士专业学位论文的中期检查?中期检查是怎样进行的?
8. 工程硕士专业学位论文开始撰写前,应如何进行准备?
9. 工程硕士专业学位论文的内容包括哪些部分?
10. 工程硕士专业学位论文的撰写过程,主要包括哪些环节?
11. 工程硕士专业学位的论文答辩是如何进行的?答辩前应做什么准备?
12. 工程硕士专业学位论文的质量评价标准是什么?

9 附 录

9.1 科技论文中常用符号与词头

9.1.1 希腊字母(正体与斜体)

alpha	A	α	A	α
beta	B	β	B	β
gamma	Γ	γ	Γ	γ
delta	Δ	δ	Δ	δ
epsilon	E	ε	E	ε
zeta	Z	ζ	Z	ζ
eta	H	η	H	η
theta	Θ	ϑ,θ	Θ	ϑ,θ
iota	I	ι	I	ι
kappa	K	κ	K	κ
lambda	Λ	λ	Λ	λ
mu	M	μ	M	μ
nu	N	ν	N	ν
xi	Ξ	ξ	Ξ	ξ
omicron	O	o	O	o
pi	Π	π	Π	π
rho	P	ϱ,ρ	P	ϱ,ρ
sigma	Σ	σ	Σ	σ
tau	T	τ	T	τ
upsilon	Υ	υ	Υ	υ
phi	Φ	φ,ø	Φ	φ,ϕ
chi	X	χ	X	χ
psi	Ψ	ψ	Ψ	ψ
omega	Ω	ω	Ω	ω

9.1.2 数字词头

1/2	Hemi	13	Trideca
1	Mono	14	Tetradeca
1½	Sesqui	15	Pentadeca
2	Di 或 Bi	16	Hexadeca
3	Tri	17	Heptadeca
4	Tetra	18	Octadeca
5	Penta	19	Nonadeca
6	Hexa	20	Eicosa
7	Hepta	21	Henicosa
8	Octa	30	Triconta
9	Nona	40	Tetraconta
10	Deca	50	Pentaconta
11	Undeca	60	Hexaconta
12	Dodeca		

9.1.3 基本单位词头

因数	词头中文名称	符号
10^{24}	尧[它]	Y
10^{21}	泽[它]	Z
10^{18}	艾[可萨]	E
10^{15}	拍[它]	P
10^{12}	太[拉]	T
10^{9}	吉[咖]	G
10^{6}	兆	M
10^{3}	千	k
10^{2}	百	h
10^{1}	十	da
10^{-1}	分	d
10^{-2}	厘	c
10^{-3}	毫	m
10^{-6}	微	μ
10^{-9}	纳[诺]	n
10^{-12}	皮[可]	p
10^{-15}	飞[母托]	f
10^{-18}	阿[托]	a
10^{-21}	仄[普托]	z
10^{-24}	幺[科托]	y

9.2 法定计量单位

9.2.1 概述

1960年国际计量大会通过了国际单位制（SI）。由于国际单位制科学、实用，便于各国互相交流，所以世界上大部分国家已经采用。中国于1984年由国务院发布了《关于在我国统一实行法定计量单位的命令》，同时还颁布了《中华人民共和国法定计量单位》，要求从1986年起一律使用法定计量单位。但由于应用旧制已成习惯，新制尚未掌握；尤其是有些测试仪器至今还是旧制等各种因素，法定计量单位并没有得以全面实施。1993年12月由国家技术监督局批准，再次发布中华人民共和国国家标准《量和单位》GB 3100~3102—93，规定自1994年7月1日起开始实施。要求1995年7月1日以后出版的科技书刊、报纸、新闻稿件、教材等在使用量和单位的名称、符号、书写规则时都应符合新标准的规定。

9.2.2 SI基本单位

国际单位制以表9-1中的七个基本单位为基础，其定义见下节。

表 9-1 SI 基本单位

量的名称	单位名称	单位符号	量的名称	单位名称	单位符号
长度	米	m	热力学温度	开[尔文]	K
质量	千克(公斤)	kg	物质的量	摩[尔]	mol
时间	秒	s	发光强度	坎[德拉]	cd
电流	安[培]	A			

注：1. 圆括号中的名称，是它前面的名称的同义词。

2. 无方括号的量的名称与单位名称均为全称。方括号中的字，在不致引起混淆、误解的情况下，可以省略。去掉方括号中的字即为其名称的简称。

3. 本标准所称的符号，除特殊指明外，均指我国法定计量单位中所规定的符号以及国际符号。

4. 日常生活和贸易中，质量习惯称为重量。

9.2.3 SI基本单位的定义

米 米是光在真空中（1/299 792 458）s时间间隔内所经路径的长度。[第17届CGPM(1983)]

千克 千克是质量单位，等于国际千克原器的质量。[第1届CGPM(1889)和

第 3 届 CGPM(1901)]

秒 秒是铯-133原子基态的两个超精细能级之间跃迁所对应的辐射的 9 192 631 770 个周期的持续时间。[第 13 届 CGPM(1967)，决议 1]

安培 安培是电流的单位，在真空中，截面积可忽略的两根相距1m的无限长平行圆直导线内通以等量恒电流时，若导线间相互作用力在每米长度上为 2×10^{-7} N，则每根导线中的电流为1A。[CIPM(1946)，决议 2。第 9 届 CGPM(1948)批准]

开尔文 热力学温度开尔文是水三相点热力学温度的1/273.16。[第 13 届 CGPM(1967)，决议 4]

注：
① 第 13 届 CGPM(1967)，决议 3) 还决定单位开尔文与符号 K 用于表示温度间隔或温度差。
② 除以开尔文表示的热力学温度（符号 T）外，也使用按式 $t=T-T_0$ 所定义的摄氏温度（符号 t），式中 $T_0=273.15$K。单位"摄氏度"等于单位"开尔文"；"摄氏度"是表示摄氏温度时，用来代替"开尔文"的一个专门名称。但是摄氏温度间隔或摄氏温度差可以用摄氏度表示，也可以用开尔文表示。

摩尔 摩尔是一系统的物质的量，该系统中所包含的基本单元数与0.012kg碳-12的原子数目相等。在使用摩尔时，基本单元应予指明，可以是原子、分子、离子、电子及其他粒子；或是这些粒子的特定组合。[第 14 届 CGPM(1971)，决议 3]

坎德拉 坎德拉是一光源在给定方向上的发光强度，该光源发出频率为 540×10^{12} Hz 的单色辐射，且在此方向上的辐射强度为 (1/683) W/sr。[第 16 届 CGPM(1979)，决议 3]

9.2.4 SI 导出单位

表 9-2 包括 SI 辅助单位在内的具有专门名称的 SI 导出单位

量的名称	SI 导出单位		
	名称	符号	用 SI 基本单位和 SI 导出单位表示
[平面]角	弧度	rad	$1\text{rad}=1\text{m/m}=1$
立体角	球面度	sr	$1\text{sr}=1\text{m}^2/\text{m}^2=1$
频率	赫[兹]	Hz	$1\text{Hz}=1\text{s}^{-1}$
力	牛[顿]	N	$1\text{N}=1\text{kg}\cdot\text{m/s}^2$
压力,压强,应力	帕[斯卡]	Pa	$1\text{Pa}=1\text{N/m}^2$
能[量],功,热量	焦[耳]	J	$1\text{J}=1\text{N}\cdot\text{m}$
功率,辐[射能]通量	瓦[特]	W	$1\text{W}=1\text{J/s}$
电荷[量]	库[仑]	C	$1\text{C}=1\text{A}\cdot\text{s}$
电压,电动势,电位,(电势)	伏[特]	V	$1\text{V}=1\text{W/A}$
电容	法[拉]	F	$1\text{F}=1\text{C/V}$
电阻	欧[姆]	Ω	$1\Omega=1\text{V/A}$

续表

量的名称	SI 导出单位		
	名称	符号	用 SI 基本单位和 SI 导出单位表示
电导	西[门子]	S	$1S=1Ω^{-1}$
磁通[量]	韦[伯]	Wb	$1Wb=1V·s$
磁通[量]密度,磁感应强度	特[斯拉]	T	$1T=1Wb/m^2$
电感	亨[利]	H	$1H=1Wb/A$
摄氏温度	摄氏度	℃	$1℃=1K$
光通量	流[明]	lm	$1lm=1cd·sr$
[光]照度	勒[克斯]	lx	$1lx=1lm/m^2$

表 9-3 由于人类健康安全防护上的需要而确定的具有专门名称的 SI 导出单位

量的名称	SI 导出单位		
	名 称	符 号	用 SI 基本单位和 SI 导出单位表示
[放射性]活度	贝可[勒尔]	Bq	$1Bq=1s^{-1}$
吸收剂量 比授[予]能 比释动能	戈[瑞]	Gy	$1Gy=1\,J/kg$
剂量当量	希[沃特]	Sv	$1Sv=1\,J/kg$

9.2.5 可与 SI 并用的我国法定计量单位

表 9-4 可与国际单位制单位并用的我国法定计量单位

量的名称	单位名称	单位符号	与 SI 单位的关系
时间	分	min	$1min=60s$
	[小]时	h	$1h=60min=3600s$
	日,(天)	d	$1d=24h=86400s$
[平面]角	度	°	$1°=(\pi/180)rad$
	[角]分	′	$1′=(1/60)°=(\pi/10800)rad$
	[角]秒	″	$1″=(1/60)′=(\pi/648000)rad$
体积	升	L,(l)	$1L=1dm^3=10^{-3}m^3$
质量	吨	t	$1t=10^3kg$
	原子质量单位	u	$1u≈1.660540×10^{-27}kg$
旋转速度	转每分	r/min	$1r/min=(1/60)s^{-1}$
长度	海里	n mile	$1n\ mile=1852m$(只用于航行)
速度	节	kn	$1kn=1n\ mile/h=(1852/3600)m/s$(只用于航行)
能	电子伏	eV	$1eV≈1.602177×10^{-19}J$

续表

量的名称	单位名称	单位符号	与 SI 单位的关系
级差	分贝	dB	
线密度	特[克斯]	tex	$1\text{tex}=10^{-6}\text{kg/m}$
面积	公顷	hm^2	$1\text{hm}^2=10^4\text{m}^2$

注：1. 平面角单位角、分、秒的符号，在组合单位中应采用（°）、（′）、（″）的形式。例如，不用°/s 而用（°）/s。

2. 升的符号中，小写字母 l 为备用符号。

3. 公顷的国际通用符号为 ha。

根据习惯，在某些情况下，表 9.4 中的单位可以与国际单位制的单位构成组合单位。例如：kg/h, km/h。

9.2.6　文稿中应停止使用的单位

按照新标准，今后在文稿中应停止使用的单位如下。

① 包括"亩"在内的所有市制单位。

② 除公斤、公里、公顷以外的所有带"公"字头的单位。例如，公尺、公分、公升、公吨等。

③ 英制单位。

④ 常见的目前尚在不少文稿中出现的废弃单位，共 33 个，列于表 9.5 中，同时给出了与法定计量单位的换算因数，仅供参考。

表 9-5　常见废弃单位与法定单位换算因数表

废弃单位名称	符　号	换算因数
微（米）	μ	$1\mu=1\mu\text{m}$
费密	Fermi	$1\text{Fermi}=10^{-15}\text{m}=1\text{fm}$
达因	dyn	$1\text{dyn}=10^{-5}\text{N}$
千克力	kgf	$1\text{kgf}=9.80665\text{N}$
吨力	tf	$1\text{tf}=9.80665\text{kN}$
标准大气压	atm	$1\text{atm}=101.325\text{kPa}$
工程大气压	at	$1\text{at}=9.806\times10^4\text{Pa}$
托	Torr	$1\text{Torr}=133.322\text{Pa}$
毫米汞柱	mmHg	$1\text{mmHg}=133.322\text{Pa}$
毫米水柱	mmH$_2$O	$1\text{mmH}_2\text{O}=9.80665\text{Pa}$
泊	P	$1\text{P}=0.1\text{Pa}\cdot\text{s}$
斯（托克斯）	St	$1\text{St}=10^{-4}\text{m}^2/\text{s}$
西西	cc	$1\text{cc}=1\text{mL}$
兰氏度	°R	$1°\text{R}=(5/9)\text{K}$
开氏度	°K	$1°\text{K}=1\text{K}$
华氏度	°F	$t_F/\text{F}=(9/5)T/\text{K}-459.67$
道尔顿	D	$1\text{D}=1\text{u}$
[米制]克拉		1 克拉$=200\text{mg}$
转每分	rpm	$1\text{rpm}=1\text{r/min}$
尔格	erg	$1\text{erg}=10^{-7}\text{J}$
卡	cal	$1\text{cal}=4.1868\text{J}$

续表

废弃单位名称	符号	换算因数
大卡	kcal	1kcal=4.1868kJ
度（电能）		1度=1kW·h
[米制]马力		1马力=735.499W
辐透	ph	$1ph=10^4 lx$
熙提	Sb	$1Sb=10^4 cd/m^2$
尼特	nt	$1nt=1cd/m^2$
屈光度	D	$1D=1m^{-1}$
奥斯特	Oe	$1Oe=(1000/4\pi)A/m$
高斯	Gs	$1Gs=10^{-4}T$
麦克斯韦	Mx	$1Mx=10^{-8}Wb$
体积克分子浓度	M	
当量浓度	N	

注："转每分"仍为法定计量单位 r/min 的名称。

9.2.7 单位使用的注意事项

当前，在新、旧单位体制使用的交替阶段，使用量和单位方面存在着许多问题，现将这些常见的问题列举如下，应予以注意。

① 已经废除的物理量名称，如比重（应称为相对密度）、比热（应称为比热容）、分子量（应称为相对分子质量）、当量浓度（应称为等物质的量规则）、质量百分比浓度（应称为 B 的质量分数）等应废弃的量名称，不应再使用。

② 不善于使用量符号或未使用标准规定的量符号。一些科技论文，甚至连公式中的量都用中文名称，而不使用符号。相当多的科技论文随意用一个外文字母作某量的符号，像质量不用规定的 m，而用 W、P、Q、M 等。还有的用多个字母构成一个量符号，如用 IAT 作"室内空气温度"的符号，是不妥当的。

③ 仍有使用已经废弃的非法定计量单位或单位符号的。前者如千克力（kgf）、卡（cal）、标准大气压（atm）、道尔顿（D）、高斯（Gs）、当量浓度（N）等，后者如 rpm（转每分）等。

④ 科技论文中使用单位的中文符号，有的还把单位名称当中文符号使用。如把"电流 10 安"错写成"电流 10 安培"；还有的把既不是单位中文名称，也不是中文符号的组合当作中文符号使用。如"牛顿/平方米"、"千克/摩尔"。也有牛顿、2.0×10^{-9} 库仑、6.0×10^{-5} 焦耳等不正确写法。

⑤ 同一篇文章中的单位时而用中文符号，时而用国际符号，不少文稿在组合单位中两种符号并用，如"m/秒"。

⑥ 把一些不是单位符号的符号，如英文缩写、全称等，作为标准化符号使用。例如，sec（秒）、hr（小时）、Joule（焦）等。

⑦ 量符号及其下标符号、单位和词头符号的正斜体、大小写比较混乱。相当多的文稿量符号采用正体，而把单位和词头符号用斜体，大小写的错误更比比皆是。如把 m（米）写成 M，t（吨）写成 T，keV（千电子伏）写成 Kev 等。

⑧ 对单位符号进行了修饰。如在单位符号上添加下标、缩写点、复数形式以及其他说明性的文字、符号。如：10kPa_{max}，0.36mg(Pb)/L，这是不允许的。

⑨ 张冠李戴地错用单位符号。如把平面角的单位符号"′"、""""用作时间单位"分"、"秒"，如 3000m 跑了 12′30″；有的把时间单位"h"、"min"用于表示时刻，"上午 10h 21min"；把平面角的"°"用作"Ⅱ°烧伤"、"心衰Ⅲ°"、"酒度 55°"，都是不允许的。

⑩ 不善于使用词头构成十进倍数和分数单位。如 150000 米，却不写成 150 千米或 150km；0.0013A 却不写成 1.3mA。

⑪ 词头使用错误。如单独使用，用 μ 表示 μm；重叠使用，把 ns 写成 mμs；不分场合分子分母同时加词头等。

⑫ 数值和单位符号间未留出适当空隙，而在词头符号与单位符号间却留了空隙。前者大量存在，后者也并不罕见。

9.3　GB/T 7713.3—2014 科技报告编写规则（摘录）

科技报告结构图

前置部分
- 封面（必备）
- 封二（可选）
- 题名页（可选）
- 辑要页（必备）
- 序或前言（可选）
- 致谢（可选）
- 摘要页（可选）
- 目次（必备）
- 插图和附表清单（可选）
- 符号和缩略语说明（可选）

正文部分 {
- 引言部分（可选）
- 主体部分（必备）
- 结论部分（必备）
- 建议部分（可选）
- 参考文献（有则必备）
}

结尾部分 {
- 附录（有则必备）
- 索引（可选）
- 发行列表（可选）
- 封底（可选）
}

9.4　GB/T 7713.1—2006 学位论文编写规则（摘录）

学位论文结构图

前置部分 {
- 封面
- 封二（如有）
- 题名页
- 英文题名页（如有）
- 勘误页（如有）
- 致谢
- 摘要页
- 序言或前言（如有）
- 目次页
- 插图和附表清单（如有）
- 缩写和符号清单（如有）
- 术语表（如有）
}

$$\text{主体部分}\begin{cases}\text{引言（绪论）}\\\text{章、节}\\\text{图}\\\text{表}\\\text{公式}\\\text{引文标注}\\\text{注释}\\\text{结论}\end{cases}$$

参考文献

附录

$$\text{结尾部分}\begin{cases}\text{索引（如有）}\\\text{作者简历}\\\text{其他}\\\text{学位论文数据集}\\\text{封底（如有）}\end{cases}$$

9.5 中华人民共和国国家标准 GB/T 14706—1993

校对符号及其用法

1 主题内容与适用范围

本标准规定了校对各种排版校样的专用符号及其用法。

本标准适用于中文（包括少数民族文字）各类校样的校对工作。

2 引用标准

GB 9851 印刷技术术语

3 术语

3.1 校对符号 proofreader's mark

以特定图形为主要特征的、表达校对要求的符号。

4 校对符号及用法示例

5 使用要求

5.1 校对校样，必须用色笔（墨水笔、圆珠笔等）书写校对符号和示意改正的字符，但是不能用灰色铅笔书写。

5.2 校样上改正的字符要书写清楚。校改外文，要用印刷体。

5.3 校样中的校对引线要从行间画出。墨色相同的校对引线不可交叉。

附 录 A
校对符号应用实例
（参考件）

[例]今用伏安法测一线圈的电感。当接入 36V 直流电源时，的过流电流为 6A；当插入 220V、50Hz 的交流电源时时，流过的电流为 22A。算计线圈的电感。

[解]在直流电路中电感不起作用，即 $X_L = 2\pi f = 0$（直流电也可看成是频率 $f = 0$ 的交流电）。由此可算出线圈的电阻为

$$R = \frac{U}{I} = \frac{36}{6} = 6\Omega$$

接在交流电源上，线圈的阻抗为

$$Z = \frac{U}{I} = \frac{220}{22} = 10\Omega$$

线圈的感抗为 $X_L = \sqrt{Z^2 - R^2} = \sqrt{10^2 - 6^2} = 8\Omega$

故线圈的电感为

$$L = \frac{X_L}{2\pi f} = \frac{8}{2\pi \times 50} = 0.025\text{H} = 25\text{mH}$$

第七节 电容电路

电容器接在直流电源上，如图 3-13 甲所示。电路呈断路状态。若把它接在交流电源上，情况就不一样。电容器板上的电荷与其两端电压的关系为 $q = cu_c$。当电压 u_c 升高时，极板上

附加说明：

本标准由中华人民共和国新闻出版署提出。

本标准由全国印刷标准化技术委员会归口。

本标准由人民出版社负责起草。

校对符号及用法示例

编号	符号形态	符号作用	符号在文中和页边用法示例	说明
			一、字符的改动	
1		改正	增高出版物质量。 改革开攻	改正的字符较多，圈起来有困难时，可用线在页边清画改正的范围必须更换的损、坏、污字也用改正符号画出
2		删除	提高出版物质质量。	
3		增补	要搞好校工作。	增补的字符较多，圈起来有困难时，可用线在页边清画增补的范围
4		改正上下角	16=4² H_2SO_4 尼古拉·费欣 0.25+0.25=0.5 举例：2×3=6 X:Y=1:2	
			二、字符方向位置的移动	
5		转正	字符颠到要转正。 认真经验总结。	
6		对调	认真验结经总。	用于相邻的字词 用于隔开的字词

续表

编号	符号形态	符号作用	符号在文中和页边用法示例	说　明
			二、字符方向位置的移动	
7		接　排	要重视校对工作，提高出版物质量。	
8		另起段	完成了任务。明年……	
9		转　移	校对工作，提高出版物质量要重视。"以上引文均见中文新版《列宁全集》。……编者　年　月各位编委：	用于行间附近的转移用于相邻行末衔接字符的推移用于相邻页首末衔接行段的推移
10	凵 ∏ 或	上下移	序号 | 名称 | 数量 01 | 显微镜 | 2	字符上移到缺口左右水平线处字符下移到箭头所指的短线处

续表

编号	符号形态	符号作用	符号在文中和页边用法示例	说 明
11	↓⌐ 或 ⌐↓	左右移	←要重视校对工作，提高出版物质量。 3 4 5 6 5 欢呼 歌 唱	字符左移到箭头所指的短线处 字符左移到缺口上下垂直线处 符号画得太小时，要在页边重标
12	‖ ‖	排　齐	校对工作非常重要。 必须提高印刷 质量、缩短印刷周 期。‖ 国家 标准	
13	⌐⌐	排阶梯型	R H₂	
14	↑←	正　图		符号横线表示水平位置，竖线表示垂直位置，箭头表示上方

续表

编号	符号形态	符号作用	符号在文中和页边用法示例	说　明
		三、字符间空距的改动		
15	∨ ∧	加大空距	一、校对程序→∧ ∨校对胶印读物、影印书刊的注意事项：	表示在一定范围内适当加大空距 横式文字字头画在字头和行头之间
16	＞ ＜	减小空距	二、校对程序 ＞校对胶印读物、影印＜书刊的注意事项：	表示不空或在一定范围内适当减小空距 横式文字字头画在字头和行头之间
17	⊟ ¥ ¥ ¥	空1字距 空1/2字距 空1/3字距 空1/4字距	第一章 ⊟校对职责和方法 1．责任校对	多个空距相同的，可用引线连出，只标示一个符号
18	Y	分　开	GoodYmorning!	用于外文

续表

编号	符号形态	符号作用	符号在文中和页边用法示例	说　明
			四、其　他	
19	△	保留	认真搞⟨好⟩校对工作。△	除在原删除的字符下画△外，并在原删除符号上画两竖线
20	○ =	代替	⟨蓝⟩色的程度不同，从浓⟨蓝⟩色到深⟨蓝⟩色，如天⟨蓝⟩色，湖⟨蓝⟩色、海⟨蓝⟩色、宝⟨蓝⟩色…… 　○= 蓝	同页内有两个或多个相同的字符需要改正的，可用符号代替，并在页边注明
21	○ ○ ○	说明	**第一章** 校对的职责 ⟵改黑体	说明或指令性文字要圈起来，在其字下画圈，表示不作为改正的文字。如说明文字较多时，可在首末各三字下画圈

189

习题与思考题

1. 数字词头和基本单位词头有何不同？举例说明之。
2. SI 基本单位共有几个，它们的量的名称和单位名称各是什么？
3. SI 基本单位是如何定义的？
4. 包括 SI 辅助单位在内的具有专门名称的 SI 导出单位共有多少个，它们的量的名称和单位名称、符号各是什么？
5. 可与 SI 并用的我国法定计量单位有哪些，它们的量的名称、单位名称和符号各是什么？
6. 在科技论文中，哪些习惯使用的计量单位已停止使用，举例说明。
7. 许多单位如达因、毫米汞柱、华氏度等已停止使用，怎样将它们换算成法定单位？举例说明之。
8. "某学生的 100m 跑出了 10″08 的好成绩"，此话的表述有何错误？（答案："′"、"″"是平面角的分、秒表示单位，不能在时间单位里混用。因此，应改为"某学生的 100m 跑出了 10 秒 08 的好成绩"。）

后　记

　　本次第五版修订稿的完成，先后花了一年多的时间。从本书成稿到第一版，到现在第五版，已经近 20 年过去了。这 20 年间，我们的国家、社会、科技、经济发生了翻天覆地的变化：我们的生活在变化、经济和城市化进程在变化、思想内涵在变化、教育和教学的方式方法在变化、社会对我们的要求在变化、甚至语言和表达方式也在变化。然而，对科技论文的写作模式和文字要求大致依旧。因此，本书的每一次修订，都体现在写作思想内涵的变化上。也就是说，这 20 年间，我国从改革开放到科教兴国，从引进外资到 GDP 总量名列世界第二，从高铁运行里程数全球第一到走出国门，从"一带一路"到"亚投行"，越来越多的国际新热词源自我国，而几乎每个热词都有着自己的故事。本书讲述的科技论文写作则将是这些故事真切的科技版。

　　所以，我们期盼，无论是本书的读者，还是使用本教材授课的老师，从论文写作准备到成文过程，能联系社会快速发展的实际来对待本课程，可能效果更好、收获更大。同时，要学会以中国眼光看世界，也要学会以世界眼光看中国，则思想境界会更宽阔，视野会更高远，则论文选题和写作也会变得更自如，更有新意，也更能把自己转变为"引领者"，我们期待这一奇迹的发生。

2016 年 8 月于杭州